Belletristik der Macht: Von Machiavelli bis Milan Kundera

ACCEDO

Accedo Verlagsgesellschaft, München

"Leonidas Donskis, the acute analyst of life of arts and art of life, has done it again: this book is another of his utterly original and profoundly illuminating studies of human condition - this time focusing on the great artists' attempts to grasp and unravel the secrets of power and overpowering, resistance and surrender, freedom and servitude; of things that shape our lives while stubbornly escaping our understanding..."

Zygmunt Bauman
Leeds, U.K.

Leonidas Donskis (geb. 1962 in Klaipeda, Litauen) ist seit Juni 2009 Mitglied des Europäischen Parlaments. Er ist Autor und Herausgeber zahlreicher wissenschaftlicher Publikationen, davon zwölf Bücher in englischer Sprache. In seinen Werken verbindet er in essayistischer Form Politikwissenschaft, Ideengeschichte und Philosophie. Unter anderem veröffentlichte er *Modernity in Crisis: A Dialogue on the Culture of Belonging* (2011). *Troubled Identity and the Modern World* (2009), *Power and Imagination: Studies in Politics and Literature* (2008) und *Forms of Hatred: Troubled Imagination in Modern Philosophy and Literature* (2003). Leonidas Donskis lehrte und forschte in den USA, Großbritannien, Italien, Finnland, Estland und Schweden. Er hat eine Gastprofessur für Sozial- und Politiktheorie an der Vytautas Magnus Universität in Kaunas, Litauen. Die University of Bradford verlieh ihm 2011 die Ehrendoktorwürde.

Leonidas Donskis

Belletristik der Macht: Von Machiavelli bis Milan Kundera

Aus dem Englischen übersetzt
von Barbara Klose-Ullmann

2., erweiterte Auflage

Accedo

Die Originalausgabe erschien 2008 unter dem Titel
Power and Imagination – Studies in Politics and Literature
bei Peter Lang Publishing, Inc., New York

Für die deutsche Ausgabe

2., erweiterte Auflage
www.accedoverlag.de, info@accedoverlag.de
Fax: +49 89 929 4109

Lektorat: Manfred J. Holler
Einbandgestaltung: Katharina Kohl
unter Verwendung einer Illustration von Gustave Doré (1863)
Druck und Bindung: Books on Demand GmbH, Norderstedt

ISBN 978-3-89265-104-8

Inhaltsverzeichnis

Vorwort

Leonidas Donskis legt hier eine ungewöhnliche Schrift über die politische Einbildungskraft beziehungsweise Imagination vor, der wir in der Literatur, in Mythen, Erzählungen und in der Sprache begegnen und die in der Gesellschaftstheorie, politischen Ideologie, Utopien und im Paradigma der Kultur in Erscheinung tritt. Die Verbindung zwischen Einbildungskraft und gesellschaftlichen Werten bedeutet einen wertvollen Beitrag zum wachsenden Interesse an der Ästhetik, stellt aber auch einen wichtigen Baustein für das Politikbewußtsein dar. Solange wir uns nicht über den Stellenwert der Imagination für die politische Vision und Praxis im klaren sind, können wir leicht Opfer ihrer Manipulation werden.

Der Autor bietet ein neues, ausgewogenes Bild von Niccolò Machiavelli als Dramatiker und als Politiktheoretiker; er läßt uns den Humanismus hinter dem oft verteufelten Machiavellismus erkennen und wertschätzen. Er schreibt über Giambattista Vicos revolutionäre Ideen zum Thema Imagination im Bereich der Kultur. In einer vergleichenden Untersuchung zeigt uns Leonidas Donskis, wie *Don Quijote* von Miguel de Cervantes und *Romeo und Julia* von William Shakespeare die Liebe in eine sich verändernde Welt bringen. In den zwei letzten sich ergänzenden Kapiteln geht es um utopische und dystopische Literatur. Dabei arbeitet der Autor die Wertebündel heraus, die mit politischem Konservatismus und Liberalismus assoziiert werden.

Diese Untersuchung bedeutender Werke der Weltliteratur beinhaltet eine Neuinterpretation, die unser Verständnis signifikant erweitert. Dabei nähert sich Donskis seinem Gegenstand vor dem Hintergrund der Kultur- und Ideengeschichte. Er zeigt uns, wo in den klassischen Werken die Grenze zwischen dem modernen Wert der Menschlichkeit und der antiken bzw. mittelalterlichen Weltsicht verläuft. Dann befaßt er sich mit der jüngeren und zeitgenössischen Welt der miteinander konkurrierenden Entwürfe für die Organisation der Gesellschaft. Diese Entwürfe sind in der Einbildungskraft verwurzelt. Bei alldem beweist Donskis nicht nur ein beachtliches Feingefühl für Literatur sondern auch eine umfassende Kenntnis der politischen Systeme. Das Ergebnis ist eine Neubewertung von Klassikern der Weltliteratur und von Weltanschauungen, die uns mit ihren neuen Perspektiven und verstörenden Einsichten herausfordert.

Am beunruhigendsten ist wohl die Einsicht, wozu Haß in literarischen Dystopien und tyrannischen politischen Systemen dient: Selbsthaß, Haß auf „die Anderen", Haß im allgemeinen. Leonidas Donskis lotet die Tiefen der destruktiven Imagination aus. Doch er zeigt uns auch den unzerstörbaren Kern der menschlichen Würde, der den Individuen bleibt, die in einem tyrannischen Regime leben müssen. Die Fähigkeit zu lieben, ist das letzte Mittel, um menschlich zu bleiben.

Robert Ginsberg
Director
The International Center for the Arts,
Humanities, and Value Inquiry
Takoma Park, MD, USA

Einleitung

Oft vermittelt uns klassische Literatur einen besseren Einblick in Macht- und Autoritätsstrukturen, als dies Werke der politischen Philosophie vermögen. Hier muß man besonders auf die Klassiker der europäischen Literatur hinweisen, darunter die Werke von Thomas Morus, François Villon, François Rabelais, Niccolò Machiavelli, William Shakespeare, Christopher Marlowe, Miguel de Cervantes oder Jonathan Swift. Sie verdienen Anerkennung weit über ihren literarischen Wert hinaus.

Dieses Buch entstand aus meiner Überzeugung, daß sich Politikwissenschaftler und Politiker heute mehr als je zuvor mit klassischer Literatur auseinandersetzen sollten. Zu Beginn des 21. Jahrhunderts leben wir in einer Welt, in der Shakespeares 66. Sonett genauso unmittelbar gilt wie zu Shakespeares Zeiten. Die Zeitlosigkeit des Sonetts zeigt sich besonders stark in einer Zeit radikaler Veränderungen und unerträglicher Unsicherheit:

> Von allem müd, wär fortzugehen ein Glück,
> Ließ ich im Sterben nicht mein Lieb zurück.

Kein Lehrbuch der Politiktheorie oder Politikwissenschaft wird je mit den Theaterstücken und Sonetten von Shakespeare, den Komödien von Machiavelli, den Reiseschilderungen von Swift oder Daniel Defoe, den philosophischen Abhandlungen von Voltaire oder den politischen Fabeln von Orwell konkurrieren können. Die politischen und moralischen Lektionen dieser Werke sind von höchster Bedeutung in unserer Zeit, in der Politik im klassischen Sinn fast gänzlich hinter der modernen Bürokratie und deren zahllosen technischen Einzelverordnungen verschwindet, in der Technokratie an die Stelle von Demokratie tritt und in der brutale Machtpolitik, Fanatismus, Bigotterie und Feigheit, getarnt als Kampf für Frieden und Menschenrechte, eine unrühmliche Rolle in der Welt spielen.

Die klassische Literatur bietet uns die Möglichkeit, die modernen Moralvorstellungen zu untersuchen, um so die Art der Spannung zwischen Wert und Wahrheit besser zu verstehen. Dies gilt aber auch für die moderne Literatur, die wir als Projektionsfläche gegensätzlicher Visionen von der Welt und von Humanität verstehen können.

Ich definiere die moralische Imagination als eine Konstellation symbolischer Konzepte, Bilder und Visionen, die sowohl für Individuen als auch für Kollektive mit demselben Erfahrungshintergrund wiedererkennbar sind. Innerhalb dieser Konstellation, dieses symbolischen Konstrukts, versuchen wir, uns selbst und auch die Welt um uns herum mit Hilfe moralischer und politischer Kategorien wie gut, böse oder gerecht zu verstehen, und diese Kategorien mit unseren persönlichen Erfahrungen und den Gegebenheiten in unserer politischen Umgebung zu verknüpfen. In der Sprache der modernen Gesellschaftstheorie ist die Moralvorstellung eine Brücke zwischen Wert und Faktum. Die Philosophie definiert sie als einen Punkt, an dem die Wahrheit und das Gute aufeinandertreffen.

Die moderne Moralvorstellung ist ein symbolischer Entwurf der diversen Gruppierungen ethischer Konzepte und Einsichten, moralischer Werte und Überzeugungen, kollektiver Erinnerungen und Gefühle, sowie der Repräsentationen der Selbst- und Fremdbildnisse, innerhalb derer wir uns und unsere Umwelt zu erklären versuchen.

Die symbolische Konstruktion der sozialen Realität wäre ohne die moralische Imagination undenkbar. Denn diese verbindet jene Wissensbereiche und Bewußtseinsfelder, die durch die Moderne getrennt worden sind, insbesondere Wahrheit und Wert, Tradition und Innovation, Kontrolle und emphatische Offenheit, aus dem Zusammenhang gelöste Detailkenntnisse und menschliche Vertrautheit, Zuordnung und mitfühlendes Verständnis.

Die Moralvorstellung antizipiert, repräsentiert und interpretiert soziale Realität als einen Rahmen für gegensätzliche oder sich gegenseitig ausschließende Werte, Ideen, Vorstellungen und Bilder. Letztendlich *erzeugt* sie soziale Realität. Im Wust der Konzepte und Vorstellungen von Rationalität und Irrationalität, Chaos und Ordnung, Ungehorsam und Rebellion manifestiert sich die moralische Imagination als ein doppelgesichtiger Janus

Während das eine Gesicht Tradition, moralische Autorität, soziale Ordnung, Hierarchie und symbolische Machtzentren bietet, verlangt das andere Gesicht Herausforderung, Reform, Innovation, Alternativen, kreatives Chaos und kritisches Hinterfragen von Autorität. Wir können die moderne Moralvorstellung als ein Schlachtfeld beschreiben, auf dem die widersprüchlichsten Visionen und Vorstellungen von der Welt, gegensätzliche Bewußtseinstendenzen und widersprüchliche Kulturmuster aufeinanderprallen. In diesem Zusammenhang erscheint die historische Imagination als Teil der moralischen Imagination. Dies gilt jedoch nicht umgekehrt. Dasselbe gilt für die politische, die literarische, wissenschaftliche, utopische, künstlerische und ästhetische Imagination. Sie alle können von der moralischen Imagination abgeleitet werden.

Aus der Moralvorstellung als einem Phänomen, das Denken und Handeln verbindet, haben sich alle modernen politischen Ideologien entwickelt. Damit antizipierte sie die Entstehung der modernen Welt. Daher verwundert es nicht, daß so schreckliche Auswüchse der Moderne wie der Totalitarismus nur im Zusammenhang mit anderen Phänomenen der modernen moralischen Imagination wirklich zu verstehen sind. Wir können uns also nicht nur auf die gesellschaftliche und politische Analyse des Totalitarismus beschränken, wenn wir die logische und symbolische Organisation des totalitären Hasses verstehen wollen; wir müssen ebenso die Wechselwirkung der politischen und literarischen Imagination untersuchen.

Was die Wahl zwischen den Disziplinen anbetrifft, bevorzuge ich die Ideengeschichte als interdisziplinäre Brücke zwischen politischer Philosophie und Philosophie der Literatur und zwischen Ästhetik und Philosophie oder Kultur. Als methodologischen Ansatz benutze ich vor allem die Bewußtseinsgeschichte. Darüber hinaus verwende ich einen komparativen Ansatz als theoretischen Rahmen für die Analyse der strukturellen und ideologischen Unterschiede und Gemeinsamkeiten zwischen west-, mittel- und osteuropäischen Politik- und Literaturansätzen. Es ist also kein Zufall, daß ich im vorliegenden Buch darauf eingehe, wie und warum russisches dystopisches Denken englische dystopische Schriftsteller wie George Orwell, Aldous Huxley, Rex Warner und Anthony Burgess beeinflußt hat.

Wir können davon ausgehen, daß die Ideen und moralischen Überzeugungen großer Dichter niemals veralten werden, sofern es die Möglichkeit der Literatur betrifft, Politik kritisch zu hinterfragen, ins rechte Licht zu rücken oder direkt zu beeinflussen.

L.D.
Visby, Schweden
Dezember 2007

1 *Politik und Literatur*

Was sind die Ursprünge politischen Bewußtseins? Inwieweit sind unser Verständnis politischer Macht und ihre Ausübung in der Literatur verwurzelt? Warum erscheinen die frühen Zeugnisse politischer und religiöser Toleranz in utopischer Literatur und nicht in philosophischen Untersuchungen? Ist es möglich, etwas romanhaft darzustellen, was andere lieber akademisch-theoretisch abhandeln? Das sind die Schwerpunkte, mit deren Hilfe wir das Verhältnis zwischen Macht und Imagination, Politik und Literatur, das Prinzip der Realität und Imagination untersuchen wollen.

Shakespeare und Machiavelli

In William Shakespeares Tragödie *Romeo und Julia* (1597) tritt Escalus, der Fürst von Verona, zwar nur selten auf, hat aber trotzdem eine außerordentlich wichtige Funktion. Er repräsentiert eine neue Art von Autoritäts- und Machtstruktur. Damit steht er im Gegensatz zu der grundsätzlich traditionellen verwandtschaftlichen bzw. stammesbezogenen Autoritäts- und Machtstruktur der beiden Sippen Montagu und Capulet, die auf Familien- und Blutsbanden basiert. Die Häuser Montagu und Capulet teilen die Gesellschaft Veronas in zwei feindliche Lager, in zwei völlig getrennte Zonen und Loyalitätsbereiche, während Escalus ein diametral entgegengesetztes Modell symbolischer Autorität und Ordnung wählt. In Verona errichtet und symbolisiert Escalus eine moderne Autoritäts- und Machtstruktur und legt den Grundstein für die Vorherrschaft des Gesetzes.

Escalus zwingt sich, statt im Interesse eines Mitgliedes seines Clans, seines Verwandten und Angehörigen seiner Familie, im Sinne Veronas und des Gesetzes zu handeln. Tybalt tötet Romeos Freund Mercutio, und Romeo ersticht Graf Paris beim Zweikampf in der Gruft der Capulets. Sowohl Mercutio als auch Paris sind Verwandte von Escalus. Während allerdings Tybalts Tod in der Familie Capulet das unstillbare Bedürfnis nach tödlicher Rache auslöst - Julias Mutter spricht davon, daß sie sich Gift verschaffen will, um damit Romeo zu töten -, wird Escalus durch den Tod seines geliebten Vetters Mercutio um so mehr darin bestärkt, die Wahrheit zu erfahren, in Verona wieder Ordnung herzustellen und die Autorität des Gesetzes walten zu lassen. Als Romeo Tybalt im Duell tötet und damit nicht nur Mercutios Tod rächt, sondern auch dessen Mörder umbringt, löst dies in Escalus kein Gefühl der Dankbarkeit gegenüber Romeo aus. Vielmehr fühlt er sich verpflichtet, Romeo zu bestrafen und ihn aus Verona zu verbannen.

Escalus entscheidet sich für die Gerechtigkeit und für das Gesetz, statt für Rache und vorbehaltlose Verteidigung seiner Verwandten. Wenn wir Liebe und Freundschaft als die wichtigsten Ausdrucksformen einer modernen Gesellschaft ansehen, das heißt in Handlung verkörperte moderne soziale Bindungen, Treue, Zuverlässigkeit, Opferbereitschaft und Gewissen, dann müssen wir anerkennen, daß Shakespeare uns damit die Geburt des modernen Menschen und der Struktur einer modernen Autorität anzeigt.

Die einander widersprechenden Objekte von Loyalität und Treue zwingen uns dazu, entweder unsere Familie (Clan, Verwandte, Blut) oder Freiheit, Eigenverantwortung und Identität (Liebe, Freundschaft, gegenseitige Hingabe oder gemeinsame Anteilnahme) zu wählen. In der metaphysischen Welt von Tradition und Blut haben wir nicht die Freiheit, das Objekt unserer Loyalität selbst zu bestimmen und zugleich verantwortlich für unsere Identität zu sein. Wir können lediglich in die bereits existierende Struktur von Loyalitäten und Identitäten eingefügt werden. Daher existiert Liebe im modernen Sinn in der vormodernen Welt nicht.

In der modernen Welt steht der Mensch ständig vor der Grundsatzentscheidung: Er kann sich von einem Blutsverwandten abwenden, den er ohnehin niemals frei hatte wählen können, und sich statt dessen für einen Menschen, mit dem er nicht blutsverwandt, aber emotional und intellektuell verbunden ist, als Freund/in oder Partner/in entscheiden. Er kann aber auch ganz und gar auf das Angst machende Freiheitsprinzip verzichten und wieder zu seinen familiären Ursprüngen mit Verwandten und der Sippe zurückkehren. Ob wir es wollen oder nicht, Freiheit entfernt uns von diesen Banden. Im Leben eines freien modernen Menschen sind ein geliebter Partner, Ehefrau oder Freund ungleich wichtiger als Verwandte und Sippenangehörige. Vormoderne Menschen, die es in jeder modernen Gesellschaft gibt, wählen traditionell Formen ererbter sozialer Bindungen und Identität. Dagegen sind moderne Menschen mutig genug, ihre Bindungen selbst zu wählen.

So gesehen handelt es sich in der Tragödie Romeo und Julia um einen fundamentalen Konflikt zwischen vormodernem und modernem Denken und der Art von Loyalitätsgefüge. Romeo, Julia und Mercutio sind moderne Menschen. Dagegen repräsentieren die Montagus und Capulets und besonders der Raufbold Tybalt das Familien- und Sippenverständnis.

In der klassischen Literatur erkennen wir die Macht- und Autoritätsstrukturen der organisierten Welt. Dichter und Schriftsteller können in ihrer Literatur darstellen, was Staatsphilosophen in ihren Theorien auszudrücken versuchen. So versteht man die eigentliche Bedeutung von Niccolò Machiavellis *Il Principe* (*Der Fürst;* geschrieben 1513 und veröffentlicht 1532) erst dann, wenn man auch seine Komödie *Mandragola* (geschrieben 1518 und veröffentlicht 1524) liest, die das ungeheure Ausmaß von Korruption und Lasterhaftigkeit im damaligen Florenz zeigt.

Der junge Callimaco kehrt nach vielen Jahren in Paris in sein heimatliches Florenz zurück (offensichtlich autobiographisch, denn Machiavelli hatte als Gesandter von Florenz in Paris gelebt). Er entbrennt in Liebe zu der jungen aber verheirateten Lucrezia und versucht, mit allen ihm zur Verfügung stehenden Mitteln ihre Gunst zu erlangen. Callimaco nähert sich seinem Ziel, eine Affäre mit der schönen Lucrezia anzufangen. Es gelingt ihm, Lucrezias reichem, doch altem und einfältigem Ehemann Nicia weiszumachen, daß es ein sicheres Mittel gibt, wie ihr langjähriger Kinderwunsch endlich in Erfüllung gehen kann. Nicia glaubt Callimacos Geschichte, daß eine Frau nach dem Genuß eines Mandragora-Tranks unweigerlich schwanger wird; allerdings, so fährt er fort, stirbt der Mann, der ihr zuerst beiwohnt, nachdem sie diesen Trank genommen hat, innerhalb acht Tagen. Nichts auf der Welt kann ihn retten.

Also müssen sie irgendeinen Landstreicher finden, den sie zu Lucrezia legen. Denn den wird niemand vermissen. Danach kann sie von ihrem Ehemann geschwängert werden. Natürlich ist es Callimaco, der sich als Landstreicher verkleidet. So schafft er es schließlich in Lucrezias Bett. Sie verlieben sich ineinander und wollen für immer zusammenbleiben. In unserem Kontext ist dies jedoch sekundär. Callimaco kann ohne Probleme sämtliche Florentiner bestechen, die er für sein Vorhaben braucht, egal aus welcher Gesellschaftsschicht sie kommen: nicht nur den betrügerischen Ligurio sondern auch Lucrezias Mutter Sostrata. Für Geld preist sie gegenüber ihrer verheirateten, überaus tugendhaften Tochter in den höchsten Tönen die Vorzüge eines Fremden. Sie macht ihr klar, daß es keineswegs eine Sünde ist, mit einem anderen Mann eine Affäre zu haben. Lucrezias Beichtvater erhält ebenfalls einen stolzen Betrag und unterstreicht Sostratas Ausführungen voller Begeisterung.

Hier wird es klar: Es bedarf keiner brutalen militärischen Gewalt, um das lasterhafte, korrupte Florenz einzunehmen. Fast die ganze Stadt ist bereits verdorben. Nicht nur Italiens Zersplitterung und die blutigen Kämpfe zwischen den Stadtstaaten, sondern auch das Fehlen einer verläßlichen sozialen und moralischen Ordnung sowie die Zersetzung der Sitten machten es gut organisierten Zentralstaaten wie Frankreich oder Spanien leicht, Machiavellis geliebtes Florenz zu erobern.

Dies ist die thematische Verbindung zu Machiavellis *Der Fürst*. Wenn ein derartiges Maß an Korruption und Auftragsmorden herrscht, kann nur der politische Führer überleben, der die Technologie der Macht beherrscht, ein Führer, dessen Ziel nicht die Macht als solche ist, sondern der die Ordnung und das Recht der Römischen Republik wiederherstellen will. Machiavelli war ein Humanist der Renaissance, auch wenn die von ihm vorgeschlagene Verbindung zwischen Unredlichkeit und politischer Macht ungewöhnlich war. Von elisabethanischen Dichtern und Dramatikern wie William Shakespeare, Ben Jonson und Christopher Marlowe und auch von Staatsphilosophen und Schriftstellern des 18. und 19. Jahrhunderts wurde dieser Zusammenhang karikiert und sogar dämonisiert (vgl. Cassirer, 2002, 153-170).

Es wäre naiv anzunehmen, vormoderne Strukturen und Erscheinungsformen seien in der modernen Welt verschwunden. Vielmehr pendeln wir in unseren Entscheidungen ständig zwischen den beiden Formen hin und her. Der Konflikt zwischen vormodernen und modernen Formen von Macht, Loyalität und Autorität ist in unserer modernen Gesellschaft allgegenwärtig. Die Cosa Nostra, die Mafia im allgemeinen und Korruption in der Politik versinnbildlichen nicht abstrakte Fehler, Brutalität oder das Böse im Menschen sondern aufeinanderprallende Loyalitäten, wenn Familie, Verwandte oder die Sippe mit dem Staat, der eigenen Familie oder Sippe und dem Gesetz in Konflikt geraten. Im Grunde ist die Mafia ein Symbol für den Kampf der Familie und Sippe gegen den modernen Staat und seine kalten, anonymen Institutionen.

Wer dämonisierte Machiavelli und warum?

In jüngster Zeit wurde in wissenschaftlichen Arbeiten vielfach der Versuch unternommen, Niccolò Machiavellis (1469-1527) Persönlichkeit und Werk neu zu interpretieren. Seine Schriften waren schon seit so langer Zeit dämonisiert, daß der historische, echte

Machiavelli inzwischen zu einer Art modernem Volland aus *Der Meister und Margarita*[1] geworden ist.

Wenn wir uns nur auf Machiavellis schmales Büchlein *Der Fürst* beziehen, mit dem er die Gunst der damals in Florenz herrschenden Medici erringen wollte, dann ist ein solche Interpretation vielleicht in gewisser Hinsicht gerechtfertigt (vgl. White, 2005; Berlin, 1981b, 93-157). Wer sich für die Gedanken dieses seltsamen, rätselhaften Diplomaten, Dichters und Denkers interessiert, wird sich wahrscheinlich an die berühmte Metapher vom Löwen und Fuchs sowie an seinen Ratschlag in *Der Fürst* erinnern: Wenn du dich nicht darauf verlassen kannst, daß du die Kraft hast, wie ein Löwe zu agieren, handle listig wie ein Fuchs. In Wirklichkeit war Machiavelli ein Denker von weit größerer Komplexität, als es dieses Bändchen vermuten läßt. Zwischenzeitlich lebte er in Paris als Gesandter von Florenz. Ihm war völlig klar, daß mächtige, zentral regierte Staaten wie vor allem Frankreich für das zersplitterte, geteilte Italien eine ständige Bedrohung darstellten.

Als Florentiner Patriot, als Humanist im wahrsten Sinne und als ein Mensch, der an die Ideale der Römischen Republik glaubte, träumte Machiavelli von einem perfekten politischen Organismus, der nicht korrumpierbar, nicht vergiftet und nicht manipuliert war. Ein solches System würde die Macht ergreifen und dann auf der gesamten Macht-Klaviatur einschließlich des Repertoires an Palastintrigen spielen können. Sobald es sich in Florenz etabliert und schnell auf ganz Italien ausgedehnt hat, könnte es eine zivilisierte soziale und moralische Ordnung, eine republikanische Ordnung errichten. Wer dies bezweifelt, der lese die *Discorsi sopra la prima deca di Tito Livio* (*Discorsi*: *Gedanken über Politik und Staatsfüh-*

---

[1] Diesen Roman schrieb Michail Bulgakow in den Jahren 1928-1941, aber erst 1966/67 erschien er in einer stark zensierten Fassung.

rung; geschrieben zwischen 1513 und 1521 und veröffentlicht im Jahre 1531). Dieses Werk Machiavellis wird vielfach als weit bedeutender angesehen als *Der Fürst*.

Insgeheim bewunderte Machiavelli das Ausmaß an Verrat, Manipulation, Grausamkeit und Zynismus, das Cesare Borgia an den Tag legte. Er war der Sohn von Papst Alexander VI. und Heerführer der päpstlichen Armee. Mit 17 Jahren wurde er zum Kardinal und später zum General des Kirchenstaats ernannt. Dieser albtraumhafte Grad an Nepotismus und Korruption war das Ergebnis der politischen Machenschaften des spanischen Adligen Roderic Borja, dem späteren Papst Alexander VI. Wie dessen Wahl ablief, fügte dem Ruf der Kirche schweren Schaden zu.

Trotz alledem bewunderte Machiavelli diese gefährliche Bestie Cesare Borgia. Er kam Machiavellis politischem und erzieherischem Ideal eines Fürsten nahe, der von einem Lehrer - *un mezzo bestia e mezzo uomo* (halb Bestie, halb Mensch) – unterrichtet werden sollte. Machiavelli verstand sehr wohl, daß nur jemand vom Schlage eines Cesare die päpstliche Allmacht beenden und zugleich die ungehinderte politische Gesetzlosigkeit eines nichtfunktionierenden Staates abschaffen konnte, um dadurch einen starken Zentralstaat wie Frankreich oder Spanien zu schaffen.

Manche Politiker und Adligen waren schockiert, als *Der Fürst* erschien. Andere wiederum dachten, daß Machiavelli einfach offen über die Verhaltensweisen von Politikern schreibt, ohne jemanden bestimmten im Auge zu haben. Es gab auch Leser, die Machiavelli für einen Satiriker hielten, der sich über die unmoralische Politik lustig macht, doch dabei die Fassade von Ernsthaftigkeit und Respekt aufrechterhält. Übrigens hatten in derselben Zeit etliche humanistische Dichter ähnliches geschrieben, beispielsweise Sir Thomas Morus *Utopia* (1523) und Erasmus von Rotterdam *Encomium Moriae* (*Lob der Torheit,* 1509).

Allerdings verabscheute keiner Niccolò Machiavelli so sehr wie die großen englischen Dichter und Dramatiker der elisabethanischen Zeit, allen voran Christopher Marlowe und William Shakespeare. Im Prolog zu seinem Stück *Der Jude von Malta* läßt Marlowe Machiavelli, als wäre er die Inkarnation des Satans, die folgenden Sätze sprechen:

> Auch wenn die Welt denkt, Machiavel sei tot,
> floh seine Seele nur über die Alpen;
> nun, da Guise tot ist, kommt sie her aus Frankreich,
> dies Land zu mustern, froh, mit seinen Freunden.
> Einigen ist mein Name wohl verhaßt;
> vor deren Wort schützen mich, die mich lieben,
> und zeigen ihnen, daß ich Machiavel bin,
> dem weder Mensch noch Menschenwort was wiegt.
> Mich staunen an, die mich am meisten hassen:
> Zwar manche schmähen lauthals meine Bücher,
> doch lesen sie und kommen so hinauf
> zu Petri Stuhl; und schwören sie mir ab,
> vergiften meine steigenden Schüler sie.
> (Marlowe, 1991, 11)

In Shakespeares historischem Drama *Heinrich VI.* (Teil 3, Akt III, 2) monologisiert Richard Herzog von Gloucester:

> Kann ich doch lächeln und im Lächeln morden,
> Und rufen: Schön! zu dem was tief mich kränkt,
> Die Wangen netzen mit erzwungenen Tränen,
> Und mein Gesicht zu jedem Anlaß passen.
> Ich will mehr Schiffer als die Nix´ ersäufen,
> Mehr Gaffer töten als der Basilisk;
> Ich will den Redner gut wie Nestor spielen,
> Verschmitzter täuschen als Ulyß gekonnt,

Und Simon gleich ein zweites Troja nehmen;
Ich schillere mehr als das Chamäleon,
Verwandle mehr als Proteus mich, und nehme
Den mörderischen Machiavel in Lehr.[2]

Es ist eine lange, verschlungene Geschichte, wie Machiavelli interpretiert und zum Satan stilisiert wurde. Man könnte darüber in den Fakultäten der Politischen Wissenschaften einen ganzen Kurs abhalten. Im 19. Jahrhundert wurde Machiavelli besonders von den französischen Liberalen dämonisiert, die die Restauration unter Napoleon III. mit Machiavellis ruchlosem Treiben gleichsetzten. Im 20. Jahrhundert hielten sich Historiker und Politologen an Machiavelli, wenn es um die Interpretation der Machtergreifung Stalins und Hitlers und deren Regime ging. Beide Prozesse waren das Ergebnis offenen politischen Verbrechertums.

Die Bolschewiken wurden mitunter Machiavellianer genannt. Diese Bezeichnung verwendete Arthur Koestler, britischer Schriftsteller ungarischer Herkunft, in seinem Buch *Darkness at Noon* (*Sonnenfinsternis,* 1940). Wir sollten in diesem Zusammenhang auch James Burnham berücksichtigen. Sein Buch *The Managerial Revolution* (*Das Regime der Manager,* 1941) hatte großen Einfluß auf George Orwell, der die Machiavellianer ebenfalls für die geistigen Urheber der grausamen Realpolitik des 20. Jahrhunderts hielt.

Die Carbonari, italienische Patrioten des 19. Jahrhunderts, begannen, sich offen zu Machiavelli zu bekennen. Sie hielten ihn für Italiens ersten modernen Patrioten. Interessanterweise gehörten Hegel und Marx zu den ersten berühmten Philosophen, die mit Ma-

---

[2] Beide Stellen (aus *Der Jude von Malta* und *Heinrich VI*) werden in Cassirer, 2002, 155f. zitiert.

chiavelli sympathisierten. Hegel hatte die Schmach Deutschlands nach der Schlacht bei Jena und Auerstedt im Jahre 1806 sowie Napoleons Vorgehen in den deutschen Staaten erlebt. Für ihn war Machiavelli ein ehrenwerter Patriot, der als erster erkannt hatte, welche Gefahren für die anderen Nationen vom französischen Imperialismus ausgingen. Dagegen postulierte Marx in aller Öffentlichkeit, daß Machiavelli als erster moderner Staatsphilosoph Politik und Macht entmystifiziert habe.

Politik kann ohne die zwischenmenschlichen Bande nicht existieren, die Ergebnis der sozialen Bedürfnisse des Menschen sind. Sie braucht Normen, Glaubenssätze und Werte. Ihre Methoden mutieren schnell zu einem Zerrbild, wenn sie von Zielen und Bedeutung losgelöst werden. Machiavelli hat niemals unterstellt, daß Politik amoralisch sein muß. Er zeigte lediglich, daß diese Bereiche eine eigene Autonomie und Logik besitzen, gleichzeitig aber auch unabhängig voneinander existieren können. Dennoch waren viele Schriftsteller und Kommentatoren immer wieder versucht, Machiavelli annähernd jede zweifelhafte Richtung in der modernen Politik anzukreiden. Machiavelli wurde von den großen englischen Dichtern und Dramatikern der elisabethanischen Ära verdammt. Dagegen gab es auch mehr als genügend Bewunderer, angefangen mit Johann Gottfried von Herder, Johann Gottlieb Fichte, Hegel, Marx und schließlich die Carbonari und die Helden des *Risorgimento*, des Kampfes um die Einigung Italiens.

So lese ich also erneut *Der Fürst*, das sowohl für einen legitimen Monarchen als auch für einen Despoten gedacht war, der die Staatsmacht usurpiert hat. Gleichzeitig lese ich Machiavellis anderes Werk, die *Discorsi*, das sich an Republikaner und Bürger wendet und aus theoretischer Sicht viel tiefgründiger ist. Beim Lesen fällt mir auf, daß ein solcher Denker nur in einem Umfeld groß werden konnte, in dem die Kirche wesentlich mehr Macht hatte als in irgendeinem anderen europäischen Land. Daher rührte seine ablehnende Haltung gegenüber der Politik Papst Alexanders VI. und seine Bewunderung für die Taten des „Duca Valentino“, Cesare

Borgia, der die Romagna einigte und die politische Macht und den Staat innerhalb eines zersplitterten schwachen Italiens zentralisierte.

Die Ereignisse in Italien führten dazu, daß Machiavelli die göttlichen Ursprünge des Staates und die Idee des von Gott empfangenen Rechts der Könige ablehnte. Ernst Cassirer wies darauf hin, daß in einer so blutigen und gesetzlosen Zeit nur Menschen ohne jeglichen Realitätssinn noch zu glauben imstande waren, daß das Recht zu regieren etwas Gottgegebenes darstellte (vgl. Cassirer, 2002, 176-182). Machiavelli idealisierte die heidnische Römische Republik, weil er fest daran glaubte, daß das Heidentum in der Politik weit effektiver als das Christentum war. Letzteres war nämlich für die Errettung der einzelnen Seelen geschaffen und nicht für die Konsolidierung einer politischen Einheit und Erzeugung von Kampfgeist und Ruhm.

Europa, genauer gesagt, konservative Gelehrte und Dichter, haben Machiavelli niemals seine offene Bewunderung der heidnischen Welt verziehen, seinen Mut und seine Tugenden als Bürger, aber vor allem, daß er das Christentum unfähig zum politischen Handeln hielt und politische Macht und Kirche trennen wollte. Die damalige Zeit bot nur zwei Wege: (1) Denjenigen des Martin Luther und anderer religiöser Reformer, die sich gegen die korrupte Machtpolitik des Papstes mit seinen zahlreichen Spielarten auflehnten, oder (2) eine radikale Kritik der Gegenwart vor dem Hintergrund der Weisheit und Tugend der Antike. Die meisten Humanisten entschieden sich für den ersteren Weg, wobei sie nicht die *devotio moderna* und die religiöse Reform wählten, sondern *studia humanitas* und die Wiederentdeckung der Vergangenheit als eine Alternative zur zerrütteten Gegenwart. Machiavelli entsprach hier Thomas Morus, Erasmus von Rotterdam und François Rabelais.

Verglichen mit diesen Renaissance-Denkern - allesamt Zeitgenossen von Machiavelli -, war sein Schicksal nicht beneidenswert. Wahrscheinlich wurde kein anderer Dichter der Renaissance so genau studiert und beim Wort genommen wie Machiavelli. Wer auch nur ein wenig von dem Denken in Symbolen versteht, wie es in der

Renaissance vorherrschte, mit seinen diversen Genres, Satiren und Parodien, seinen Grotesken, seiner Esoterik und geradezu überbordender Sprachkultur, wird zustimmen, daß man Morus *Utopia* oder Erasmus *Lob der Torheit* nicht wörtlich nehmen darf, da diese Werke, ebenso wie Rabelais *Gargantua und Pantagruel* (1532-1564) einer besonders komplexen Hermeneutik bedürfen. Warum wird ausgerechnet Machiavelli als Zeitgenosse dieser Dichter und Gelehrten, deren Sprache mit Symbolen und anderen Verschlüsselungen gespickt war, bis auf den heutigen Tag buchstabengetreu interpretiert? Selbst die Löwe-und-Fuchs-Metaphern sind nicht so eindeutig und simpel, wie sie scheinen.

Noch häufiger wird Machiavelli unhistorisch betrachtet. Ich will hier nicht fordern, daß alle Ideen immer in ihren historischen Kontext zu stellen sind und alles auf diese Art und Weise erklärt werden soll. Aber wer die Lebensumstände eines Menschen unberücksichtigt läßt, der die Medici herausfordert, die Florenz über dreihundert Jahre (mit geringen Unterbrechungen) regierten, hat das während Machiavellis Zeit in Florenz herrschende politische Treiben und dessen Logik nicht verstanden.

Der Dominikanermönch Girolamo Savonarola, der gegen die Verderbtheit und den Zynismus von Alexander VI. protestierte, wurde vor Machiavellis Augen auf der Piazza della Signoria in Florenz hingerichtet. Piero Soderini, Florenz redlicher Gonfaloniere, der Machiavellis Rat mißachtete, niemals seinen Feind am Ort zu belassen, sondern ihn entweder zu töten, ihn für immer, oder immer wieder zu verbannen oder ihn ständig an seinem Aufenthaltsort zu bespitzeln, wurde später von den Medici gestürzt und mußte aus Florenz fliehen.

Daher setzte Machiavelli auf die Liste von Menschen, die gut, edel aber bar jeglicher politischer Instinkte und Macht (*animo*, *virtù* und Göttin Fortuna) sind, auch die Schwachen und Verwundbaren, die prädestiniert sind, Verbrechern zum Opfer zu fallen. Ist Machiavellis Feindschaft gegenüber den mächtigen, skrupellosen Medici tatsächlich ein Beweis seiner Prinzipienlosigkeit und seines Opportunismus?

Wir können Machiavelli nicht als Engel darstellen. Er war ein ambivalenter und gefährlicher Denker, der den Glauben an die erzieherischen Kräfte der Politik verloren hatte, und der offen Politik lediglich als Regierungstechnik definierte. Er identifizierte Wahrheit mit erfolgreichem Handeln. Laut Machiavelli besteht die politische Praxis nicht aus Normen und Prinzipien, sondern im Gegenteil aus erfolgreicher und historisch erprobter, echter Erfahrung. Wirksame Wahrheit (*verità effetuale*) ist nichts anderes als die erfolgreiche Praxis, die verpflichtet ist, in der Politik eine normative Dimension zu schaffen und Bestandteil des anerkannten Wissens zu werden.

Machiavelli machte kein Hehl aus seinen starken Wurzeln in antiker Historiographie. Für ihn, wie für Plutarch vor ihm, bieten Geschichte und ihre Rahmenbedingungen Gelegenheiten (*Fortuna*) zu handeln (*virtù*). Die Bereitschaft zu handeln ist weit wichtiger als theoretische Argumente oder abstrakte Wahrheiten. Eine profunde Internalisierung von Politik, wodurch politische Probleme die eigene Persönlichkeit durchdringen können und existentielle Anliegen werden, kommt laut Machiavelli dem sehr nahe, was als politischer Existentialismus beschrieben werden kann.

Dennoch müssen wir einen Durchbruch in der Geschichte der Staatsphilosophie konstatieren. Er ist weit größer als die freimütigen Ratschläge an Lorenzo de' Medici, dem *Der Fürst* gewidmet ist, was Machiavellis Zeitgenossen schockierte. Machiavellis moderne Gedanken fanden in seiner Zeit ungewöhnlich starken Widerhall; Philosophen im 19. Jahrhundert empfanden sie als innovativ und inspirierend. Einfach ausgedrückt lassen erfolgreiche, unbesiegbare Bestien Institutionen, politische und ethische Normen und Verhaltensregeln entstehen. Dies wurde mehr als 300 Jahre vor Nietzsche geschrieben! Die Vorstellung, daß Wahrheit erprobte Praxis bedeutet, die historisch und nicht theoretisch getestet wurde, könnte Marx beeinflußt haben.

Dies gilt, ohne Machiavellis Aussagen über Religion zu berücksichtigen. Er meint, für eine Gesellschaft sei letztere unter praktischen Gesichtspunkten essentiell, als eine Kraft, die Verhalten mobilisiert und konditioniert und die einen sinnvollen Rahmen für die Gesellschaft bietet.

Religion ist ein soziales Konstrukt, ohne das jedwede zivilisierte oder organisierte soziale Existenz unmöglich wäre. Schließlich benötigen die Menschen keine komplexe Unterrichtung in Glaubensfragen oder, schlimmer noch, im theologischen Disput. Zur eigenen Orientierung genügen ihnen praktische Wahrheiten. Was könnte Voltaire dem noch hinzugefügt haben?

Stendhal und die Frage der Leidenschaft

Auch in Stendhals *Les Chroniques Italiennes* (*Italienische Chroniken,* 1839), finden wir etliche Hinweise auf Machiavellis Weltsicht. In einer der darin enthaltenen Novellen, „Die Cenci“, bringt Stendhal zum Ausdruck, daß Don Juan ein christliches Phänomen ist, weil Leidenschaft und Vergnügen im christlichen Europa mit Sünde und Frevel gleichgesetzt wurde. Wie viele junge Männer mit viel Geld, die ihrem Vergnügen nachgingen wie Tirso de Molinas und später Molières Don Juan, lebten wohl im antiken Athen oder Rom, ohne daß jemand Anstoß nahm? Doch in diesen Gesellschaften war die Religion ein Fest, sie spornte die Menschen zur Freude an. Wie wir wissen, war dies etwas, wozu sich Europa später nicht mehr bekennen konnte.

Hier sei Callimaco aus *Mandragola* erwähnt, der sich offen zu Leidenschaft und Vergnügen bekennt. Damit zeigt sich Machiavellis erstaunlich heidnische, unchristliche Einstellung zur Liebe. Callimaco könnte aus einer antiken römischen Komödie stammen, ist aber als Florentiner Lebemann dargestellt. So gelingt es Machiavelli, die menschlichen Schwächen und die in seiner Heimatstadt allgegenwärtige Korruption anzuprangern.

Nach Stendhal ist Leidenschaft verhängnisvoll, doch Vergnügen bedeutet nur aus christlicher Sicht eine Sünde. Die Renaissance, vor allem in Italien, versuchte, diese beiden Einstellungen in Einklang zu bringen. Laut Stendhal wird beständig darauf verwiesen, daß im Christentum Sitten und menschliche Gefühle milder wurden. Das mag stimmen, aber es ergibt sich die Frage, ob die Antike dies nicht ebenfalls erreicht hätte, hätte sie länger existiert. Stendhal hielt *Die Äneis* für wesentlich ‚zarter' als *Die Ilias*. Mit dieser Ansicht über den Zivilisationsprozeß und die Abschwächung der Sitten, wie sie in der Literatur offenbar wird, liegt Stendhal auf einer Linie mit Giambattista Vicos Ideen.

So geht Literatur mit einem philosophischen Problem um. Würden Stendhals Ideen in die Werke von Niccolò Machiavelli, Giambattista Vico oder David Hume eingebracht, bereitete ihnen dies keine Schande. Sie waren in den philosophischen Werken seiner Zeitgenossen keineswegs deplaziert. Hier knüpft Stendhal an die Diskussion an, mit der Machiavelli begann und die Francis Bacon fortsetzte. Es ging darum, welche essentiellen Vorzüge das Europa der Neuzeit mit seiner Gelehrsamkeit und Kultur gegenüber der Antiken Welt besaß. Oder hatte es sich letztendlich nur immer mehr vom großen klassischen Zeitalter und seinen Idealen entfernt? Dies ist eine der Hauptfragen, deren moralische und theoretische Spannweite Europas Identität geformt hat.

In einer anderen Novelle in Stendhals *Italienische Chroniken*, „Vanina Vanini", kommen Machiavellis Gedanken noch stärker zum Ausdruck. Es geht um eine italienische Adlige im 19. Jahrhundert, die sich in den neunzehnjährigen Carbonaro Pietro Missirilli verliebt. Er war bei seiner Flucht aus dem Gefängnis verwundet worden, und Vaninas Vater versteckte ihn in seinem Haus. Obwohl die Geschichte im Jahre 1832 spielt, gibt es Anspielungen auf die frühe Renaissance-Novelle über die aufkeimende Liebe zwischen Romeo und Julia, also aus der Zeit vor Shakespeare. In Luigi da Portos Version verliebt sich Julia in Romeo, der Frauenkleider trägt. Sie kann ihre Augen nicht von ihm abwenden. Shakespeares

Version beruhte nicht auf der Novelle von Luigi da Porto, sondern auf der späteren Fassung von Matteo Bandello.

Bei Stendhal verliebt sich Vanina in die schöne, verwundete Clementina oder ist zumindest berauscht von ihrer Schönheit. Bald zeigt sich, daß sie der verwundete, geflohene Carbonaro Pietro ist. Sein unschuldiges Gesicht mit den Engelsaugen und sein langes Haar ermöglichen es dem Neunzehnjährigen, sich als Mädchen zu verkleiden. Eine leidenschaftliche Romanze beginnt. Die vor lauter Liebe fast wahnsinnig gewordene Vanina kommt zu der schmerzlichen Erkenntnis, daß ihrem Geliebten die *venta* (eine Einheit der Carbonari) und der Kampf für die Einheit Italiens mehr bedeuten als sie.

Nachdem Vanina eine Zeit lang die Carbonari unterstützt und dank ihres Vermögens für bessere Waffen gesorgt hat, erfährt sie, daß Pietro und seine Einheit einen besonders riskanten Anschlag gegen die Regierung planen. Sie verrät seine Kameraden, ohne Missirilli zu erwähnen. Alle außer Pietro werden gefangen genommen. Jedoch gerät er in Verdacht. Unfähig, mit dem schrecklichen Unglück fertig zu werden und voller Entsetzen darüber, als einziger auf freiem Fuß zu bleiben, stellt er sich der Obrigkeit. Vanina unternimmt die wahnwitzigsten Dinge, um Pietro freizubekommen. Sie stimmt der Heirat mit dem reichen römischen Herzog Livio Savelli zu, der sie schon immer angebetet hat und der über einflußreiche Verbindungen in die Politik verfügt.

Vanina schafft es, Pietro im Gefängnis zu besuchen. Doch hier wird er ein noch glühenderer Patriot; außer in der Liebe zu Italien findet er Trost in der Religion. Als Vanina bei ihrem letzten Zusammentreffen erkennt, daß ihre Liebe keine Zukunft hat, weil ihr Geliebter einzig sein Vaterland liebt, gesteht sie ihm ihr schreckliches Verbrechen, den Verrat seiner Einheit. Und da einer seiner Kameraden auf dem Weg ins Gefängnis Selbstmord beging, lastet nun eine doppelt schwere Schuld auf ihrem Gewissen. Der Gefängniswärter muß Vanina vor Missirilli schützen, da er die zur Verräterin gewordene Geliebte mit seinen Ketten zu erschlagen versucht.

Die Geschichte endet damit, daß Missirilli weiterhin im Gefängnis sitzt, allerdings kann ihn Vanina vor der Todesstrafe retten, indem sie den römischen Herzog heiratet.

In einem seiner leidenschaftlichsten Liebesschwüre rief Missirilli aus, daß er Vanina mehr liebe als das Leben, daß er sich mit ihr sofort nach Amerika einschiffen würde, um dort glücklich zu werden, wenn es nicht die traurige Tatsache gäbe, daß Italien vom Joch der Barbaren befreit werden müßte. An anderer Stelle beschließt er, „all sein Denken der Pflicht zu weihen, Italien von den Barbaren zu befreien“ (Stendhal, 1978, 243). Ich wollte unbedingt herausfinden, wen er eigentlich mit „Barbaren“ meinte. Als Kind fühlte ich instinktiv, daß alle, die das edle Italien daran zu hindern versuchten, seine Freiheit zu erlangen, die eigentlichen Barbaren waren. Waren es Napoleon und das Frankreich der Zeit, in der die Novelle spielt? Die Österreicher? Die Italiener, die mit fremden Staaten, wie dem Kirchenstaat und seinen Carabinieri kollaborierten? Wer war es wirklich?

Als Missirilli vom „Joch der Barbaren“ sprach, wiederholte er Petrarcas Äußerungen von 1350 über die Befreiung Italiens von den Barbaren (*liberar l'Italia de barbari*). Machiavelli verwendete sie am Ende seines Buches *Der Fürst*, als er Lorenzo de´ Medici aufforderte, mit aller Kraft Italien zu vereinigen und das Land vom Joch der Barbaren (den Franzosen) zu befreien. Diese Aufforderung wurde auch von Papst Julius II. wiederholt und im 18. Jahrhundert, lange vor George Gordon, bekannt als Lord Byron, von dem italienischen Dichter und Dramatiker Vittorio Alfieri, der die Tyrannenherrschaft noch stärker beklagte als Byron. Alfieri nannte Machiavelli den „göttlichen“, *divino Machiavelli.*

Erstaunlicherweise entwickelt Stendhal, ein französischer Dichter, dieses Thema und läßt uns Machiavellis Gedanken und Ansichten bis ins 18. und 19. Jahrhundert verfolgen. Dies wird durch die Lektüre von Stendhals Novelle „Die Herzogin von Palliano“ bestätigt. Zu Beginn geht es um den Verlust der italienischen Leidenschaft und ihr Verschwinden im 18. Jahrhundert, als der italienische

Adel zu seinem großen Schaden die emotionslose und gleichgültige französische und englische Aristokratie nachahmte. Frankreich übte einen äußerst negativen Einfluß aus, indem es sich indifferent gegenüber allem und jedem verhielt und Gefühle hinter einer Maske versteckte. Englands katastrophaler Einfluß kam aus der eingeübten, alles überlagernden Höflichkeit; man könnte noch die affektierte Langeweile des englischen Dandys und die oberflächliche Haltung gegenüber der ganzen Welt hinzufügen.

Stendhal zeigt in dieser hervorragenden Mentalitätenstudie und Sittengeschichte, wie Leidenschaft verloren geht, wenn die Sitten des französischen und englischen Adels nachgeahmt werden. Vor allem der Wunsch, die italienische Leidenschaft zu entdecken, bewog den Dichter, Italiens Chroniken der Renaissance zu untersuchen und erneut zu erzählen. Dies wird uns kaum überraschen, wo sich doch selbst ein Shakespeare von der Geschichte Italiens, mit all ihrer Leidenschaft, Verrat und Elend, überaus stark inspirieren ließ.

Stendhal schrieb, daß Paris im 15. Jahrhundert, verglichen mit dem Leben in italienischen Städten, eine Stadt vortrefflicher, freundlicher Barbaren gewesen sei. Im Frankreich dieser Zeit waren es besonders Heerführer, die von den Frauen angehimmelt aber auch schnell wieder vergessen wurden. Dagegen wurde in Italien der Renaissance ein Mann, der das Griechisch der Antike verstand, ebenso bewundert wie ein Krieger. In Italien geschah dies dank seiner Leidenschaft und nicht auf Grund von Höflichkeit, die alles erstickt. Hier ist Stendhal eine weitere Meisterleistung an Interpretation gelungen.

Damit wird Stendhal zum Entdecker eines Italiens der Renaissance. In anderen europäischen Ländern glaubten die Menschen damals nur noch an Macht und Prestige. Ebenso erkennen wir in ihm den Dichter, der Freiheit, Ehre und Leidenschaft unter die Lupe nimmt, und zwar in Zeiten, in denen die Abgrenzung zwischen Zivilisation und Barbarei eher unklar war. Wie heute auch.

Anatomie von Immoralität und Korruption

Vert`u contr`al furore
Prenderà l'arme, e fia il combatter corto:
Che l`antico valore
Ne gli Italici cor non è ancor morto.

Tapfre Kraft ergreift die Waffen
zu kurzem Kampfe gegen wilde Wut.
Noch zeigt Italien kein Erschlaffen
in seinem altererbten Heldenmut.

(Aus *Italia Mia* von Francesco Petrarca, 1304-1374, zitiert in Machiavelli, 1961, 142)

Um das unmoralische, demoralisierte Florenz zu unterwerfen, bedurfte es keiner brutalen militärischen Macht. Mütter drängten ihre Töchter dazu, ihren Körper für Geld zu verkaufen. Männer der Kirche beförderten dies noch. Sie überredeten Frauen zur Sünde, wenn sie kamen, ihre Beichte abzulegen. Für Florenz stellten der innere Verfall und die Sittenlosigkeit eine größere Bedrohung dar, als sie von mächtigen Zentralstaaten wie Frankreich oder Spanien hätte ausgehen können. Eine amoralische oder lasterhafte Gesellschaft kann prinzipiell nicht patriotisch oder selbstbewußt sein.

Zur Eroberung von Florenz benötigte man nicht einmal Waffen. Florenz konnte besiegt werden, indem es immer verderbter wurde und schließlich im eigenen Sumpf aus inneren Kämpfen um Reichtum, Macht und Prestige versank. Moralische Schwäche führt unweigerlich zu politischem Kollaps und dem Verlust der Freiheit. Machiavelli, dem alle nur denkbaren Arten von Schlechtigkeit unterstellt werden, verstand dies besser als jeder andere politische Denker.

Seiner Meinung nach begann der Verfall von Florenz im 15. Jahrhundert. Nicht nur Italiens Zersplitterung und die schrecklichen Kriege zwischen den Stadtstaaten sondern auch die Abwesenheit einer verläßlichen sozialen und moralischen Ordnung sowie die moralische Schwäche ermöglichten es jeglicher gut organisierten und zentralisierten Macht, Florenz zu erobern.

Diese Situation bildet, wie schon dargelegt, die thematische Brücke zu Machiavellis *Der Fürst*. Machiavelli, als Humanist der Renaissance und mit ganzem Herzen florentinischer Patriot, verstand den Niedergang seiner Heimatstadt und die daraus entstehenden politischen Gefahren nur allzu gut.

Ich beabsichtige nun wirklich nicht, Machiavelli zu rechtfertigen oder mich vor ihm zu verbeugen. Ich möchte ihn lediglich vor dem historischen politischen Hintergrund interpretiert und verstanden wissen. Zwei florentinische Bürger dieser Zeit erkannten den Niedergang von Florenz und die zersetzende Kraft der Immoralität: Machiavelli und der Dominikanermönch Girolamo Savonarola. Letzterer herrschte nach dem Sturz der Medici für kurze Zeit über Florenz. Er hielt wütende Predigten, verbrannte öffentlich Bücher und Bilder, zerstörte „heidnische“ Kunst und wollte in Florenz einen christlichen Gottesstaat errichten.

Auch der Kampf gegen die Sittenlosigkeit kann für Menschen die Hölle bedeuten, die sich gerade am falschen Ort befinden oder nur harmlose Zuschauer sind. Es bleibt unklar, wozu Savonarolas Feldzug gegen die Renaissance letztendlich geführt hätte, denn Papst Alexander VI. schlug ihn brutal nieder. Hier soll lediglich daran erinnert werden, daß der florentinische Maler Sandro Botticelli von Savonarola gezwungen wurde, öffentlich seine Bilder zu verbrennen. Savonarola wurde der Häresie angeklagt und auf dem Scheiterhaufen verbrannt. Machiavelli war Zeuge der Hinrichtung und dokumentierte sie.

In diesem Zusammenhang finde ich bemerkenswert, daß Savonarolo überzeugt war, die aktive Beteiligung der Kirche an der Politik könne den moralischen Niedergang der Gesellschaft stoppen. Machiavelli lehnte diese Möglichkeit ab. Vielmehr glaubte er fest an eine brutale, aber zivilisierte, weltliche politische Macht, die die Gesetze und Institutionen der Römischen Republik wieder einführen würde. Wie sonst konnte er sich bei den Menschen Gehör verschaffen, die er in *Mandragola* porträtierte?

Daraus folgt keineswegs, daß alle Menschen Schurken sind. Wer die Gesellschaft als eine Ansammlung von Kretins oder Gaunern porträtiert, neigt - versteckt oder offen – zu brutalen politischen Handlungen. Unter diesem Gesichtspunkt ging Machiavelli zu weit. In *Mandragola* führt er die Figur Ligurio als Schmarotzer ein. Der Schmarotzer oder Parasit, ob als Klasse oder soziale Rolle, ist in der Neuzeit als gesellschaftliches Phänomen nicht mehr möglich, und sei es auch nur, weil im Abendland Sklaverei nicht mehr existierte. Der Schmarotzer ist eine Figur in Plautus Komödie *Miles Gloriosus*. Er lebt auf Kosten reicher freier Menschen, die er mit Klatsch, Gerüchten und Witzen bei Laune hält. Solche Schnorrer, die sich wie lästige Kletten anhängten, waren zwischen Sklaverei und freien Bürgern angesiedelt und bildeten fast eine getrennte gesellschaftliche Klasse. Im antiken Griechenland hießen sie Sykophanten.

Wir betrachten Machiavelli als den ersten europäischen Vertreter einer empirischen politischen Wissenschaft, als den Prototyp eines politischen Soziologen und vielleicht als den Vater dieser Disziplinen, einschließlich der Grundlagen, die er für die politische Anthropologie und die politische Psychologie schuf, indem er das Verhalten der Akteure auf seiner politischen Bühne untersuchte, und ein analytisches Modell ihrer politischen Einstellungen und Sitten erstellte. Damit liefert er eine genaue Analyse von Korruption und Bestechlichkeit. Machiavelli befaßte sich ernsthaft mit Verschwörungen, untersuchte sie und stufte sie als einen wesentlichen Teil jeder politischen Maschinerie ein. Er erhob sie in den Rang der Phänomene, die einer politischen Analyse bedürfen. Dies führte dazu, daß er später von so manchen Schreibern zu einem Verschwörungsspezialisten reduziert wurde.

Im Jahr 1864 verfaßte der französische Jurist Maurice Joly (1829-1878) die Abhandlung *Dialogue aux Enfers entre Montesquieu et Machiavel* (*Gespräche in der Unterwelt – Machiavelli contra Montesquieu*), eine harsche Kritik am Despotismus und politischen Zynismus von Napoleon III. Die Schrift schlug ein wie eine Bombe. Joly konnte brillant formulieren und war ein Kenner der französischen Politik. Er schrieb sein Buch in Form von Gesprächen zwischen Charles de Secondat, Baron de Brède et de Montesquieu und Machiavelli.

Während Montesquieu die Werte des Liberalismus hochhält und unmoralische Politik verabscheut – seiner Meinung nach war Despotismus immer unmoralisch -, übernimmt Machiavelli den Part von Napoleon III. Er erklärt, daß Politik niemals etwas mit Moral zu tun gehabt habe. Jolys *Dialogue aux Enfers* erschien, nachdem Eugène Sues Fortsetzungsromane über die ‚Jesuitische Verschwörung' herausgekommen waren. Was Sue als Komplott der Jesuiten zur Erringung der Weltherrschaft beschreibt, überträgt Joly auf Napoleon III., nämlich den Aufstieg der Restauration und religiöse Bigotterie, schamlose politischen Machenschaften, zynischen Mißbrauch demokratischer Institutionen - alles im Dienst der Tyrannei.

Maurice Joly war ein guter Schriftsteller und ein origineller Denker. Er hätte besseres verdient als das Schicksal, das ihn erwartete. Daß er politisch verfolgt und ins Gefängnis geworfen wurde, wo er 1878 Selbstmord beging, war nicht einmal das Schlimmste. Das Schlimmste sollte noch folgen, und es bezog sich auf sein Werk. Wie wir heute wissen, fälschte die zaristische Geheimpolizei *Okhrana* die berühmt-berüchtigten *Protokolle der Weisen von Zion* (gefälscht zwischen 1897 und 1898, erschienen 1917). Dazu benutzten sie Jolys Buch als Vorlage (vgl. Donskis, 2003, 19-79).

Daß Joly Machiavelli als den Repräsentanten neuzeitlicher unmoralischer Politik betrachtete, war keineswegs ein Zufall. Machiavelli war sicher der expliziteste Anhänger und auch Verfechter dessen, was wir heute als Technologie des Regierens bezeichnen. Er beschäftigte sich besonders mit den Techniken politischen Handelns und den Zuständen in Italien zu seiner Zeit, weniger mit der abstrakten politischen Theorie.

Dagegen vertrat Harvey C. Mansfield die Ansicht, Machiavellies Verschwörungsbegriff sei eine logische Konsequenz seiner Konzepte von *animo*, dem Geist der Selbstverteidigung, und *virtù*. Nach Mansfield ist *virtù* in Machiavellis Philosophie nicht nur ein anderes Wort für Männlichkeit, Entschlossenheit und Tapferkeit, wie viele politische Theoretiker meinen: „Machiavellis *virtù* ist nicht gleich der Männlichkeit in der Antike (Mansfield, 1998, 36)". Dennoch bedeutet es nicht *virtus* (Tugend, Tüchtigkeit) im klasssischen Sinn. Machiavelli stand in scharfem Gegensatz zu seinen Vorläufern, den klassischen Staatsphilosophen wie Platon oder Aristoteles, die bei allem Interesse für die konkrete praktische Politik niemals ihr moralisches und erzieherisches Anliegen vergaßen (vgl. Machiavelli, 1977, 285-309; Mansfield, 1998, 36-52). Mansfield schreibt:

> „Für Machiavelli bedeutet virtù nicht wie für Aristoteles, einen tugendhaften Charakter zu haben, sondern wachsam und immer handlungsbereit zu sein; virtù ist keine internalisierte Gepflogenheit, keine Gewohnheit. Man muß sich natürlich mit den speziellen Gegebenheiten gelockerter Moralvorstellungen vertraut machen und kann dies bis zu einem gewissen Grad durch Erfahrung lernen oder zumindest so tun als ob. Das wichtigste ist jedoch, zu neuen, besseren Einstellungen zu gelangen bzw. unpassende durch passende zu ersetzen" (ebda., 45; Übers. BKU).

Machiavellis Hauptwerke, *Der Fürst* und die *Discorsi – Gedanken über Politik und Staatsführung* beruhen auf seiner Annahme, daß die historische Entwicklung völlig von den Absichten und Taten derjenigen bestimmt ist, die auf der politischen Bühne stehen. Diese Annahme stellt den Kern neuzeitlicher Theorien der politischen Verschwörung dar. Sie basieren letztlich alle auf dem Gedanken der intendierten Handlung als der wichtigsten Antriebskraft hinter den Kulissen der Politik. Was ist die Theorie der politischen Verschwörung anderes, als eine Theorie der Regierungstechniken und der schieren Funktionsweise der Macht, eine Theorie bar aller religiösen, erzieherischen oder moralischen Aspekte der Politik?

In gewisser Weise erhielt die moderne Theorie der politischen Verschwörung ihren Anstoß von Machiavelli, der seine politische Theorie aller Hinweise auf religiöse und moralische Aspekte der Politik beraubte und der das normative ‚sollte' durch das positive ‚ist' als oberste Maxime ersetzte. Während die klassische Politiktheorie auf der Moraltheorie beruhte und davon abgeleitet war, trennte Machiavelli die Politiktheorie von der Moraltheorie.

Da Florenz seit dem *Quattrocento* eine Stadt der Neuplatoniker war, ist es unwahrscheinlich, daß Machiavelli Aristoteles Schrift *Politika* als ernstzunehmenden Baustein für die Konstruktion einer Theorie des politischen Handelns und ihrer zugrundeliegenden Intentionen betrachtet hätte. Es bestehen Zweifel, ob Machiavelli überhaupt eine Theorie im klassischen Sinn schuf, verfaßte er doch eine Sammlung von Skizzen und Erkenntnissen, die wertvolle theoretische Implikationen für die moderne Politiktheorie hatten. Dennoch war Machiavelli Vertreter eines frühen Historismus, der streng an die in der Geschichte schlummernde Wahrheit glaubte. Dabei handelt es sich nicht um eine dem Denken entsprungene spekulative Wahrheit, sondern sie ist über die Zeit erprobte, erfolgreiche Praxis. Gesunder Menschenverstand, gekrönt durch Macht, verschafft die moralische Legitimation.

Nichtsdestotrotz glaubten Machiavelli, und später auch Francis Bacon, Giambattista Vico und David Hume, daß die von ihm erkannten Wahrheiten nicht zu einer bestimmten historischen Periode gehören, sondern universal sind. Auch wenn *Der Fürst* als ein politisches Dokument gilt, das vor allem für Florenz und für die Medici bestimmt war, basiert es auf vielen Jahrhunderten der erprobten Wahrheiten über die menschliche Natur. Daher ist es nicht sinnvoll, Machiavellis Analyse von Immoralität und Korruption auf seine

Zeit zu beschränken. Er wendet sich an die Menschheit aus einer historischen Perspektive.

Dies unterstützt die Behauptung, daß Machiavelli einer der ersten modernen historischen Pessimisten war. Seine Überzeugung, daß die christliche Welt ihre authentischen, kreativen politischen Kräfte verloren hat, sagt viel aus über Machiavelli als Bewunderer der Antike. Er verteidigt diese Welt gegen die Torheiten der Moderne und deren Abweichen vom alten Kanon. Vor allem erreicht er eine Revolution in der Politik, indem er eine Art Grenzmoral, die Priorität erfolgreicher Praxis gegenüber tradierten Prinzipien, und andere Phänomene hochhält, die wir mit der Moderne assoziieren. Mansfield behauptet,

> „mit leichtem Unbehagen räumen wir auch ein, daß Machiavelli, um es gelinde auszudrücken, beim Entstehen einer Revolution des Moralkodex zugegen war. In unseren Begriffen ausgedrückt, bedeutet sie in etwa einen Wechsel von der durch Religion geschützten Tugend zu einem durch den Säkularismus gerechtfertigten Eigeninteresse. Wir bezeichnen diese Revolution, wiederum in unseren Begriffen, als ‚Moderne'" (Ebda, 7f.; Übers. BKU).

Es scheint, daß Machiavelli, ausgestattet mit dem universalen Wissen eines florentinischen Humanisten, ein moderner Revolutionär und Instrumentalist der Moral und Politik war. Diese seltsame Verbindung führt uns zu dem, was wir das große Rätsel des Machiavelli nennen können.

2 *Giambattista Vico: Macht und Imagination*

Giambattista Vico (1668-1744) könnte auch „Kant von Neapel" genannt werden, verbrachte er doch sein ganzes Leben in dieser Stadt, ohne wie seine jüngeren Zeitgenossen David Hume und Cesare Beccaria durch Europa zu reisen oder sich in Paris herumreichen zu lassen. Patrick Gardiner stellte fest:

> "[Vico] kannte auch die Ideen des kulturellen 'Risorgimento', die in Neapel im späten 17. Jahrhundert auftauchten. Dazu gehörte, alles mittelalterliche Denken abzulehnen und sich mit fortschrittlichen Ideen in Philosophie, Naturwissenschaft und Jurisprudenz auseinanderzusetzen" (Gardiner, 1959, 9; Übers. BKU).

Im Jahr 1699 erhielt Vico den Lehrstuhl für Rhetorik an der Universität Neapel. Trotz wiederholter Versuche gelang es ihm nicht, seinen akademischen Status zu verbessern. Zu Lebzeiten machte er weder als Historiker noch als Philosoph von sich reden. Der Ruhm kam erst posthum, in einem späteren Jahrhundert. Für die Entstehung seines Denkansatzes spielte eine entscheidende Rolle, daß er Platon, Publius (Gaius) Cornelius Tacitus, Francis Bacon und Hugo Grotius studiert hatte.

Seine frühen Arbeiten, die er zwischen 1708 und 1725 schrieb, wie *De Antiquissima Italorum Sapientia* (1710), und seine Abhandlung *Diritto Universale* (1721-1722) zeigen, daß er sich besonders stark mit Wesen und Geschichte von Recht, Poesie, Mythos und Sprache beschäftigte. Vico veröffentlichte die erste Ausgabe seines Hauptwerkes *La Scienza Nuova* im Jahre 1725. Der vollständige Titel dieses Meisterwerkes lautete: *Principii di una scienza nuova d'intorno alla natura delle nazioni* (*Prinzipien einer neuen Wissenschaft über die gemeinsame Natur der Völker)*. 1730 erschien eine stark überarbeitete Fassung; die dritte Auflage folgte 1744, seinem Todesjahr.

Vico wurde erst im 19. Jahrhundert als Genie erkannt und als Vorläufer modernen Denkens und Begründer der Anthropologie, Kulturphilosophie und vergleichenden Linguistik gefeiert. Johann Wolfgang von Goethe entdeckte *La Nuova Scienza* auf seiner Italienreise und war davon begeistert. Aber erst Jules Michelet verhalf Vico zu Bedeutung und Ruhm, indem er *La Scienza Nuova* ins Französische übersetzte. Ähnlich wie Edgar Quinet, der Europa mit Johann Gottfried von Herder vertraut machte, als er Herders *Ideen zur Philosophie der Geschichte der Menschheit* (1784-1791) ins Französische übersetzte. Giambattista Vico wurde von Gelehrten wie Auguste Comte und Karl Marx bewundert.

Die geographische Abgelegenheit der Stadt Neapel verhinderte, daß Vico im 18. Jahrhundert die intellektuelle Bühne Westeuropas betrat. Auf Grund seines obskuren Stils und auch weil er einen vollkommen anderen methodologischen Ansatz als René Descartes verfolgte, blieb ihm die Anerkennung zu seinen Lebzeiten versagt. Im übrigen war er eine Stimme der Gegenaufklärung. Da Vico sich gegen den mächtigen Strom der Aufklärung und deren Weltanschauung stemmte, ist es nicht verwunderlich, daß sich erst die Romantik seinen Gedanken gegenüber aufgeschlossen zeigte.

Trinitarische Theorien der Geschichte

Ernest Gellner wies darauf hin, daß trinitarische Geschichtstheorien in der Philosophie der Antike, der frühen Neuzeit und der Moderne einen wichtigen Stellenwert haben. Er schrieb dazu:

> „Trinitarische Theorien der Menschheitsgeschichte sind nichts Ungewöhnliches. Manche von ihnen sind überaus interessant und verdienstvoll, und wir haben Anlaß, uns mit ihnen zu beschäftigen. Ihre Anfänge gehen möglicherweise auf den mittelalterlichen Denker Joachim von Fiore zurück, der ein Zeitalter des Vaters, des Sohnes und schließlich des Heiligen Geistes annahm. Hegel hielt die Trinitätslehre für die Hauptleistung des Christentums und sah in ihr den Schlüssel zum Verständnis der menschlichen Bestimmung. Auguste Comte unterschied in der Entwicklung des menschlichen Geistes und der menschlichen Gesellschaft ein religiöses Stadium, ein metaphysisches Stadium und ein Stadium der positiven Wissenschaft. James Frazer, wie Comte ein Anhänger des Vernunftglaubens (jedenfalls dem als offiziell betrachteten Hauptstrang seiner Theorie nach), unterschied ein magisches Zeitalter von einem religiösen und einem wissenschaftlichen, wobei er allerdings betonte, daß jedes der Zeitalter sich mehr durch das relative Vorherrschen einer der drei Grundformen des Denkens als durch das völlige Fehlen der beiden anderen auszeichne. Der Marxismus operiert mit einer größeren Zahl von Stadien, aber auch bei ihm lassen sich unschwer drei Hauptepochen herausschälen: eine Epoche, in der die Menschheit weder von Mehrwert noch von Ausbeutung etwas wußte; eine zweite, in der Mehrwertproduktion und Ausbeutung durchgängige Charakteristika sind; und eine dritte, in der die Ausbeutung verschwindet, während weiterhin Mehrwert geschaffen wird...Karl Polanyi, der wie Marx die entscheidenden Entwicklungsmerkmale eher in ökonomischen Bestimmungen als in Denkformen sucht, charakterisiert die drei Stadien mit den Begriffen Gegenseitigkeit, Umverteilung und Markt" (Gellner, 1993, 18f.).

Zweifellos hätte Gellner hier Vicos Hauptwerk *La Scienza Nuova* hinzufügen sollen. Zusammen mit der marxistischen Geschichtsphilosophie und anderen linearen oder evolutionären Theorien, die Gellner in das Schema der philosophischen Trinitarität einstuft, können auch die wichtigsten zyklischen Theorien von Geschichte und Kultur neu interpretiert werden als auf einem dreistufigen Entwicklungsschema von Gesellschaften, Kulturen und Zivilisationen beruhend: Geburt, Blüte, Verwelken.

Dies könnte auf das gesamte Paradigma morphologischer Geschichts- und Kulturtheorien angewendet werden, einschließlich Oswald Spenglers *Der Untergang des Abendlandes* (1918) und Arnold J. Toynbees *A Study of History* (1934-1961; *Der Gang der Weltgeschichte,* 1973). Im Hinblick auf die innere Organisation der zyklischen Geschichtstheorien macht es keinen Unterschied, wie viele Stadien im Lebenszyklus jeder theoretisch identifizierbaren Kultur oder Zivilisation der einzelne evolutionäre, lineare oder zyklische Theoretiker feststellt, ob zwei (wie bei Spengler) oder vier (wie bei Toynbee). Das theoretische Idiom bleibt dasselbe.

Gellner scheint nur evolutionäre und vorwärtsgewandte Geschichtstheorien zu betrachten. Das mag von der klassischen christlichen Geschichtsvorstellung des heiligen Augustinus und von der mittelalterlichen trinitarischen Geschichtsphilosophie des Joachim von Fiore herrühren, denn beide beruhen auf dem paradigmatischen jüdisch-christlichen Gedanken der endgültigen Erlösung am Ende der Weltgeschichte. In diesem Rahmen bedeutet die Vorstellung von geschichtlichem Fortschritt lediglich eine säkulare Version oder historische Transformation der Erlösung.

Rückwärtsgewandte Geschichtstheorien benutzen dieselbe Diktion, denn sie sind die Umkehrung der progressiven, vorwärtsgewandten Theorien. Der Grat zwischen dem vorwärtsgewandten Ansatz mit seiner Vorstellung vom Fortschritt und den rückwärtsgewandten Theorien, die sich mit Gedanken über den Untergang historischer Epochen und Kulturen befassen, kann sehr schmal sein. Vicos *La Scienza Nuova* ist dafür der beste Beweis (vgl. Donskis, 2000, 109-132).

Religion und die Entstehung der modernen Gesellschaft

Entscheidend in Gellners philosophischer Geschichte ist die Entstehung der modernen Zivilgesellschaft. Bei der Behandlung dieses Themas wirft Gellner einige zusätzliche Fragen auf.

Spielte das Christentum bei der Entstehung der modernen Industriegesellschaft eine Schlüsselrolle? Welches sind die grundlegenden Unterschiede zwischen den heidnischen und den großen monotheistischen Religionen im Hinblick auf ihren sozialen und politischen Einfluß auf die moderne Welt? Kann man von einer Ausprägung einer sozialen Ordnung wie dem Islam annehmen, sie weise dieselben zivilisatorischen Tendenzen und Vorstellungen über das Bewußtsein auf, wie sie sich im Laufe der Zeit im Christentum manifestiert haben, obwohl diese historisch fehlgeschlagen sind? Warum war die Modernisierung von Bewußtsein und Sozialstruktur nur im Christentum möglich? Welches sind die Ursprünge des modernen Individualismus? Inwieweit spielte Ideologie - in religiöser oder weltlicher Hinsicht - bei der Entstehung der modernen Welt im allgemeinen eine Rolle?

Mit solchen Fragen blieb Gellner nicht einfach im Rahmen der Weberschen Soziologie verhaftet. Vielmehr interpretierte und kontextualisierte er Max Weber neu, indem er ihn in denselben Interpretationsrahmen stellte, in dem Augustinus, Edward Gibbon, David Hume, James Frazer, Benjamin Constant, Numa Denis Fustel de Coulanges und Louis Dumont kritisch untersucht und hinterfragt wurden. Gellner transformiert theoretisch den zentralen Gedanken der Weberschen Soziologie, die Rolle der Religion bei der Entstehung und rationalen Durchdringung der modernen Welt, in einen Schlüsselbegriff der Geschichtsphilosophie. Gellner stellt fest:

> „Hauptsächlich zwei soziologische Fragen waren es, zu denen das Christentum mehr als andere Religionen inspirierte. Beide Fragen betreffen die Rolle, die es beim Aufstieg bzw. beim

> Niedergang einer Zivilisation gespielt hat. Die erste Frage lautet: Trug das Christentum zum Fall des Römischen Reiches bei? Die zweite lautet: Spielte ein bestimmter Teil des Christentums eine Schlüsselrolle beim Entstehen der modernen industriellen Zivilisation? Die erste dieser Fragen ist mittlerweile einigermaßen antiquiert. Es gab eine Zeit, in der diese Frage den Menschen zentral und zwingend vorkam: Ihre fixe Idee war es, eine altehrwürdige Zivilisation zu erhalten, und nicht, einen neuen Erfüllungszustand zu erreichen. Aber der Zerfall des Römischen Reiches hat aufgehört, ein Gegenstand aktueller Betrübnis zu sein, und für uns ist die Frage nach der Schuld an dieser Katastrophe kein heiß umstrittenes Problem mehr. Das war nicht immer so. Der heilige Augustinus war eifrig bemüht, jede diesbezügliche Anschuldigung zu widerlegen. Überraschender noch, wurde die Frage in der englischen Neoklassik neu aufgeworfen; Edward Gibbon und David Hume thematisieren das Verhältnis von Religion und Zivilisation in diesen Begriffen, und der Schluß, zu dem sie gelangten, war nicht der des heiligen Augustinus“ (Gellner, 1992, 16f.).

Wir können uns nur wundern, warum Gellner nicht Vico erwähnte. Ohne Vicos Einsichten in die Rolle der Religion beim Zivilisationsprozeß würden wir die Versuche von Philosophen zu Beginn der Neuzeit, die Formen einer modernen Existenz zu erklären, nicht verstehen. Das trifft auch auf Vicos Ansatz der zyklischen Geschichtstheorie zu, der ersten allgemeinen Theorie oder Metatheorie der Geisteswissenschaften, ohne die wir die Ursprünge von Comte und Marx nur schwer erklären könnten.

Die von Comte analysierten theologischen, metaphysischen und positiven Denkstadien unterscheiden sich kaum von den drei Phasen Sprache, Fantasie und Denken, wie sie Vico in *La Scienza Nuova* beschrieben hat, nämlich dem Zeitalter der Götter, der Heroen und der Menschen (vgl. Vico, 1990, 492-567). Vico scheint der

Verfechter der Theorie des Endes der Kunst gewesen zu sein, denn er unterstellt, daß Kunst als ein Mittel des universellen Ausdrucks unweigerlich und allmählich von der Metaphysik abgelöst wird, und Metaphysik durch die Wissenschaft ersetzt wird.

Im übrigen folgen sowohl Comte mit seinem Konzept der unumstößlichen drei Phasen in der Ideengeschichte als auch Hegel mit seiner Vorstellung von der Entwicklung eines absoluten Geistes, der durch die nachfolgenden Phasen Religion, Kunst und Philosophie strömt, Vicos Theorie in mehrerlei Hinsicht. Wir können nur Vermutungen anstellen, ob sich Marx bei seiner Bezeichnung der antiken griechischen Philosophie und Kunst, d.h. der Klassischen Antike, als „die Jugend der Menschheit" darüber im klaren war, daß er Francis Bacons Metapher benutzte, die von Vico zu einer umfassenden, multidimensionalen Geschichtstheorie weiterentwickelt wurde.

Dennoch bleibt der verkannte Vico eine Schlüsselfigur in den trinitarischen Geschichtstheorien. Er kann als Vorläufer des modernen Historismus betrachtet werden, und er hatte wesentlichen Anteil an dem, was die moderne Kulturphilosophie, die Literaturtheorie, die (theoretischen) Geisteswissenschaften und Anthropologie werden sollten. Vico als der Begründer der modernen zyklischen Geschichtstheorie entwickelt eine anticartesische Epistomologie, die auf der Annahme beruht, daß wir die menschliche Natur nur durch das Studium der Geschichte durch alle Zeiten hindurch erkennen können, da wir nur das vom Menschen Geschaffene zu verstehen vermögen.

Vicos Geschichtsphilosophie dreht sich hauptsächlich um die Rolle der Religion bei der Entstehung der modernen Gesellschaft. Dabei konzentriert er sich auf die Frage, inwieweit Religion die menschliche Natur ändern kann und wie unsere modernen Empfindungen auf die von uns benutzte Sprache und die von uns eingesetzten Konzepte reagieren.

Vicos epistemologische Herausforderung

Vico, der Begründer von Anthropologie und Kulturphilosophie, legt Wert auf das Zusammenspiel unserer Metaphern, Formen der Imagination, Hochzeits- und Bestattungsbräuchen, Arten der Rechtsprechung und Staatsformen. In seinem radikal anticartesischen Ansatz verwandelt er Philologie in Philosophie. Philologie, die nach Vicos Ansicht Geschichte und Philosophie umfaßt, wird der erkenntnistheoretische Rahmen für die Geisteswissenschaften. Die Geisteswissenschaften oder Wissenschaften vom Menschen sind daher die einzigen Wissenschaften, die der menschlichen Natur und Erfahrung entsprechen.

Wir können sagen, daß Vico sogar noch weiter geht: Er stellt ein Erklärungsschema sowohl für die Geistes- als auch für die Sozialwissenschaften zur Verfügung, denn mit Hilfe seiner *Neuen Wissenschaft* können wir die Sozialwissenschaften aus den Geisteswissenschaften entwickeln. Lange bevor Herder seine Theorie der Geschichtsphilosophie und der Kulturphilosophie ausarbeitete, hatte Vico in seiner *Neuen Wissenschaft* Geschichtsphilosophie mit Kulturphilosophie verbunden; beide führten zur Philosophie des Rechts und zur Staatsphilosophie. Staatsphilosophie ist ohne Vicos Anthropologie und Soziologie undenkbar.

Im Grunde stellt Vicos Werk eine kühne Rückbesinnung auf die Gelehrsamkeit der Renaissance dar, in der Literatur und Philosophie, Form und Inhalt, herrliche Sprache und Weisheit, strenge Logik und elegante Metaphern, Theorie und Witz, *philosophia perennis* und Komödie nebeneinander Platz hatten. So gesehen ist Vico ein rechtmäßiger Nachfolger von Thomas Morus, Desiderius Erasmus von Rotterdam und François Rabelais.

Zugleich erinnert Vico mit seiner streng heidnischen und unchristlichen Interpretation von Staatsführung und Institutionen an Machiavelli. Man denke nur daran, wie Vico ganz im Sinne von Machiavelli die römische Staatsführung lobt. Er glaubt, die Kunst der Staatsführung bestünde darin, daß die mächtigen Nationen die schwachen besiegen und unterwerfen.

So wie Morus und Erasmus undenkbar ohne die epikureische Philosophie und Lukian sind, oder Machiavelli immer mit Livius in Verbindung gebracht wird, so kann man Vico nicht analysieren, ohne Marcus Terentius Varro zu nennen, einen bedeutenden römischen Historiker und Literaten, dessen zyklische und trinitarische Geschichtsdeutung Vico übernahm und in der *Neuen Wissenschaft* weiterentwickelte.

Das Werk eines Morus, Erasmus oder Rabelais wäre unvollkommen gewesen ohne jenen ‚Sprach-Karneval', der auch Vicos Stil kennzeichnet; er ist zugleich elegant und metaphorisch, aber eben manchmal auch obskur. Das Konzept des ‚Sprach-Karnevals' läßt sich auf Morus *Utopia* und Erasmus *Lob der Torheit* anwenden, wie es Michail Bachtin, der dieses Konzept einführte und den Begriff prägte, in Bezug auf Rabelais *Gargantua und Pantagruel* (vgl. Bachtin, 1995) tat. Sein Konzept gilt für die gesamte linguistische und poetische Welt der Renaissance-Gelehrten.

Wie können wir Philosophie von Literatur unterscheiden, wenn wir Morus philosophische Schmähschriften, Parodien, Briefe und Komödien lesen? Er schrieb eine ganze Reihe davon, als er sich ebenso wie sein bester Freund Erasmus immer intensiver mit dem Werk von Lukian befaßte, das sie in Paris ins Lateinische übersetzten. Wie können wir einen scharfen Trennungsstrich zwischen Philosophie und Literatur ziehen, wenn wir die Beziehung zwischen Machiavellis *Fürsten* und *Mandragola* oder zwischen den *Discorsi* und seinen anderen Komödien untersuchen, die in Form und Inhalt erstaunlich römisch und heidnisch sind? Wie könnten wir jemals *Gargantua und Pantagruel* beiseite legen, ohne über Morus *Utopia* zu reden, wenn wir wissen, daß Pantagruels Mutter laut Rabelais aus der fürstlichen Familie in Amaurote stammt, der Hauptstadt von Utopia?

Bemerkenswert ist auch Vicos geistige Affinität zu Dante, der zusammen mit Varro seine stärkste Inspirationsquelle war. Wie

Dante hält auch Vico Rom für eine der Barbarei anheim gefallene Stadt. Darauf beruht Vicos Idee von den *ricorsi*, den Geschichtszyklen, die in die Barbarei zurückfallen. Zwar zeigt Dantes eschatologischer Blick auf Florenz und Rom, der auf seiner Beobachtung und Teilhabe an der politischen Realität beruhte, daß grauenvolle Verbrechen und Sünden unweigerlich im Jüngsten Gericht bestraft werden, doch Vico war an dieser eindeutig christlichen Geschichtsauffassung weniger interessiert. Er bezog den Gedanken, daß die historische Stadt, wie ihre Vorgänger, das zerstörerische Element in sich trug, auf sein Lebenszyklus-Modell, dem Niedergang und Zerfall aller Städte und Völker (vgl. Reynolds, 1987, 115).

Vico versteht sein vor allem linguistisches Idiom als Alternative zur cartesischen Philosophie. Er inspirierte eine ganze Reihe von Historikern, Philosophen, Denkern und Dichtern, wie zum Beispiel Goethe, Michelet, Comte, Marx, Karl Lamprecht, Aby Warburg, Benedetto Croce, James Joyce, Erich Auerbach, Isaiah Berlin und Hayden White, denn er versuchte, alle Aspekte der Sprache und sämtliche Facetten des Geistes, seien sie nun gelehrt oder poetisch, episch oder lyrisch, persönlich oder allgemein, traditionell oder modern, philosophisch in Einklang zu bringen. (vgl. Verene, 2003).

Damit erreicht er eine glückliche Mischung von Konzept und Metapher, Analyse und Dichtung, Märchen und Diskurs, Anekdote und großer Geschichte oder, um zwei Begriffe der *nouvelle histoire* bzw. *Annales-Schule* zu verwenden, von der *petite histoire* und dem *grand récit.* In vielerlei Hinsicht konzentriert sich Vico auf die Imagination statt auf die Vernunft. Indem er aus Philologie Philosophie macht und damit eine Brücke schlägt zwischen dem, was später geistes- und sozialwissenschaftliche Disziplinen werden, schafft er ein wunderbares Buch voller Metaphern, Metonymen, Antiklimaxen, Antithesen, Paradoxien und anderer Tropen und Redensarten. Vico ist ein entschiedener Gegner philosophischer Systeme und des Cartesianismus als einer umfassenden Theorie und legt großen Wert auf miteinander verbundene geisteswissenschaftliche Disziplinen. Damit klingt er erstaunlich modern, nimmt er doch die heute in den Geistes- und Sozialwissenschaften herrschenden Denkrichtungen vorweg.

Am bedeutendsten ist seine Annahme, daß Wahrheit eine Tochter der Zeit sei (*veritas filia temporis*). Wir sollten nach Wahrheit in der Geschichte und den wichtigen Ereignissen der Menschheit suchen anstatt in der göttlichen Schöpfung oder in einer geschichtsfreien menschlichen Welt, die losgelöst ist von Menschen aus Fleisch und Blut, ihren Gedanken und Taten. An die Wahrheit gelangen wir nur durch unser Studium der Geschichte, das heißt der Kultur der Völker. Dahinter verbirgt sich die Idee der Weltanschauung in der Renaissance mit ihrer Betonung des Menschen als dem alleinigen Schöpfer der menschlichen Welt. Diese Welt ist unvollkommen und ganz von unserem Vermögen abhängig, sie durch die allgemeingültigen Prinzipien der menschlichen Vernunft, des kreativen Potentials und des künstlerischen Schaffens zu formen oder umzuformen. Wie Jacob Burckhardt feststellte, zeugen die auf Introspektion beruhenden Biographien in Verbindung mit eingehender Selbstanalyse in der Epoche der ‚Entdeckung der Welt und des Menschen' (vgl. Burckhardt, 2004, 311-387) von einem starken Geschichtsbewußtsein.

Vicos wichtigstes philosophisches Prinzip besagt, daß Wahrheit und Taten im Laufe der Zeit austauschbar werden (*verum et factum convertuntur*). Dieses kann wie die Geburtsstunde des modernen Historismus erscheinen. Allerdings beruht es auf dem historischen Bewußtsein der Renaissance, in dem die Sichtweise *sub specie temporis* oder *sub specie saeculi* und nicht die *sub specie aeternitatis* als die beste Möglichkeit scheint, die Welt der Menschen richtig zu verstehen. Nur auf den ersten Blick kommen uns Vicos Annahmen wie eine radikale Kehrtwendung im philosophischen Denken der westlichen Welt vor. Diese Kehrtwendung fand bereits in der Renaissance statt, deren konsistenter und treuer Anhänger Vico war.

Zusammenfassend läßt sich feststellen: Vico scheint der einzige Philosoph in der frühen Neuzeit gewesen zu sein, der das gelehrte Vermächtnis der Renaissance mit einigen Theorien seiner Zeitgenossen zu verbinden suchte. Damit stellte er sich gegen die in seiner Zeit vorherrschende Erkenntnistheorie, den Cartesianismus, und brachte die neue auf der Idee der humanistischen Studien (*studia humanitatis*) anstatt auf Mathematik und Naturwissenschaften beruhenden Philosophie voran. Wir können mit Sicherheit behaupten, daß Vico der Vorreiter sämtlicher moderner Ansätze ist, Philosophie mit den heute theoretische Geisteswissenschaften genannten Disziplinen zu verbinden, sei es Wilhelm Diltheys *Geisteswissenschaften* als Gegensatz zu *Naturwissenschaften*, oder Wilhelm Windelbands Unterscheidung zwischen nomothetischen und idiographischen Wissenschaften.

Erste Anzeichen des modernen Historismus

An dieser Stelle sollten wir folgende Fragen stellen: Wie können wir die Gesetze der von Gott geschaffenen Natur entdecken, denn er ist der einzige, der sie kennt? Und wie können wir den Prinzipien der Mathematik vertrauen, die nicht die menschliche Natur in ihrer gesamten Ausprägung einschließen? Vico bietet einen begrifflichen Rahmen, innerhalb dessen die Untersuchung der Sprache, Mythen, Fabeln, Märchen und Volksweisheiten unweigerlich zur Erforschung der Regierungsformen und ihrer Institutionen führt. Damit gibt er einen Hinweis, wie sich die Staatsphilosophie mit dem Studium von Recht, Sprache und Literatur verbinden läßt.

Drei Formen der menschlichen Natur – die poetische oder schöpferische Natur, die heroische und die menschliche oder zivilisierte Natur – können nur im Laufe der Geschichte und in der Geschichte beobachtet werden. Die mythologische Sprache spiegelt die Einbildungskraft der alten Völker wider und bezieht sich auf die Theokratie, die Staatsform im Zeitalter der Götter. Dagegen hat die poetische, philosophische Sprache mit der Aristokratie im heroischen Zeitalter zu tun, und die rationale Sprache und die Gesetze der modernen Völker gehen Hand in Hand mit der Monarchie im Zeitalter der Menschen. Vico schreibt:

> "Es zeigt sich, daß zusammen mit diesen *drei* Sprachen – die eigentümlich sind in den *drei* Zeitaltern, in denen *drei* Arten von Regierungen herrschten, die *drei* Arten politischer Verhältnisse entsprechen, die mit dem Lauf wechseln, den die Völker nehmen – nach derselben Ordnung in jeder dieser Zeiten eine entsprechende Jurisprudenz hervorgetreten ist" (Vico, 1990, 34).

Die Geschichte selbst wird ein unentrinnbarer Teil der menschlichen Natur und vice versa: Die Erforschung der menschlichen Natur bewegt sich von Metaphysik zur neuen Wissenschaft der Geschichte und Kultur. Sie verändert sich mit der Zeit und ist ihm von der Natur oder der göttlichen Vorsehung nicht für immer und ewig gegeben. Hier können wir erste Spuren des Historismus erkennen, der sich später von Friedrich Schiller und seinem Ausspruch „Die Weltgeschichte ist das Weltgericht", über Leopold von Rankes Behauptung, „alle Epochen sind unmittelbar zu Gott" bis zu Oswald Spenglers Unterscheidung zwischen der Welt als Natur und der Welt als Geschichte erstreckte; in ersterer herrscht Kausalität, in letzterer bestimmt das Schicksal (vgl. Dooyeweerd, 1975).

Nach Vico kann Geschichte nicht in Archiven verschlossen werden. Da Geschichte in verschiedenen Formen von Sprache und Erzählungen zu finden ist, können wir sie in Mythen, Märchen, Fabeln, Legenden, Gedichten und Volksliedern entdecken. Philosophisch betrachtet, erscheint Geschichte als eine Art ewige und ideale Projektionsfläche der göttlichen Vorsehung. Daher können wir uns der idealen ewigen Geschichte aus dem Blickwinkel der – wie Vico sie nennt – rationalen bürgerlichen Theologie nähern. Tatsächlich ist die *Neue Wissenschaft*, Vicos *magnum opus*, in ihrem philosophischen Teil nichts weniger als die rationale Theologie, die die großen philosophischen Themen wie Gott und dessen Beteiligung an der menschlichen Geschichte, Gnade, menschliche Natur, Vernunft und Glauben, alte und moderne Empfindung behandeln kann. Einer der eindrucksvollsten Gedanken im philosophischen Teil der *Neuen Wissenschaft* ist Vicos Behauptung, die Gesellschaft, ihre Institutionen und die Fähigkeit des Menschen zur Gemeinschaft seien der beste Beweis für die Existenz Gottes.

Es nimmt nicht wunder, daß Vico und Thomas Hobbes über das Thema Religion und ihre Rolle bei der Überwindung von Barbarei und Gesetzlosigkeit (beziehungsweise des Naturzustandes, wie Hobbes es nannte) unterschiedlicher Meinung waren. Vico schreibt:

> „Dieser Grundsatz legt fest, daß in dem gesetzlosen Zustand die göttliche Vorsehung den Wilden und Gewalttätigen Anlaß gab, sich zur Humanität zu erheben und die Völker zu gründen...Einen solchen Anfang der Dinge wußte bei seinen ‚Wilden und Gewalttätigen' Thomas Hobbes nicht zu sehen, denn er ging daran, die Prinzipien aufzufinden, indem er mit dem ‚Zufall' seines Epikur umherirrte; daher hat er – mit ebensoviel großherziger Anstrengung wie unglücklichem Ausgang – geglaubt, die griechische Philosophie durch jenen großen Teil zu ergänzen, der ihr sicher gefehlt hatte (wie Georg Pasch, *De eruditis huius saeculi inventis <Über die gelehrten Entdekkungen dieses Jahrhunderts>* berichtet), nämlich den Menschen in der ganzen Gesellschaft des Menschengeschlechts zu betrachten. Und auch Hobbes wäre nicht auf diesen Gedanken gekommen, wenn ihm nicht die christliche Religion das Motiv dazu geliefert hätte, die freilich gegenüber dem ganzen Menschengeschlecht nicht nur die Gerechtigkeit, sondern sogar die Liebe gebietet. Und hier beginnt die Widerlegung jenes falschen Ausspruches von Polybios, daß Religionen überflüssig wären, wenn die Welt von Philosophen bewohnt wäre; denn wenn es auf der Welt keine Staaten gäbe, die ohne Reli-

gionen nicht entstanden sein können, dann gäbe es auf der Welt keine Philosophen“ (Vico, 1990, 103f.).

In der frühen Moderne hatten die meisten Philosophen keine Zweifel an der Allgemeingültigkeit der menschlichen Natur, ungeachtet der Unterschiede in verschiedenen historischen Epochen, Gesellschaften, Sitten und Verhaltensstandards. Vico hingegen lehnte diese Einstellung ab; er betrachtete die menschliche Natur in der zeitlichen Abfolge der Geschichte. Hier ist nichts offensichtlich und eindeutig. Für Vico bedeutet die menschliche Natur eine Art Leistung oder Errungenschaft anstatt ein Erbe. Sie bewegt sich von Zuschreibung zu Selbstentdeckung und Selbstverwirklichung. Hierin klingt Vico erstaunlich modern und wir können dies mit unseren intellektuellen, politischen und moralischen Empfindungen leicht nachvollziehen.

Die menschliche Natur ist ohne Geschichte nicht denkbar, oder – um es ein wenig anders auszudrücken, die menschliche Natur existiert nicht jenseits der Geschichte. Sie ist eher ein sich verbessernder, aktivierender Prozeß der Bewußtheit und Selbstanalyse als ein dauerndes Sosein. Die menschliche Natur wird also von der Metaphysik in die Geschichte und Kultur transferiert. Barbarei ist Teil der menschlichen Natur, genauso wie Zivilisation. Auch wenn dies völlig plausibel und modern klingt, ist Vicos Konzept nichts anderes als die Erweiterung des Gedankens von Giovanni Pico della Mirandola, daß sich der Mensch beliebig entwickeln kann, gerade weil Gott ihm die Wahl gelassen hat: „du kannst zum Tier entarten oder zum gottähnlichen Wesen dich wiedergebären“, wie es in Picos Rede über die Würde des Menschen heißt (zitiert in Burckhardt, 2004, 387).

Ohne sein profundes Verständnis der Philologie wäre Vico nicht imstande gewesen, die *Neue Wissenschaft* zu entwickeln. Für die weltliche Erfahrung und das Leben des Menschen erweist sich Geschichte als die Gesamtheit menschlicher Praktiken, wie beispielsweise Rituale, Sitten und andere Formen der menschlichen Interaktion. Man kann Geschichte nicht nachvollziehen, ohne sich mit der Sprache zu beschäftigen, denn sie beinhaltet die Veränderung von Mensch und Geschichte in allen möglichen Ausprägungen, angefangen von Kosmologie bis zur Art, wie wir Gedichte schreiben oder philosophische Traktate verfassen.

Vico beschreibt Philologie als das Studium der historischen Kulturen und Philosophie als das Studium der ewigen Ideen. Er weist darauf hin,

> „...daß in diesem Werk ...die Philosophie ...ansetzt, die Philologie zu überprüfen (das heißt die Lehre von all den Dingen, die von dem menschlichen Willen abhängen, wie die ganze Geschichte der Sprachen, der Sitten und der Ereignisse sowohl im Frieden wie im Krieg der Völker). Wegen der beklagenswerten Dunkelheit ihrer Ursachen und der fast unendlichen Mannigfaltigkeit ihrer Wirkungen hat die Philosophie bisher geradezu einen Abscheu davor gehabt, sich mit der Philologie zu befassen; jetzt aber führt sie diese zurück auf die Form einer Wissenschaft, indem sie in ihr den Plan einer *ewigen idealen Geschichte* entdeckt, nach der die Geschichte aller Völker in der Zeit abläuft, so daß, aufgrund dieses ihres zweiten Hauptgesichtspunktes, diese Wissenschaft zu einer Philosophie der Autorität wird. Denn kraft der neuen hier entdeckten Prinzipien der Mythologie, die sich aus den neuen hier wiederentdeckten Prinzipien der Dichtung ergeben, wird bewiesen, daß die Mythen wahre und strenge Geschichten der Sitten der ältesten Stämme Griechenlands waren..." (Vico, 1990, 7f.).

Geschichte dreht sich um die Veränderung der menschlichen Natur, gerade weil es um die Veränderung der Sprache an sich geht. Losgelöst von unserer Sprache, Bildern, Einbildungskraft, Denkvermögen und Redewendungen wäre unsere Natur nichts anderes als ein leeres Blatt. Die menschliche Natur existiert einfach nicht außerhalb der Geschichte. José Ortega y Gassets Idee, daß der Mensch keine Natur sondern Geschichte besitzt, paßt genau zu Vicos Idee der drei Arten der menschlichen Natur. Die *Neue Wissenschaft* ist der ‚Geburtsschrei' des Historismus als Erweiterung eines modernen Konzepts von der Eigenständigkeit der irdischen Welt. Vico schreibt zu den drei Arten der menschlichen Natur:

> "Die erste Natur war aufgrund einer mächtigen Täuschung der Phantasie, die am kräftigsten ist in den hinsichtlich des Denkvermögens Schwächsten, eine poetische, das heißt schöpferische, es sei uns erlaubt zu sagen: eine göttliche, die den Gegenständen das Sein beseelter Substanzen von Göttern verlieh und es ihnen verlieh nach ihrer eigenen Idee. Es war dies die Natur der theologischen Dichter, welche die ältesten Weisen aller heidnischen Völker waren, als diese sich auf der Grundlage des Glaubens bildeten, den jedes von ihnen an gewisse eigene Götter hatte. Im übrigen handelte es sich um eine ganz wilde und schreckliche Natur; doch wegen jenes selben Irrtums ihrer Phantasie empfanden sie entsetzliche Furcht vor den Göttern, die sie sich selber erfunden hatten. Von daher blieben zwei ewige Eigentümlichkeiten: die eine, daß die Religion das einzige wirksame Mittel ist, die Wildheit der Völker zu bändigen; die andere, daß es dann gut bestellt ist um die Religionen, wenn jene, die ihnen vorstehen, sie selber innig verehren" (Vico, 1990, Bd. 2, 493f.).

Die mächtigen Trugbilder der Fantasie bzw. Imagination werden der Nährboden für theologische Poesie, Mythologie und Religion. Fantasie ist stärker als Vernunft und Metapher stärker als Begrifflichkeit. Vico geht davon aus, daß sich Philosophie und das gesamte theoretisch-kritische Gebäude auf Kosten der Schönheit der Sprache und der Macht der Fantasie entwickeln, die der Menschheit im Laufe der Zeit verloren gehen.

> „Die zweite war eine heroische Natur, welche die Heroen selber für göttlichen Ursprungs hielten, denn weil sie meinten, alles täten die Götter, hielten sie sich, insofern sie unter den Auspizien Jupiters gezeugt worden waren, für Kinder Jupiters: auf diesen Heroismus führten sie mit richtigem Sinn ihren natürlichen Adel zurück – daß sie von menschlicher Art seien -; und durch diesen nahm mit ihnen die menschengemäße Fortpflanzung ihren Anfang. Diesen natürlichen Adels rühmten sie sich gegenüber jenen, die sich aus der schändlichen bestialischen Gemeinschaft, um sich zu retten aus den Händeln, die sie erzeugte, später in ihre Asyle geflüchtet hatten und die sie, weil sie ohne Götter hierhergekommen waren, für Bestien hielten, gemäß den obigen Erörterungen der einen wie der anderen Natur“ (Vico, 1990, Bd. 2, 494).

Das Zeitalter der Philosophie beginnt. Philosophie ersetzt die theologische Poesie und Mythologie. Wir gewinnen an Stringenz bei der Formulierung unserer Gedanken und des von uns benutzten Idioms, doch wir verlieren die Unbegrenztheit unserer literarischen und künstlerischen Fantasie. Philosophie ist zwar Bindeglied zwischen Mythos beziehungsweise Poesie und Naturwissenschaften, aber sie steht noch nicht für die Ankunft des Zeitalters der Rationalität. Doch sie birgt die Verheißung in sich, daß Gesetz, Vernunft, Gewissen und Pflicht kommen werden.

> „Die dritte war eine menschliche Natur, intelligent und deshalb bescheiden, gütig und einsichtig, eine Natur, die als ihre Gesetze das Gewissen, die Vernunft, die Pflicht anerkennt“ (Vico, 1990, Bd. 2, 494).

Nur wenn wir den Unterschied zwischen der poetischen, fantasievollen Sprache der Alten und der rationalen, präzisen, analytischen Sprache der modernen Menschen begreifen lernen, können wir den Unterschied zwischen den verschiedenen Menschenbildern, Empfindungen, Formen der staatlichen Existenz und menschlichen Natur ergründen.

Der Kampf um die Antike: „Alte" gegen „Moderne"

Die Auseinandersetzung zwischen zwei Gruppen von Gelehrten über die Bedeutung der Klassischen Antike und deren Einfluß auf unsere modernen geistigen und moralischen Empfindungen wird als Streit zwischen Alten und Modernen bezeichnet. Die Alten bestanden auf der herausragenden Bedeutung der Antike, ihrer Kultur und Philosophie und auf dem Wert klassischer Studien, wohingegen die Modernen die moderne Wissenschaft, Vernunft und Gefühlswelt bevorzugten und die Rückständigkeit und Brutalität alter Sitten, Praktiken und Institutionen anprangerten (vgl. Bury, 1987, 78-97).

Numa Denis Fustel de Coulanges trennte in seinem Werk *La Cité antique* (Der Antike Staat, 1864) streng zwischen den religiösen Ursprüngen von Freiheit und Individualismus in der westlichen Welt und den vermeintlichen bürgerlichen Freiheiten in der Antike. Die antike Stadt hatte nach Fustel de Coulanges nichts mit individueller Freiheit zu tun. Im Gegensatz zu seinen Zeitgenossen, die das Ideal der bürgerlichen Freiheit im antiken Griechenland und Rom suchten, schrieb er:

> „Die Stadt ist aus der Religion hervorgegangen und wie eine Kirche organisiert worden. Darauf beruhte ihre Stärke, ihre Allmacht und die unumschränkte Herrschaft über ihre Bürger. In einer Gesellschaft, die ihr Entstehen solchen Grundsätzen verdankte, konnte es keine persönliche Freiheit geben; der Bürger war in allen Dingen bedingungslos seiner Stadt unterworfen; er gehörte ihr ganz...Auch in das Privatleben griff die absolute Macht des Staates ein...Er [der Staat] trieb seine Be-

> vormundung bis in die kleinsten Dinge" (Fustel de Coulanges, 1988, 304f.).

Louis Dumont machte den Vorschlag, man solle zwischen philosophischem Individualismus, ohne den man sich kaum die klassische griechische und römische Philosophie vorstellen könne, und religiösem Individualismus unterscheiden (vgl. Dumont, 1991; Dumont, 1977). Philosophischer Individualismus hat wesentlich zur Verbreitung menschlichen Wissens und kultureller Differenzierung beigetragen, ohne die Trennung von Religion und Staat zu bewirken, während religiöser Individualismus das außerweltliche Individuum und sein innerweltliches Gegenstück hervorgebracht hat.

Wer die angeblichen bürgerlichen Freiheiten der Antike glorifiziert, sei an die Kluft erinnert, die zwischen den freien Bürgern der antiken griechischen *polis* und denen ohne Bürgerrechte bestand, oder denke an den Sokrates-Prozeß im klassischen Athen. Mit Fustel de Coulanges und Dumont können wir den Fall Sokrates als einen Konflikt zwischen religiösem (oder ideologischem) politischem Handeln und philosophischem politischem Individualismus einstufen.

Wie sich Fustel de Coulanges mit seinen Zeitgenossen anlegte, weil sie Illusionen und vorgefaßte Meinungen über das sogenannte goldene Zeitalter der individuellen, bürgerlichen Freiheiten in der griechisch-römischen Zivilisation hatten, beschreibt Ernest Gellner treffend. Gellner hielt Fustel de Coulanges für einen Vorläufer von Dumont. Beide betonten die religiösen Ursprünge des westlichen Individualismus. Gellner stellt fest:

> „Fustel de Coulanges wollte zeigen, wie die [antike]...plurale, nicht-zentralisierte, aber sozial-restriktive Gesellschaft, die bei allem Pluralismus nicht die Kriterien des modernen Strebens nach einer bürgerlichen Gesellschaft erfüllte, durch eine neue Ordnung ersetzt wurde, in der die Trennung von Religion und

> Staat individuelle Freiheit denkbar machte“ (Gellner, 1995b, 34; Übers. BKU).

Die antike Stadt scheint kaum ein Ort der Freiheit und Vielfalt gewesen zu sein. Doch mußte einiges geschehen, bevor die von Fustel de Coulanges vorgeschlagene konzeptionelle Trennung als analytisch scharfsinnig und theoretisch überzeugend bei der Suche nach der Entstehung der Freiheit anerkannt wurde.

Nach Gellner entwirft David Hume in seinem Buch *Die Naturgeschichte der Religion* eine Religionssoziologie, die auch zugleich eine Soziologie des Entstehens der Freiheit ist. Dazu Gellner:

> „[Humes] Ansichten ähneln denen Gibbons und denen des überragenden späteren Nachfolgers von Hume und Gibbon, nämlich [James] Frazer. Ganz im Geist der Aufklärung spricht daraus Bewunderung für die Tugenden der klassischen Antike und Ablehnung des darauf folgenden monotheistischen Bibelgläubigen mit seinem egoistischen Ethos. Hume verfügt noch nicht über die Subtilität eines Fustel de Coulanges oder Benjamin Constant und er übersieht, daß die Freiheiten in der antiken Welt nicht den Einstellungen der Moderne entsprechen. Er argumentiert im Grunde mit den Gegensätzen zwischen der antiken Religion – sozial, bürgerlich, innerweltlich, gemeinschaftlich, traditionell, tolerant – und der Weltreligion, die sie abgelöst hat, die statt dessen egoistisch, außerweltlich, doktrinär und intolerant sei. Sein Schlüsselbegriff für erstere ist *Aberglaube* und für letztere *Schwärmerei*“ (Gellner, 1995b, 35f.; Übers. BKU).

In welchem Ausmaß und wie der Geist der Toleranz zu den Gläubigen paßt und ob der monotheistische Bibelgläubige und das egoistische Ethos dem Toleranzprinzip entgegen stehen, können wir in *The Natural History of Religion* (*Die Naturgeschichte der Religion*;

1757) nachlesen, denn Humes Schlußfolgerungen dazu sind ziemlich eindeutig:

> „Der tolerante Geist der Götzendiener sowohl alter wie auch neuerer Zeit fällt jedem leicht in die Augen...Die Intoleranz nahezu aller Religionen, die die Einheit Gottes behauptet haben, ist ebenso bemerkenswert wie das entgegengesetzte Prinzip der Polytheisten“ (Hume, 1984, 37f.).

Das Klischee der Aufklärung von der Großartigkeit der alten und der Korruption der modernen Menschen hinderte Hume nicht daran, die Gründe für die größere Freiheit der Engländer und Holländer zu untersuchen. In seiner bemerkenswerten Abhandlung *Of Superstition and Enthusiasm* (*Über Aberglaube und Schwärmerei*; 1741) „die zu Recht als eine der frühesten und scharfsinnigsten Arbeiten über die Rolle des Protestantismus in der Entstehung der modernen Welt“ (Gellner, 1995b, 37) gelten kann, stellt David Hume drei Überlegungen an:

> [1] „…daß der Aberglaube vorteilhaft für die Macht der Priester ist und daß ihm die Schwärmerei nicht weniger oder eher noch mehr entgegengesetzt ist als gesunde Vernunft und Philosophie“;
> [2] „…daß Religionen, die etwas von Schwärmerei an sich haben, anfänglich zwar wilder und heftiger sind als diejenigen, die am Aberglauben teilhaben, aber in kurzer Zeit sanfter und gemäßigter werden“;
> [3] „…daß der Aberglaube ein Feind und die Schwärmerei ein Freund der bürgerlichen Freiheit derselben ist” (Hume, 1984, 74ff.).

Giambattista Vico entlarvt in dem Abschnitt über die alten Ägypter deren angebliche Pracht, feine Lebensart und Tugend als falsch und trügerisch und klingt damit erstaunlich modern. Doch Vico nun eindeutig als „Alten“ oder „Modernen“ einordnen zu wollen, wäre absolut verfehlt, da er zu viel von beiden Welten hatte. Die folgende Passage scheint direkt von Hume oder einem anderen großen Denker der Moderne zu stammen:

> „Die Moral [der Ägypter] war zügellos, da sie die Prostituierten nicht nur für geduldet oder zugelassen, sondern für ehrbar erklärte; die Theologie war voller Aberglauben, Gaukeleien und Hexereien. Und die Pracht ihrer Bauten und Pyramiden konnte sehr wohl eine Geburt der Barbarei sein, die mit dem Großen vereinbar ist“ (Vico, 1990, Bd.1, 43).

Sieht man von dem Gedanken ab, daß Aberglaube untrennbar mit Götzenanbetung, heidnischer Welt und ihren Priester-Religionen verbunden ist, lesen wir in obigem Zitat ein weiteres Stück modernen Denkens, nämlich die Idee, daß Barbarei einschließlich ihrer modernen Ausprägungen eine Affinität zum Kolossalen hat. Spengler und Ortega y Gasset argumentieren ähnlich: Spengler, wenn er die *Weltstadt* beschreibt und Ortega y Gasset, der feststellt: „Das Zeitalter der Massen ist das Zeitalter des Massigen.“ (Ortega y Gasset, 1989, 14). Dieses Spengler-Motif in Ortegas *La rebelión de las masas* (1930; *Der Aufstand der Massen*) könnte auch als eine ausgesprochen *vicoeske* Thematik bezeichnet werden.

Es ist nicht überraschend, daß Vico eine moderne Geschichtsinterpretation einführt. Wir haben hier das gesamte Spektrum an theoretischen Themen, die konservative Kreise so liebgewonnen haben, wie beispielsweise: Geschichte, die sich wiederholt, die Rückfälle in die Barbarei, moderne Formen der Barbarei. Vico verwendet den Begriff der *bestioni*, die an Rabelais Giganten Gargantua und Pantagruel erinnern und an den im Mittelalter und in der Renaissance herrschenden Glauben an die Existenz von Riesen anknüpfen. Dann beschreibt er die modernen *bestioni* als mächtige, grausame, unsoziale und gefühllose Menschen.

Gegenaufklärung

Giambattista Vico übernahm Gedankenelemente von seinem großen Rivalen Descartes, dessen Philosophie und Methodologie er doch so leidenschaftlich ablehnte. Seine Idee einer idealen ewigen Geschichte und rationalen bürgerlichen Theologie hinderte ihn nicht daran, den Weg von Descartes einzuschlagen. Die *Neue Wissenschaft* manifestiert sich als ein epistemologisches Programm oder sogar als eine allgemeine Wissenschaftstheorie und nicht nur als ein humanistischer Gegenentwurf zur großen cartesischen Theorie.

Vicos ehrgeiziges Vorhaben, den *filologi*, Historikern im heutigen Sinne, einen strengen Erklärungsrahmen zu bieten, wodurch aus lediglich humanistischen Gelehrten Wissenschaftler im modernen Sinn wurden, zeigt, daß er überzeugt war, die menschliche Welt rational erklären zu können. Rationale Untersuchung anstelle mystischer Einsicht ist der Weg zu Selbstbewußtsein und Selbsterkenntnis. Daher sollten wir Vico nicht als einen William Blake der Geschichte und Philosophie sehen, denn dieser lehnte anscheinend alle wissenschaftlichen Methoden und Rationalität ab.

Vico hegte keinen Zweifel an der Strenge seiner neuen Wissenschaft. Diese Wissenschaft ähnelt David Humes Idee der Naturgeschichte der Religion, im Sinne einer strengen Wissenschaft, die heidnische und moderne Arten von Religiosität, Aberglauben und religiösem Eifer erklären kann. Die neue Wissenschaft der Völker könnte eine Art Naturgeschichte der Menschheit darstellen, als Ergänzung zur neuen Naturwissenschaft über die menschliche Natur, die sich im Laufe der Zeit in Geschichte und Gesellschaft manifestiert.

Vicos Idee der neuen Wissenschaft scheint eine weitere Wurzel der Moderne zu sein, die Gegenaufklärung, um mit Isaiah Berlin zu sprechen. Er bezog diesen Begriff auf Vicos Denkansatz insgesamt: der essentiellen Bedeutung klassischer Studien verbunden mit einem ausgeprägten Sinn für Geschichte unter Berücksichtigung der modernen geistigen und moralischen Strömungen.

3 *Die Soziogenese von Liebe und Freundschaft in Don Quijote und Romeo und Julia*

In diesem Kapitel geht es um Liebe und Freundschaft unter dem Gesichtspunkt der Mentalitätsgeschichte und der Bewußtseinsgeschichte. Der hier gewählte Ansatz beruht auf den Konzepten der Psychogenese und der Soziogenese. Ich analysiere William Shakespeares Tragödie *Romeo und Julia* und Miguel de Cervantes Roman *Der sinnreiche Junker Don Quijote von der Mancha* und rekonstruiere damit das Konzept einer Genealogie moderner Liebe und Freundschaft. Die Genealogie der Gefühle und Sinneswahrnehmungen ist mit der Mentalitätsgeschichte verwandt. Zugleich ist sie mit der Methodologie vergleichbar, die die Anhänger der Bewußtseinsgeschichte, insbesondere Michel Foucault, anwendeten sowie mit der von ihnen entwickelten Ideengenealogie. Wichtige Arbeiten im Kontext der Genealogie der Gefühle stammen von Alan Bray, der über die moralische Genealogie der Freundschaft schrieb, und Denis de Rougemont, der in die Kulturgeschichte Europas eine diskursive Landkarte der Liebe einbrachte.

Romeo und Julia beschreibt moderne Gefühle und ihre Soziogenese. Liebe und Freundschaft entstehen hier als die Gefühle eines modernen Menschen. *Don Quijote* eröffnet bis auf den heutigen Tag neue Einblicke in brennende moralische und philosophische Themen. Denn *Don Quijote* ist eng mit den großen Paradoxien des Lebens verbunden. Wie sollen wir an unserem Moralkodex festhalten in einer Welt schwindender Moral? Wie kann man sich edelmütig und ritterlich in einer Welt verhalten, die für einen Menschen, der demgemäß zu handeln sucht, nur Verachtung übrig hat?

Der Roman beschreibt die spannende Zeit, als sich am Ende des Mittelalters und zu Beginn der Neuzeit zwei Epochen überlagerten. Dies hat philosophische, moralische und politische Auswirkungen auf die Existenz der Gesellschaft, nämlich den Verlust des ritterlichen Moralkodex und das Ende des mittelalterlichen Idealismus. Psychogenese und Soziogenese der intimsten Aspekte der menschlichen Existenz, Liebe und Freundschaft, werden in diesem Kapitel aus der Perspektive der Bewußtseinsgeschichte betrachtet, eine der Schlüsselmethodologien der Zivilisationstheorie.

Norbert Elias schuf die Begriffe „Psychogenese“ und „Soziogenese“, und er erläuterte die damit gemeinten Konzepte (vgl. Elias, 1997). Ich konzentriere mich auf die theoretischen Perspektiven von Elias und Dumont (vgl. Dumont, 1991), die als historische Phänomenologie beschrieben werden können und die wichtige Auswirkungen auf die Zivilisationsanalyse und die Bewußtseinsgeschichte haben. Zu den Autoren, die eng mit der historischen Phänomenologie verbunden sind, zählen Philippe Ariès, Max Weber, Norbert Elias, Bernhard Groethuysen, Martin Green und Jackson Lears. Soweit mir bekannt, hat bisher noch niemand den Ansatz der Bewußtseinsgeschichte als ein Mittel zur Deutung der Psychogenese und Soziogenese von Liebe und Freundschaft und der moralischen Genealogie anderer Empfindungsformen auf *Romeo und Julia* und *Don Quijote* angewandt, wie dies hier geschieht. Deutungsrahmen und fachliches Raster könnte man im weitesten Sinn als eine Synthese der Philosophie der Literatur, Kulturgeschichte und Ideengeschichte bezeichnen.

Ein Mensch der Übergangszeit

Miguel de Cervantes Saavedras *El ingenioso hidalgo Don Quijote de La Mancha* (*Der sinnreiche Junker Don Quijote von der Man-*

cha) erschien 1605. Die Bedeutung von Shakespeares Tragödie und Cervantes Roman beruht nicht auf der darin entworfenen Wirklichkeit, sondern weil die Werke im Laufe der Jahrhunderte immer wieder neu interpretiert wurden. Cervantes scheint Shakespeare nicht gekannt zu haben. Weder hat er Shakespeares Stücke gelesen, noch von seinem Theater gehört. Aber Shakespeare hat zweifellos Thomas Sheltons englische Übersetzung des *Don Quijote* gelesen. Er schrieb sogar zusammen mit John Fletcher die Komödie *Cardenio*, die allerdings nicht erhalten ist (vgl. Bloom, 2004, 82).

Cardenio wurde dem Ersten Teil des *Don Quijote* entnommen. Es geht um die Geschichte des jungen Cardenio, der von seiner Geliebten Lucinda mit seinem engen Freund Fernando betrogen wurde. Cardenio ist völlig verzweifelt und nahe daran, den Verstand zu verlieren. Er zieht sich in die Einsamkeit der Berge zurück, wo er ein äußerst karges Dasein fristet, nur ab und an erhält er ein wenig Nahrung von einem wohlmeinenden Hirten oder Bauern. Schließlich trifft er auf Don Quijote und Sancho Pansa. Später bekommt Cardenio Lucinda zurück und sein Freund Fernando ist wieder mit seiner Geliebten Dorotea zusammen. Don Quijote wird Zeuge dieser glücklichen Entwicklung, an der er selbst beteiligt war.

Don Quijotes Geschichte ist bekannt. Der ehrenwerte, aber verarmte Adlige aus der Mancha, Alonso Quijano, ist besessen von Ritterromanen. Er beschließt, der fahrende Ritter Don Quijote zu werden und eine Reihe von Abenteuern zu bestehen, in denen er den Schwachen und Unterdrückten beistehen will. Aus seinem mageren Klepper wird das feurige Schlachtroß Rosinante und Aldonza Lorenzo, eine junge Dorfbewohnerin aus der Umgebung, in die sich der alternde Junker verliebt hat, wird das Objekt seiner Sehnsucht, Dulcinea von Toboso. Der Bauer Sancho Pansa willigt ein, Don Quijote auf seinem Esel zu begleiten und als sein Knappe zu dienen.

Don Quijote und sein Knappe schließen schnell Freundschaft. Die beiden unterscheiden sich wie Tag und Nacht. Der eine steht für Realität (Sancho Pansa, der ungehobelte Realist), und der andere für Imagination und Glauben (Don Quijote, der die Welt verabscheut und für eine Fiktion hält, wenn etwas Realität wird, was nur in seiner Vorstellung existiert hat). Ungeachtet ihrer scheinbar unüberwindlichen Unterschiede beginnen Don Quijote und Sancho Pansa, auf die Worte des anderen zu hören, statt jeder für sich zu monologisieren. In ihrem Denken und Handeln werden sie sich immer ähnlicher. Was wir aus diesem Roman lernen, ist die Art und Weise, wie sich Freunde ergänzen können, indem sie die Redlichkeit des einen hochhalten und zugleich die Schwächen des anderen in den Hintergrund rücken.

Don Quijotes Wahnvorstellungen wurden schon oft analysiert. Er äußert sich ausgesprochen klug zu allen Fragen. Dabei zeigen sich seine Bildung, sein Edelmut und die Sanftheit seiner Seele, doch schon beim geringsten Hinweis auf das Rittertum schaltet sich sein Verstand aus. Er beginnt, über Ritter und ihre edlen Taten, über Feen und böse Zauberer zu fantasieren. Aus einer hilflosen Herde Schafe wird eine feindliche Armee, aus Windmühlen wütende Riesen und aus einem Barbierbecken der Helm des Mambrin. Der Spruch auf seinem Grabstein paßt daher hervorragend: Hier ruht Alonso Quijanos, der als Verrückter lebte aber als Mann mit gesundem Geist starb.

Don Quijote ist eine erstaunliche Mischung aus Tragödie und Komödie. Vieles darin ist grausam und sinnlos, wie zum Beispiel, daß hier ein etwas komischer Kauz, den alle für verrückt halten, böse verspottet wird. Nicht von ungefähr haben manche Kritiker *Don Quijote* als eine Heiligengeschichte in Form einer Romanze bezeichnet. So sah W. H. Auden die Gestalt des Don Quijote; er erkannte in ihm das Porträt eines christlichen Heiligen. Damit unterscheidet er sich von Hamlet, dem es an Glauben an Gott und an sich selbst fehlt (Bloom, 2004, 79).

Tatsächlich ist *Don Quijote* in *Die Versuchung des Heiligen Antonius* von Hieronymus Bosch oder von Salvador Dali mühelos wiederzuerkennen. Der Ritter ist von Wesen aus dem Reich des Satans - Geistern, Ungeheuern und Dämonen - umgeben, kann sie aber durch seinen unverrückbaren Glauben in Schach halten. Dabei ist es unwichtig, ob er ein Ritter der Tat oder der Kontemplation ist. Allerdings könnten wir Don Quijote als einen Helden der Absurdität des Glaubens deuten: Er fragt, welches Ausmaß an Glaube notwendig ist, um den Glauben zu bewahren, zu verteidigen und voranzutreiben, eine Frage, die seine Zeitgenossen als Unsinn betrachten.

Don Quijote ist ein Abgesang auf die Welt des Mittelalters. Niemand glaubt mehr an irgendeine Form des Rittertums und den Kampf mit der Waffe für die Unterdrückten, an Minneliebe und andere höfische Ideale. Uns kommt Don Quijotes geliebter *Amadis de Gaula* Roman (in der modernen 1508 gedruckten Fassung) sinnlos vor. Don Quijote weigert sich, die gesellschaftliche Realität seiner Zeit zu sehen, in der die Vergangenheit, die Tradition, ihre wichtigen Akteure und ihre Werte nur noch verspottet werden.

Don Quijote ist eine Person der Übergangszeit, in der die Werte und Ideen der vorhergehenden Zeit nicht mehr gelten, jedoch neue, von den Bürgern für verläßlich gehaltene Werte, sich erst manifestieren müssen. Es ist also nicht überraschend, daß Don Quijote seine Umgebung nicht erkennt: Den Pfarrer von La Mancha, den örtlichen Barbier, seine Verwandten und Dienstboten, und auch Samson Carrasco, Baccalaureus der Universität von Salamanca, der vorgibt, der Ritter vom Silbernen Mond zu sein, um Don Quijote in einem Duell besiegen und schließlich bewegen zu können, nach Hause zurückzukehren, all diese Personen sind Teil der Realität, die immer wieder mit der Fantasie kollidiert. Für Don Quijote geht es nicht um Machtverhältnisse oder darum, alles, was existiert, bedingungslos zu akzeptieren. Für ihn ist entscheidend, mit dem Bösen, das in der Welt herrscht, und der Gewalt fertig zu werden.

Die Welt bildet sich am Kreuzweg von Realität und Einbildungskraft. Die Realität zeigt sich in der Freundschaft zwischen Don Quijote und Sancho Pansa. Dank seines Lehnsherrn, dem Ritter von der traurigen Gestalt, wird aus Sancho, dem Bauerntrampel, ein einsichtiger, aufrechter Mensch. Ohne Imagination entartet die

Realität und wird zu einem bloßen Machtspiel. Aber Imagination ohne Realitätsgehalt drohen Gefahren von verschiedenen Formen von Abspaltung und Wahnsinn.

Die Genealogie von Romeo und Julia

Über Shakespeare und seine Zeit existiert eine Fülle wissenschaftlicher Literatur. Ich habe meine Ansicht zu Shakespeare in verschiedenen Bildungssystemen und Institutionen der Literaturforschung, zuerst in Litauen und Rußland, später in England und den USA, formen dürfen. Außerdem sollen hier armenische und georgische Einrichtungen der Literatur- und Theaterforschung über Shakespeare lobend erwähnt werden. Dasselbe gilt für litauische Theaterinszenierungen von Shakespeare-Stücken, insbesondere von Eimuntas Nekrošius und Oskaras Koršunovas.

Meine besondere Vorliebe für Shakespeares *Romeo und Julia* begann, als ich das erste Mal Franco Zeffirellis Filmversion von 1968 sah. Diese außergewöhnliche klassische Produktion muß erst einmal überboten werden, obwohl es eine Vielzahl von Shakespeare-Adaptionen gibt. Meine mentale Landkarte der Shakespeare-Welt wäre jedoch unvollständig ohne die herausragenden Filme wie *Hamlet* (1964) und *King Lear* (1970) des russischen Regisseurs, Drehbuchautors und Schriftstellers Grigori Kozintsew. Diese Filme machten den Namen Kozintsew unsterblich; sie zwangen den großen Meister, eine neue Sprache der Kinematographie zu suchen, womit er der sowjetischen Zensur entgehen konnte.

Glücklicherweise bestand in der früheren Sowjetunion ein wesentlicher Unterschied zu George Orwells Ozeanien, nämlich daß Shakespeare-Übersetzungen, Forschungsarbeiten und Aufführungen zwar nicht gefördert, aber doch erlaubt und toleriert waren, ohne Shakespeares Sprache durch ‚Newspeak' zu ersetzen. Schließlich behielten die großen Traditionen der russischen Kultur die Oberhand über die ideologische Barbarei der Sowjets, so daß sich die Orwellsche Prophezeiung nicht erfüllte. Außerdem hat Kozintsew eine Brücke zwischen Shakespeare und Cervantes geschlagen, denn seine *Don Quijote*-Verfilmung von 1957 war ein Meilenstein in der Kinogeschichte, und wird es auch bleiben.

Um *Romeo und Julia* haben sich besonders viele literarische Legenden gerankt. Das Werk steckt voller Rätsel. Auf den ersten Blick scheint diese Tragödie nichts Besonderes an sich zu haben. Shakespeare stieß in der italienischen Literatur aus Mittelalter und Renaissance auf die Geschichte um die unglückliche Liebe zweier Kinder aus verfeindeten Familien in Verona unter der Herrschaft von Bartolomeo I della Scala. Dieser italienische Herzog, der in Verona und Vicenza von 1301-1304 regierte, lud Dante nach Verona ein. Dante erwähnte ihn und auch die Familien Montagu und Capulet in *Purgatorio*.

Der italienische Renaissance-Dichter Masuccio Salernitano schrieb als erster eine kurze Abhandlung über die unglückliche Liebe zweier junger Menschen und ihren Tod durch Gift. Luigi da Porto ließ sich von dieser Erzählung inspirieren, verwendete die von Dante benutzten Namen Bartolomeo I della Scala, Montagu und Capulet und verortete die Handlung in Verona. In Shakespeares Tragödie heißt der Fürst von Verona Escalus. Später wird die Geschichte von dem weit bekannteren und wesentlich talentierteren Dichter als seine beiden Vorläufer, Matteo Bandello, übernommen. Er war ein Dominikanermönch und schrieb erfolgreich im Stil des Giovanni Boccaccio. Auch Lope de Vega verwendete das Thema der Familien Montagu und Capulet in seinen Werken. Dennoch hätte die Geschichte nicht den Ruhm erlangt, den sie heute hat, gäbe es nicht die wesentlich bedeutendere Fassung von Shakespeare (vgl. Paster, 1992, 253-265).

Es geht das Gerücht, daß Shakespeare von Marlowe auf die Geschichte hingewiesen wurde. Fakt ist, daß die von Matteo Bandello umgeschriebene Fassung der Liebesgeschichte von Romeo und Julia fünf Jahre später von Pierre Boaistuau ins Französische übersetzt wurde. Diese französische Version veranlaßte den englischen Dichter und Übersetzer Arthur Brooke, die *Tragical History of Romeus and Juliet* zu schreiben. Dies war Shakespeares wichtigste Quelle für sein Werk *Romeo und Julia.* Im übrigen wurde Bandellos Version von Geoffrey Fenton 1567 ins Englische übersetzt (da waren Shakespeare und Marlowe gerade mal drei Jahre alt). Shakespeare brauchte diese Übersetzungen, da er nicht über eine so umfassende Bildung wie der äußerst belesene Cambridge-Absolvent Marlowe verfügte (vgl. Greenblatt, 2004; 2005).

Romeo und Julia beginnt wie eine Komödie, endet aber als Tragödie. Mit Mercutios Tod wird die Geschichte unweigerlich zur Tragödie. Übrigens hat sogar Lope de Vega bewußt Elemente aus Komödie und Tragödie verbunden und daraus seine neue Form der *comedia* geschaffen. Aber das ändert eigentlich alles nichts daran, daß *Romeo und Julia* zu den großartigsten Werken der Weltliteratur gehört.

Wie wir wissen, zahlte Shakespeare einen hohen Preis für diese Tragödie. Molière sollte ihm später vorwerfen, daß er wohl aus Unfähigkeit, zwischen Komödie und Tragödie zu unterscheiden, die beiden Genres wahllos vermischt hätte. Im Klassizismus war der Name Shakespeare Zielscheibe des Spottes. Voltaire dagegen verehrte Shakespeare in seiner Jugend, bezeichnete ihn allerdings später als Barbaren. Der preußische König Friedrich der Große, ein ergebener Anhänger Voltaires, der auch einer seiner Lehrer war, klagte gar darüber, daß die deutsche Jugend die Werke eines englischen Barbaren lesen würde, in denen die Könige wie Totengräber redeten. Erst gegen Ende des 18. Jahrhunderts entdeckten die *Sturm und Drang*-Dichter, der junge Goethe und Schiller, Shakespeare als einen Meister des Stils, historischen Gespürs und wahrer Literatur (vgl. Elias, 1997, 89-131).

Shakespeare wurde nur dank der Deutschen Romantik als einer der bedeutendsten Dichter erkannt. Sogar noch im viktorianischen England hatte man ernsthafte Zweifel daran, daß ein Schauspieler von niederem Stand, der nie an einer Universität studiert hatte, derartig beispiellose Werke geschaffen haben könnte.

Soziogenese der modernen Empfindung

Was verdeutlicht *Romeo und Julia*? Im Mittelpunkt des Werkes stehen zwei moderne Empfindungen, Liebe und Freundschaft, und deren Soziogenese.

Aus soziologischer Sicht wollen wir immer das geschriebene Gesetz und die Familie gegeneinander abwägen. Diese beiden Konzepte haben sich im Abendland und in anderen Kulturen über die Jahrhunderte erbittert bekämpft. Selbst die Herausforderung des modernen Staates und seiner Machtstrukturen durch die Cosa Nostra im 20. Jahrhundert ist nichts anderes als der Kampf zwischen Familie und Gesetz – zwischen Sippe und Staat, eine Auseinandersetzung, die bereits in vormodernen und modernen Ausprägungen der sozialen Organisation bestand.

So wie mit Clan und Familie können wir auch leicht mit Freund und geliebtem Partner ein Gegengewicht schaffen. Ein Sippenmitglied, das sich einem Menschen freundschaftlich oder in Liebe zuwendet, der den Interessen der Familie entgegen steht, stößt bestenfalls auf deren Ablehnung, wenn nicht auf eine schlimmere Reaktion. Früher oder später wird er durch die aufeinanderprallenden Objekte von Loyalität und Treue gezwungen, sich zwischen Familie (Sippe, Verwandtschaft, Blut) oder Freiheit und Verantwortung für die eigene Persönlichkeit und Identität (Liebe und Freundschaft) zu entscheiden. In der metaphysischen Welt von Blut und Tradition können wir das Objekt unserer Treue nicht frei wählen; in einer solchen Welt ist man nicht verantwortlich für seine eigene Identität. Denn das Objekt der Treue und die Struktur der Identität sind vorgezeichnet oder überliefert. Wir können in diese nur hineingestellt werden. Die Vorstellung von Liebe im modernen Sinn existierte in der vormodernen Welt nicht.

Romeo und Julia sind in Shakespeares Werk nicht die einzigen, die überaus schmerzliche, sogar tödliche Loyalitätskonflikte durchleben. Romeos Freund Mercutio ist ein Verwandter von Escalus, dem Fürsten von Verona; aber für Mercutio ist die Treue zu seinem Freund wichtiger als die traditionelle, früher übliche Loyalität gegenüber seiner Sippe. Der Fürst untersagt strengstens, Streitereien im Duell oder mit Waffen auszutragen, doch Mercutio, der weder mit den Montagus noch mit den Capulets verwandt ist, handelt als erster gegen diesen fürstlichen Erlaß, als er die verletzte Ehre seines Freundes verteidigt.

Menschen in der modernen Welt haben immer zwei grundlegende Wahlmöglichkeiten. Sie können sich von ihren Blutsverwandten abwenden, die sie niemals aus freien Stücken gewählt haben, und sich statt dessen für eine Person entscheiden, die ihnen nahe steht, aber zu der keine verwandtschaftlichen Beziehung besteht. Oder sie wenden sich vom unbequemen Freiheitsprinzip ab und kehren zu ihren Wurzeln zurück, nämlich zu Verwandtschaft und Sippe.

Ob wir dies mögen oder nicht, Freiheit entfernt uns unweigerlich von Erbe, Zuschreibung und schneller Kategorisierung. Die geliebte Ehefrau oder der gute Freund sind einem Mann bedeutend wichtiger als seine Verwandten oder seine Sippe. Der traditionelle oder vormoderne Mensch ererbte soziale Bindungen und Identitätsformen, während der moderne Mensch diese selbst zu schaffen wagt. Von dieser Warte aus gesehen findet in *Romeo und Julia* ein fundamentaler Konflikt zwischen vormodernen und modernen Verhaltensweisen und zwischen den Strukturen der Loyalität statt. Bei Romeo, Julia und Mercutio handelt es sich um wirklich moderne Menschen, während die Oberhäupter der Familien Montagu und Capulet, besonders aber der leicht reizbare Tybalt Vertreter der Idee von Sippe und Verwandtschaft sind.

Shakespeare zählt auch deshalb zu den bedeutendsten Dichtern, weil er diese große gesellschaftliche Umwandlung aufgezeigt hat. Bei der Lektüre von *Romeo und Julia* erkennen wir das beginnende Zeitalter des modernen Menschen, für den Freiheit und Wahlmöglichkeit herrscht. Er wird vom vormodernen Menschen nicht akzeptiert, der sich an Blut und Tradition gebunden fühlt, und der dem neuen Phänomen voller Haß begegnet. So erklärt sich Tybalts Abscheu gegenüber Romeo. Deshalb ist Tybalt so enttäuscht und verärgert, daß er sich mit dem verhaßten Romeo aus ihm unverständlichen Gründen nicht duellieren kann und statt dessen Mercutio gegenübersteht, den er respektiert und dessen freie, aristokratische, furchtlose Art er insgeheim bewundert.

Haß und Entpersonalisierung

Tybalts Haß auf die Montagues ist mehr als ein Gefühl, das er blindlings vom Capulet-Clan übernommen hat. Sein Haß übersteigt noch um vieles die alte Feindschaft zwischen den beiden Familien und wird für jeden zu einem Problem, selbst für die Capulets. In seinem übersteigerten Haß verabscheut Tybalt sogar den Namen Montagu zutiefst. Dies hat er in seinem Clan-dynastischen Bewußtsein voll internalisiert. Er löscht in sich selbst und in anderen jeden natürlichen Impuls aus, mit einer Person aus Fleisch und Blut zu kommunizieren, nicht jedoch mit ihrem Namen. Dagegen überwindet Tybalts Cousine Julia diesen Teufelskreis, indem sie sich in Romeo verliebt, obwohl ihr seit Kindesbeinen eingetrichtert wurde, den Namen Montagu zu hassen. Hier Julias Worte in der Balkonszene:

> „Dein Name, nur dein Name ist mein Feind:
> Du bleibst du selbst, auch ohne Montagu.
> Was ist schon Montagu? Nicht Hand noch Fuß
> Noch Arm noch Kopf noch irgend sonst ein Teil,
> Das einen Menschen macht. Tausch deinen Namen!
> Was sagt ein Name? Das, was Rose heißt,
> Würd gleichsüß unter anderm Namen duften.
> So bliebe Romeo, wenn er nicht Romeo hieße,
> Die Makellosigkeit, die er besitzt,
> Auch ohne Titel. Romeo, laß den Namen!

Und für den Namen, der dich nicht besitzt,
Besitze mich" (Shakespeare, 2010, II.2, 73f.).

Die Trennung zwischen einem Menschen aus Fleisch und Blut und seinem Namen bzw. jeder Art der Bezeichnung, stellt bereits den Weg dar, aus dem Haß herauszufinden. Haß beginnt mit dem kognitiven Verhältnis zur Zerstörung der Welt. Die Menschen weigern sich, zu erkennen oder zu analysieren, was sie hassen. Zugleich entpersonalisiert Haß sein Objekt, indem es dessen charakteristische Züge verwischt.

Haß löst sich erst auf, wenn sich die Menschen in die Augen schauen können oder aber, wenn sie sich einem anderen Objekt zuwenden. Ein liebender Mensch betrachtet die Welt und ihre Bestandteile, Dinge und Menschen voller Gelassenheit. Menschen, die hassen, wollen nicht sehen, sie sind erpicht, über Namen und Bezeichnungen aber nicht über einzelne Personen zu sprechen.

Ein wohl definiertes Individuum spontan zu hassen, ist ziemlich schwierig. In einer konkurrierenden Welt gilt dies nur solange, wie diese Person keine Bedrohung darstellt oder sonstwie zum Problem wird. Will man an seinem Abscheu festhalten, muß man zunächst das Objekt dieses Hasses entpersonalisieren. Das kann nur durch den Einsatz von Sprache erreicht werden, so daß ein lebendiges Wesen mit einem identifizierbaren Gesicht hinter plakativen Äußerungen verschwindet. Wir reduzieren die, die wir hassen, auf eine Bezeichnung, eine Schublade, die über die Person nichts aussagt. Haß ist oft gepaart mit einer vielsagenden, verklausulierten Sprache und einer nuancenreichen Terminologie.

Haß ist meistens in aktive Verbalisierung gekleidet, weil er nur in Situationen möglich ist, in denen ein Treffen von Angesicht zu Angesicht und Augenkontakt verboten sind. Sieht man Menschen direkt in die Augen, ist es kaum möglich, sie zu verachten oder zu diskriminieren. Meistens sind Menschen Haßobjekte, weil sie einen spezifischen Namen tragen, einem Geschlecht, einem bestimmten Typus oder einer Gruppe angehören, jedoch nicht, wenn sie als Individuen mit unverkennbaren Gesichtszügen wahrgenommen werden, die eine Verwechslung ausschließen. So funktioniert also die Metaphysik des menschlichen Gesichts. Vom ersten Augenblick an gilt das Gesicht als Zeugnis für das Zusammentreffen von Menschen, kann aber in Situationen von Niedertracht und Grausamkeit auch der Grund für Verlegenheit sein.

Haß löst sich auf, wenn Menschen jenseits von Namen und Titeln aufeinandertreffen. Er gräbt sich seinen Weg zu der Stelle, wo im Kopf Bruchstücke des Gedächtnisses, Deutungen, Erzählungen, Namen, Bezeichnungen und konkurrierende Erinnerungen miteinander im Widerstreit liegen. Menschen können sich gegenseitig hassen, wenn sie miteinander reden, schreien, trauern oder lachen, aber sie empfinden fast nie Haß, wenn sie sich für längere Zeit intensiv anschauen. Deshalb wird dies von Feinden vermieden.

Der Austausch tiefer Blicke stellt für Haß, für die in einer Schlacht erforderliche Entschlossenheit und für Rachegefühle eine Gefahr dar. Ein langer, ruhiger Blick zerstört Intoleranz. Haß kann nur wirkungsvoll aufrechterhalten bleiben, wenn diejenigen, die hassen, von ihren Haßobjekten physisch isoliert werden. Dies zermürbt beide Seiten früher oder später. Totalitäre Regime haben es hervorragend verstanden, mit diesem organisierten Haß umzugehen, ihn zu wecken und auszunutzen. Dieses Wissen ist heute bei Verbrechern und Haßgruppierungen angekommen.

Die menschliche Individualität wird durch Intoleranz und Tod ausgelöscht. Intoleranz ist die Helferin des Todes. Beide nivellieren Menschen. Und beide zielen auf das größte aller Wunder ab, das die Malergenies des Abendlandes, von Leonardo da Vinci, Hans Holbein dem Jüngeren, Anthonis van Dyck, Frans Hals, Johannes Vermeer und Rembrandt bis zu Chaïm Soutine und Amadeo Modigliani zu verstehen versucht haben: das fragile und verletzliche menschliche Gesicht und die Einzigartigkeit der Seele. Nur Liebe kann eine menschliche Seele, die verwundet oder zerstört wurde, wieder herstellen. Nicht nur kann Liebe wiederherstellen, sie kann einer Person auch eine neue Individualität geben.

Haß auf den verabscheuten Menschen ist für sich und aus sich heraus nützlich. Denn damit können sich Menschen in der Welt besser orientieren. Haß teilt die Menschen in unserer Umgebung in notwendige Kategorien ein und bietet Anhaltspunkte, wie wir sie behandeln sollen. Haß erzeugt die Illusion von Kontinuität und Traditionen des Respekts innerhalb einer Gruppe: Verachte diejenigen, die deine Vorfahren, deine Familie, Sippe oder Nation bereits verachtet haben und du verhältst dich getreu deiner eigenen Tradition und behältst deine Identität und deinen Sinn für Geschichte. Uns kommt es besonders einfach vor, diejenigen zu hassen, die eine Weltordnung zu stürzen versuchen, die manche völlig in Ordnung finden, die aber für andere Veränderung bedeutet. Ungewißheit, Unsicherheit und Risiko, die unheilige Dreifaltigkeit der Moderne, befeuern Haß.

Tybalt verkörpert perfekt diese Art des Hasses, der den leisesten Zweifel ausschaltet und ihm das Denken verbietet. In *Romeo und Julia* ist er der furchtlose Krieger, der für die Werte seiner Sippe einsteht. Er weigert sich, irgendeine Neuerung oder einen Kompromiß zu akzeptieren. Er kennt keine Furcht; entsprechend schwach ausgeprägt ist sein Sinn für Selbsterhalt. Der genauso furchtlose Mercutio, Tybalts Gegenspieler, läßt sich auf ein Duell ein, obwohl er einen schlechten Ausgang nicht ausschließen kann, denn ihm ist bewußt, daß Romeo nur geringe Möglichkeiten hat, sich gegen Tybalt zur Wehr zu setzen.

Ambivalenz von Liebe und Haß

Tybalt und Mercutio sind wie die zwei Gesichter des Janus, des römischen Gottes der Türen und Tordurchgänge: das eine Gesicht bietet eine strenge Ordnung an, Respekt vor Tradition, Gehorsam und ein klar abgeleitetes, verpflichtendes Objekt der Loyalität, das andere macht sich über diese Ordnung lustig und sieht darin lediglich menschliche Not, Täuschung und eine Maske, die ihre Leere versteckt. Ordnung und Autorität gegen Spiel und Lachen. Der humorlose Tybalt erkennt keine Ironie. Er ist eingebildet und affektiert und verachtet Menschen, die keinen reinrassigen Stammbaum haben; seiner Meinung nach stehen sie unter ihm. Er wacht über Ordnung und Autorität. Dagegen steht der liebenswürdige Mercutio, der alles ins Lächerliche zieht und seine tiefe Empfindsamkeit und Verletzlichkeit hinter seinem Witz versteckt. Er fordert Ordnung und Autorität heraus und entlarvt die Welt Veronas mit ihrem ganzen Pomp und ihrer Eitelkeit.

In seinem berühmten Monolog über Frau Mab legt Mercutio seine Maske für kurze Zeit ab und zeigt Romeo sein wahres Gesicht: Als echter Kritiker seiner Zeit und Gesellschaft macht er sich über ihre *vanitatum vanitas* lustig. Dieser aristokratische Schelm, der dauernd mit obszönen Witzen um sich wirft, spricht über Träume, geheime Fantasien, Sehnsüchte und Visionen in einer Weise, die es uns schwerfallen läßt zu glauben, daß dieser Monolog dreihundert Jahre vor Sigmund Freud geschrieben wurde. Bedeutsam ist Mercutios Gedanke, daß wir davon träumen und fantasieren, wonach wir uns beständig sehnen, aber in Wirklichkeit nicht erreichen können. Mercutio ist ein verkappter Moralist hinter der Maske eines aristokratischen Zynikers, die es ihm erlaubt, genauso jugendlich-übermütig und lebenslustig zu sein wie seine treuen Freunde Romeo und Benvolio, deren Verhalten stets vorhersehbar ist.

In *Romeo und Julia* erfahren wir einiges über geschlechtsabhängige Ambivalenz und sexuelle Maskerade. Diese Dualität zieht sich durch alle Werke Shakespeares und ist charakteristisch für die gesamte Renaissance. Damals spielten in Shakespeares Globe Theatre und anderen Londoner Theatern männliche Schauspieler Frauenrollen. Wenn sich männliche Adlige hinter weiblichen Masken versteckten und ihr Mannsein bewußt verbargen, erzeugte dies eine gewaltige erotische Spannung und erregte die weibliche Fantasie. Luigi da Portos Novelle beschreibt, wie Romeo Julias Herz beim Ball im Hause Capulet eroberte, indem er die Maske einer jungen Frau trug.

Niemand erkennt irgend jemanden beim entscheidenden Ball bei den Capulets. Dies ist schon deshalb ganz normal, weil er in der Karnevalszeit stattfindet. Sich bewußt zu verkleiden oder mit seiner Identität zu spielen, bedeutet kurzzeitige Freiheit. Wie kann man eine Insekten- oder eine Schweinsmaske verachten? Man sieht seinen Feind nicht. Die Spannungen lösen sich mit der Möglichkeit, Blicke auszutauschen. Lediglich für Tybalt, den Ausbund von Haß und Streit, gilt dies nicht, denn er erkennt den maskierten Romeo an seiner Stimme.

Das Leben einer Gesellschaft und ihrer Mitglieder wird durch den Griff in eine Werkzeugkiste geprägt, die weder tief noch breit ist. Jeder trägt Kleidung, jeder braucht Nahrung, jeder verlangt nach Intimität und Erotik, jeder benötigt Sicherheit und Anerkennung. Doch genau an diesem Punkt stoßen wir auf die unvermeidliche Dualität des gesellschaftlichen Lebens: Kleidung kann die Lumpen eines Bettler bedeuten aber auch das luxuriöse Seidenhemd; Reichtum kann Würde und Freiheit der Menschen sichern, aber er kann auch zu ihrer Entwürdigung führen; organisierte und legitimierte Macht ist imstande, das Ausmaß von Laster und Gewalt in einer Gesellschaft stark zu verringern, kann aber zugleich für den Tod vieler unschuldiger Menschen verantwortlich sein; Sex kann ein Akt der Brutalität, Vergewaltigung und Erniedrigung sein, aber unter anderen Umständen Menschen befreien und sie glücklich machen. All dies stammt von ein und demselben menschlichen Material, von ein- und demselben Körper und seinen Möglichkeiten der Selbstverwirklichung.

In seinem morgendlichen Monolog sinniert Bruder Lorenzo überschwenglich über nahezu alle Dualitäten im Phänomen der menschlichen Existenz. Ihm ist völlig klar, daß der destillierte Saft derselben Pflanze uns zugleich heilen, aber auch vergiften kann und daß der Tod bei all den kleinen und großen Freuden des Lebens unser ständiger Begleiter ist. Die Medizin von Bruder Lorenzo soll Romeo und Julia retten, tötet sie aber.

Der Fürst versucht, Verona aus den Fängen der Zerstörung zu retten, die aus der Feindschaft zwischen zwei mächtigen Familien herrührt, indem er seine angemessenen und legitimen Machtbefugnisse anwendet. Anscheinend erreicht er dieses Ziel. Und doch bleibt die Frage offen: Steht Verona nun besser da, nachdem es sich vom Haß befreit, aber dafür zwei junge Liebende verloren hat, die von der ganzen Stadt geschätzt wurden? Ist es moralisch annehmbar, gesellschaftspolitische Instrumente auf die sich bekriegenden Sippen anzuwenden und dabei auch die Seelen der Menschen sowie ihre Liebe und Zuneigung als Bausteine und Werkzeuge der Politik zu benutzen?

Am Ende ist sogar die Liebe etwas äußerst Ambivalentes und Gefährliches. Sie stellt die Gesamtheit der liebenden Persönlichkeit wieder her, und zugleich kann sie einen Menschen in den Abgrund von ewiger existentieller Schwäche schicken, wo diese besagte Liebe Körper und Seele eines anderen Menschen ausbeutet, ohne daß sich der Ausbeuter darüber bewußt ist. Dies kann zum Untergang eines anderen Menschen führen, der dasselbe Recht auf Freiheit und Glück hat. Letztlich beinhaltet jemanden zu lieben auch immer die traurige Möglichkeit, daß dies in Haß umschlägt, der sich aus sich selbst ernährt und alles auslöscht.

Liebe und Haß bedrohen die Autonomie eines Individuums gleichermaßen. Einfach ausgedrückt, sowohl derjenige, der sich vor Liebe verzehrt, wie derjenige, der vom Haß zerfressen ist, bekommen die Unzulänglichkeit ihrer eigenen Existenz zu spüren. Sie brauchen eine andere Persönlichkeit, das Leben eines anderen Menschen, um ihre eigene Identität, ihr Dasein und ihre Bedeutung in der Welt zu erfahren. Wenn diese andere Person lediglich eine Erweiterung des eigenen Körpers oder ein mechanisches Anhängsel des eigenen Egos wird, führt dies, obwohl selten als solche wahrgenommen, zu Zerstörung im wahrsten Sinne des Wortes.

Es besteht kein Zweifel, daß Liebe eine Persönlichkeit erschafft und immer wieder neu erschafft, sie vervollkommnet und mit Leben erfüllt. Doch existiert, wie bei jeder Leidenschaft, eine heimtückische Grenzlinie. Ist diese erreicht, kann Liebe ins Gegenteil umschlagen und eine Persönlichkeit auslöschen oder diese in eine andere Existenz überführen. Leidenschaft ist gefährlich, besonders weil sie sich auf die Beteiligten und ihr Schicksal immer unterschiedlich auswirkt. Im Falle von Romeo und Julia verwandelt Leidenschaft die beiden jungen Leute bis zur Unkenntlichkeit; sie erschafft ihre Persönlichkeit und ihre menschliche Identität neu.

Wir erkennen in *Romeo und Julia* die Art und Weise, wie in Shakespeares Tragödien nahezu alle modernen Formen von Bewußtsein, Identität und gesellschaftlicher Verbreitung entdeckt werden können: Liebe und Freundschaft als Grundformen der modernen Gesellschaft; Loyalitätskonflikte; das Aufeinanderprallen von Elementen traditioneller und moderner Gesellschaften; Haß auf die unbeständige, unklare moderne Welt, in der Ordnung und Hierarchie zerstört werden. Zugleich sind wir Zeugen, wie in einer Welt, die von der Renaissance-Ästhetik des Karnevals erfüllt ist, das moderne Individuum und die moderne Gesellschaft entstehen.

Das moderne Individuum entsteht nicht durch die ererbten Objekte der Loyalität und nicht durch eine fertige Identitätsstruktur, sondern durch die anderen Individuen und andere Objekte in der Welt, die das Individuum frei wählt. Die moderne Gesellschaft beruht auf Solidarität, Liebe und Freundschaft, die nicht auf Blutsbande zurückzuführen sind. Haß entsteht meistens dann, wenn sich Menschen in einem Niemandsland und in der Öde befinden.

Die moderne Welt der Freiheit und Selbst-Erschaffung wirkt auf manche Menschen beängstigend – sie empfinden sie fremd und unzumutbar fern -, während das Paradies von Familie und Sippe nicht mehr existiert. Wir sind vertrieben worden, genau wie wir in der Pubertät früher oder später aus der Kindheit vertrieben und in die Erwachsenenwelt geworfen werden.

Über Liebe und Freundschaft

In den hier diskutierten Werken von Cervantes und Shakespeare wird Liebe so beschrieben, wie man sie sich in der Renaissancezeit idealtypisch vorstellte, und zwar als Erfahrungen, die mit Leiden und Unglück verbunden sind, und als Leidenschaft, die nur von einem edelmütigen und weisen Menschen überwunden werden kann. Leidenschaft wird zur größten Prüfung für die Persönlichkeit. Unreife Menschen zerbrechen daran oder sie können sogar daran sterben. Begehren und schicksalhafte Umstände gewinnen die Oberhand über edle Gesinnung. Dagegen transformieren reife Menschen ihre Leidenschaft zu einer edlen, selbstaufopfernden Liebe und werden dank dieser Liebe immer weiter erhöht. Nicht umsonst kommen in *Don Quijote* und *Romeo und Julia* häufig Sonette vor. Nach der Zeit von Petrarca wurde die Versform üblich, so daß zwischen Liebenden der Austausch von Sonetten zum guten Ton gehörte.

Die Akteure in *Don Quijote* verfassen ständig Sonette für ihre Damen. Da die meisten dieser Sonette hölzern klingen, wird zu Recht vermutet, daß sich Cervantes über die Schreibmanie lustig gemacht hat, die zur damaligen Zeit in ganz Spanien herrschte. Es wimmelte dort von Dichterlingen, die schamlos für alles und jedes die Sonettform benutzten. Die ironische Vorrede zu *Don Quijote*, in der thematisiert wird, wie man einen erfolgreichen Roman verfaßt, zeigt uns das ganze Ausmaß dieser Schreibmanie in der spanischen Literatur. Sie belegte damals einen der vordersten Plätze in der europäischen Literatur.

Romeo und Julia macht sich ebenfalls über Sonette lustig. Nach dem Ball im Hause Capulet verspottet Mercutio seinen Freund Romeo. Allerdings hat er keine Ahnung, daß sich Romeo und Julia verliebt haben, sondern glaubt, daß Romeo immer noch in Rosalinde verliebt ist. Romeo wechselt ohnehin häufig das Objekt seiner

Herzenswünsche. Mercutio demonstriert dabei, wie gut er die klassische Schreibtechnik beherrscht.

> „Da kommt nur Meo, wo ist sein Ro, sein Ro, sein Rogen? Wie ein schrumpfgepökelter Heringsschwanz! O Fleisch, o Fleisch, wie hast du dich verfischigt! Er schwimmt in Versen, die schon seit Petrarca plätschern. Natürlich, gegen seine Liebste war Madonna Laura ein Küchentrampel – nur hatte die einen besseren Dichter als Liebhaber - Dido eine Dirne, Kleopatra eine Kebse, Helena und Hero Hippen und Huren, Thisbe – na gut, vielleicht schöne blaue Augen, aber sonst nichts dahinter“ (Shakespeare, 2010, II,4, 95).

Romeo erinnert in vielerlei Hinsicht an die liebeskranken Cardenio und Fernando in *Don Quijote*. Ihre Porträts sind literarisch und haben eine voraussehbare innere Logik und Dynamik. Allen dreien ist gemeinsam, daß sie außerhalb der Realität leben und lyrisch-poetisch im „schäferlichen Arkadien“ schmachten. Dennoch sind diese drei Personen weit von dichterischen Klischees entfernt, da sie Leidenschaft und die Stimme ihrer verwundeten Seele mit wirklichem Opfer verbinden können. Romeo ähnelt Cardenio und Fernando besonders stark in seiner Unfähigkeit, die eigenen Gefühle zu verstehen, und in seinem Mangel an Selbstvertrauen. Bei der Ausformung von Romeo verwendete Shakespeare dieselbe Logik wie Cervantes bei der Ausarbeitung der Rolle des Cardenio.

Romeo beginnt, seine Gefühle und seine seelische Verfassung erst durch Bruder Lorenzo zu verstehen. Er war dem Wahnsinn nahe, bis er mit dem Mönch redete. Genauso erging es Cardenio: aus Schmerz, Einsamkeit und Liebe fast um den Verstand gebracht zog er sich in die Einsamkeit der Berge zurück. Doch findet er dank Don Quijotes Weisheit schnell wieder sein seelisches Gleichgewicht und seine Lebenslust.

Don Quijote ist für Cardenio und Lucinda, was dem Romeo Bruder Lorenzo und Mercutio bedeuten. Mercutio hilft Romeo, die eigenen Gefühle zu verstehen, denn er erkennt dessen Verletzlichkeit und ist bereit, sich an seiner Stelle zu duellieren. Don Quijote ist eine Mischung aus weisem Mönch und treuem Freund: Bruder Lorenzo und Mercutio in einer Person. Wenn er sich dazu aufraffen kann, nicht mehr über seine Taten und über das Rittertum zu lamentieren, verwandelt er sich in einen klugen und edlen Freund, der entschlossen ist, das eigene Leben für die verletzte Seele des Anderen zu opfern und zugleich eine Seele zu trösten, die durch Liebe verwundet wurde und nicht stark genug ist, sich der Herausforderung zu stellen.

Zu Recht erkennen alle Liebenden in Don Quijote einen edlen Menschen und Ritter. Don Quijote verkörpert das Gleichgewicht zwischen verschiedenen Formen von Wahnsinn wie die leidenschaftliche Liebe zu einem Menschen und die dauernde Suche nach ritterlicher Tugend. Mit dem Verschwinden des mittelalterlichen Ethos erscheinen Rittertum und Liebe töricht; sie werden zu Formen des Wahnsinns und zu Gegenständen des Spottes. Nur die Menschen, die bereit sind, im Namen von Liebe und ritterlicher Tugend zu sterben, können die Glaubensbrüder und Glaubensschwestern erkennen. Liebe ist ritterliche Tugend und ritterliche Tugend ist Liebe. Altisidora kann sich über Don Quijote lustig machen, aber Lucinda und Dorotea setzen ihre ganze Hoffnung auf ihn. Don Quijote fantasiert über seine Liebe zu Dulcinea von Toboso, aber wenn er auf reale Frauen stößt, die jemanden lieben, redet er nicht länger in der unnatürlichen Sprache, die an die pathetische, übertriebene Diktion von Ritterromanzen erinnert, sondern schlägt einen besonnenen, empfindsamen Ton an. Die von Cervantes geschaffenen Porträts liebender Frauen haben mehr psychologische Tiefe als die von Männern.

Zweifellos ist Julia in ihrer Gefühlsreife Romeo voraus. Während sich Romeo nicht ändert, sondern lediglich seine Liebe von Rosalinde auf Julia überträgt, die dann zu seiner Schicksalsliebe wird, durchläuft Julia eine Metamorphose. Sie wandelt sich von einem Kind zu einer willensstarken Frau, die für ihre Liebe kämpft.

Wegen Julia verliert Romeo die Möglichkeit, sich in Kämpfe mit seiner Umgebung einzulassen. Zugleich durchlebt Julia ein wahres Drama, als sie sich ihren Eltern widersetzt, die sie an Paris verheiraten wollen. Dabei kommen ihr an ihrer festen Überzeugung, daß Romeo an Tybalts Tod unschuldig ist, niemals auch nur die leisesten Zweifel. Julias edle Gesinnung ist eine Mischung aus Dorotea und der Mohrin Zoraida, zwei Frauengestalten aus *Don Quijote*. Julia beherrscht ihre Liebe durch ihre Gefühle in der seelischen Auseinandersetzung mit der ablehnenden Umwelt. In der Sprache der Liebe und der Logik der Gefühle erkennen wir eine offensichtliche Symmetrie zwischen Shakespeare und Cervantes.

Doch hört die Symmetrie im Bereich der Freundschaft auf. Wie Harold Bloom zu Recht feststellte: „Bei Shakespeare ist Freundschaft im besten Fall ironisch, meistens jedoch trügerisch," während „die Freundschaft zwischen Sancho Pansa und seinem Ritter alle in der Literatur zu findenden Darstellungen übertrifft" (Bloom, 2004, 82. Übers. BKU). Hamlets Verbindung zu Rosencrantz und Güldenstern oder die dramatische Beziehung zwischen Othello und Jago zeigen, daß Freundschaft nie wirklich erreicht wird oder daß sie zumindest gefährliche Kräfte der Wandlung freisetzen und Konflikte auslösen kann.

Die Freundschaft zwischen Romeo und Mercutio führt zu einem unerwarteten Ergebnis. Mercutio stirbt für seinen Freund nicht als Held, der sich über sein Schicksal und die Umstände im klaren ist, die ihn zum Duell mit Tybalt veranlaßt haben, sondern als Ritter und Spaßvogel, der bis zum letzten Atemzug auf einen Ausweg hofft und sich auf die Macht von Witz und Spielerei verläßt. Obwohl sich Mercutio tapfer verhält, verändert ihn seine Freundschaft zu Romeo nicht. Hinsichtlich seines eigenen Schicksals wird Mercutio zur tragischen Figur. Daher rührt sein Fluch auf die beiden sich bekriegenden Familien: „Die Pest auf eure Häuser!" (Shakespeare, 2010, III,1, 125).

Nachdem der verwundete Mercutio und Benvolio abgegangen sind, spricht Romeo, als ahnte er, daß Mercutio tödlich verwundet ist, von seinem Freund als wahrem Ritter:

> „Der Mann hier, nah verwandt mit unserm Fürsten,
> Mein bester Freund, wird meinetwegen auf
> den Tod verwundet – mir der Ruf befleckt
> Durch Tybalts Kränkung - Tybalt, der mein Vetter
> seit einer Stunde ist. O süße Julia,
> Weibisch hast du mich gemacht mit deiner Schönheit,
> Daß mir im Herzensbrand der Stahlmut schmolz“
> (Shakespeare, 2010, III,1, 127).

Es ist erstaunlich, daß Romeo die Wirkung von Julias Schönheit und Liebe mit ähnlichen Worten beschreibt, wie Machiavelli in *Discorsi* das Christentum beurteilt, das die gefährliche Gabe habe, Männer zu schwächen und weibisch zu machen. „Wenn auch unsere Religion fordert, daß man stark sei, so will sie damit mehr die Stärke des Duldens als der Tat. Diese Regel hat, wie mir scheint, die Weltgeschichte den Bösewichten ausgeliefert...“ (Machiavelli, 1977, 172). Doch ein starkes christliches Ethos der Treue und Selbstaufopferung unterscheidet Julias Liebe von der deutlich heidnischen Begierde Callimacos nach Lucrezia in *Mandragola.* Nichts „schmolz den Stahlmut“ in Mercutios Temperament. Mercutio betrügt sich selbst, aber seine Freunde halten ihn für einen ehrenwerten, ritterlichen Freund. Die Spannungen zwischen Sippe und Freundschaft und vor allem zwischen Tybalt und Mercutio lösen sich schicksalhaft in Romeos Seele nach Mercutios Tod. Darauf bezieht sich als erster Benvolio, der beim Tod des edlen Freundes anwesend war.

> „O Romeo, Romeo, Mercutio tot!
> Sein tapfrer Geist stieg zu den Wolken auf,
> Weil ihm die Welt zu eng geworden ist“
> (Shakespeare, 2010, III,1, 127).

Für Shakespeare ist Freundschaft nicht ein Gegenstand des Optimismus. Ein ehrenwerter, gerechter Herrscher wie Escalus, der unter den Bürgern Veronas Eintracht herstellen will und deshalb keine Racheakte oder Sippenkriege duldet, erscheint Shakespeare realistischer als Freundschaft in Fällen, in denen es um politische Macht geht. Man denke nur an Escalus Gegenstück Prospero in *Der Sturm* (geschrieben 1610-1611, veröffentlicht 1623), der klug seine magischen Kräfte einsetzt, ohne dafür eine Gegenleistung zu verlangen. Den Figuren in Shakespeares Komödien gelingt echte Freundschaft wesentlich leichter als in seinen Tragödien. Mercutios Fähigkeit, ein Freund zu sein, beruht auf Witz und Possen. Er ist ein Fremdkörper unter den Gestalten, die Shakespeares Tragödien bevölkern.

Der Schildknappe Sancho Pansa wird zu Don Quijotes wahrem Freund. Sancho schafft es, die eigene Gewöhnlichkeit und den mangelnden Glauben zu überwinden. Schon zu Beginn des Romans verkörpert Sancho eindeutig das Realitätsprinzip. Dagegen steht Don Quijote für das Prinzip der Imagination. Doch übernimmt der Diener immer stärker die Ideen seines Herrn. Bloom weist auf die enge Beziehung zwischen den Shakespeare-Figuren Hamlet und Falstaff in *Die lustigen Weiber von Windsor* (1602) und Cervantes Don Quijote und Sancho Pansa hin: „Hamlet und Don Quijote, Falstaff und Sancho Pansa verkörpern etwas Neues, da sie alle überraschend weise und zugleich gefährlich töricht sind“ (Bloom, 2004, 98-99. Übers. BKU).

In mancher Hinsicht ließe sich dieser Gruppe auch Mercutio zuordnen. Er ist weise und töricht zugleich. Die Gruppe verbindet, daß alle die ernsten, dramatischen gesellschaftlichen Masken abgelegt haben. Es gibt etwas, daß ihnen wichtiger ist als irdische Macht. Die Freundschaft zwischen Gleichgesinnten, seien sie Ritter oder Denker, ist Experten der Renaissance und des Mittelalters wohl bekannt. Man denke nur an die Freundschaft zwischen Tristan und König Markus, zwischen König Artus und den Rittern der Tafelrunde, zwischen Thomas Morus und Erasmus von Rotterdam. Mit seinem Werk *Utopia* machte Morus seine Freundschaft mit dem Antwerpener Humanisten Peter Giles (vgl. Bray, 2003) unsterblich. In der Freundschaft zwischen Romeo, Benvolio und Mercutio können wir Anzeichen von latenter Homosexualität vermuten, die möglicherweise der Grund für Mercutios Eifersucht auf Romeos Gefühle für Rosalinde ist.

Manche Interpretationen betonen den Konflikt, in dem sich Romeo befindet, nämlich zwischen Männerfreundschaft beziehungsweise der ausgeprägten Form von Treue zu einem Freund, und der Liebe zu einer Frau. Romeo steht weniger vor der Wahl zwischen Julia und ihrer Familie als vor der Wahl zwischen Julia und Mercutio, weil sich die beiden in der thematischen Struktur des Stückes gegenüberstehen (Paster, 1992, 261-262).

Welche Bedrohung die Liebe für die Männerfreundschaft bedeutete, die nicht unbedingt auf einer bewußten oder latenten Beziehung zu einem Freund basierte, finden wir eher in Shakespeares als in Cervantes Werken. Es ist bekannt, daß in der Renaissance Homosexualität oft die Motivation für eine Freundschaft zwischen adligen und hochgestellten Männern war.

Ritterkodex und ritterliche Gesinnung in einer Zeit, als diese Werte zu verschwinden begannen und Rittertum eher Spott als Respekt und Bewunderung hervorrief, ist das große Thema in *Don Quijote*. Zeitgleich mit Cervantes malte Diego Rodríguez de Silva y Velázquez die „Übergabe von Breda", ein Gemälde, in dem die Wirklichkeit des Krieges zwischen den Niederlanden und Spanien zum Ausdruck kommt. Nach elfmonatiger Belagerung nahmen die Spanier im Jahre 1625 die Festung Breda ein. Die niederländische Garnison hatte sie tapfer verteidigt, aber sich schließlich ergeben, als sämtliche Munitions- und Lebensmittelvorräte aufgebraucht waren.

In Velázquez nuanciertem, stark psychologisierendem Gemälde sehen wir die triumphierenden spanischen Granden und die gebrochenen Niederländer. In der Mitte des Bildes nähert sich der Kommandant von Breda, Justin von Nassau, dem Anführer der spanischen Armee, General Ambrogio Spinola. Spinola (1569-1630) war der Nachkomme einer genuesischen Adelsfamilie, die berühmt für feine Manieren und gepflegten Umgangston waren. Spinola schaut nicht auf den Stadtschlüssel, der ihm vom besiegten Kommandeur von Nassau überreicht wird. Statt dessen legt er seine Hand auf Nassaus Schulter und begrüßt ihn wie einen Freund. Wir wissen aus historischen Berichten, daß Spinola dem geschlagenen Feind für dessen Tapferkeit dankte und die spanische Armee anhielt, den Niederländern größtmögliche Ehrerbietung zu erweisen. Spinolas Verhalten erinnert uns an Don Quijotes Rede im Gasthaus, in der er den Verhaltenskodex eines Kriegers definierte.

Wem die Art, wie Velázquez Spinolas Charakter und Persönlichkeit darstellt, als eine bloße Hommage an die Krieger seines Landes und eine Schönfärberei erscheint, der sei an die Worte von Velázquez gutem Freund Peter Paul Rubens erinnert, dem großen flämischen Maler und Diplomaten aus Antwerpen. Rubens reiste häufig in diplomatischer Mission nach Spanien. Er stellte einmal fest, daß er in seinem ganzen Leben niemals einen so klugen und edlen Menschen getroffen habe, wie Ambrogio Spinola.

Der Sieg im Krieg ist vergänglich, der Verhaltenskodex gilt jedoch ewig: Genau dieses Sprichwort erlaubte es Spinola, fast prophetisch, dem besiegten Gegner mit Ehrfurcht und höflichem Verhalten zu begegnen. Acht Jahre später eroberten die Holländer Breda in einem überwältigenden Sieg zurück. Aber weder Nassau noch Spinola waren anwesend. Beide waren inzwischen verstorben.

Die Freundschaft zwischen Don Quijote und Sancho Pansa gehört in eine andere Kategorie, die in der Weltliteratur einmalig ist. Nachdem sich Sancho am Anfang ziemlich vulgär benahm und darüber spottete, daß der Ritter lateinische Aphorismen zitierte, fängt er bald an, das von Weisheit geprägte Verhalten seines Herren nachzuahmen. Einige von Sanchos Monologen erstaunen durch ihren Humanismus und ethisches Verständnis. Sie erreichen fast die Qualität von Don Quijotes besten Reden, insbesondere seine Rede in der Schenke über die Unterschiede und Ähnlichkeiten des Lebens eines Universitätsstudenten und eines Kriegers und warum das

Studium der Kriegskunst höher angesiedelt und ehrenwerter ist als akademische Studien an einer Universität. Sanchos Einsicht erschließt sich in seinem Monolog über den Schlaf. Um zu verstehen, wie sich die beiden durch Sancho Pansa und durch Mercutio verkörperten Arten von Einsicht unterscheiden, sollte man Sanchos Monolog mit dem von Mercutio über Frau Mab und die Träume vergleichen.

Mercutios Gedanken über Träume und gestörte Einbildungskraft - „Stimmt. Ich sprech von Träumen,/ Den Kindern unbeschäftigter Gehirne,/ erzeugt aus Blasen eitler Phantasie..." (Shakespeare, 2010 I,4, 51) - zeigen die Gefahren, denen die Einbildungskraft, abgekoppelt von der Kontrolle durch den Verstand, ausgesetzt ist. Sie sind ein Vorgeschmack auf *Los Caprichos* von Francisco José de Goya y Lucientes.

Dagegen läßt sich Sancho Pansa über die Kraft des Schlafes aus, die alle Wunden der Seele heilt und die, wie Liebe und Tod, alle Sterblichen gleichmacht.

> „Das verstehe ich nicht...ich verstehe nur, daß ich, solange ich schlafe, weder Furcht noch Hoffnung, weder Mühseligkeit noch Wonnen habe. Heil dem, der den Schlaf erfunden hat, diesen Mantel, der alle menschlichen Gedanken deckt, dies Gericht, das den Hunger vertreibt, dies Wasser, das den Durst in die Flucht schlägt, dies Feuer, das die Kälte erwärmt, diese Kälte, die die Hitze mäßigt, kurz die allgemeine Münze, für welche man alles kaufen kann, Waage und Gewicht, womit der Hirte und der König, der Einfältige und der gescheite Kopf gleich abgewogen und gleich schwer befunden werden. Nur eins hat der Schlaf, was von Übel ist, wie ich habe sagen hören, nämlich daß er dem Tode ähnlich sieht, weil zwischen einem Schlafenden und einem Gestorbenen sehr wenig Unterschied ist" (Cervantes, 1993, 1062f.).

Hier erreicht die Freundschaft der beiden ihren Höhepunkt. Sancho Pansa und Don Quijote tauschen Plätze, als ob sie sich die Maske des anderen übergestülpt hätten, und imitieren sich gegenseitig. Sie machen sich nicht mehr über den anderen lustig, sondern beginnen zu glauben, daß sie beide sinnvoll nebeneinander in unterschiedlichen Formen der von ihnen verkörperten Einsicht leben können. Es ist ein perfekter Tausch von Rollen, Diktion und Redensarten, ein wahres Wunderwerk eines Dialoges zwischen Freunden.

> „Noch nie habe ich dich in so gewählten Worten reden hören, Sancho", sprach Don Quijote, „und daran erkenne ich die Wahrheit des Sprichwortes, das du manchmal anführst: Frag nicht, wo seine Wiege steht, frag nur, wo er zur Atzung geht" (Cervantes, 1993, 1063).

Der moderne Leser könnte meinen, daß die ungewöhnliche Freundschaft zwischen Don Quijote und Sancho Pansa einen absoluten Bruch mit der tiefverwurzelten Hierarchie der sozialen Beziehungen im feudalen, aristokratischen Spanien bedeutet. In dieser Freundschaft sehen wir wesentliche Elemente eines pädagogischen Prozesses, der die Möglichkeit eröffnet, sich gegenseitig in seiner Persönlichkeit und seinen existentiellen Erfahrungen zu ergänzen.

Dank Sancho Pansa versöhnt sich Don Quijote, der das Prinzip der Imagination verkörpert, zusehends mit der Realität und fängt an, ihre Logik zu akzeptieren. Das bereitet den ehrenwerten Hidalgo für einen christlichen Tod und eine Begegnung mit seinem Schöpfer vor, und hilft ihm, seine Wahnvorstellungen von der Welt loszuwerden.

Andererseits verwandelt sich Sancho Pansa von einem vulgären Plebejer in einen lebensklugen Menschen, der auch die schlimmen Seiten des Lebens kennengelernt hat. Jeder für sich symbolisieren Don Quijote und Sancho Pansa die existentielle Unzulänglichkeit des Menschen. Setzten wir beide zu einer Person zusammen, entstünde ein Mensch in seiner Vollständigkeit. Doch eine derartig konstruierte Persönlichkeit wäre letztendlich nur eine Blaupause. Liebe und Freundschaft im weitesten Sinn bedeuten Versuche, die ontologische Unzulänglichkeit des Individuums zu überwinden.

Das Verständnis von Liebe ist in *Romeo und Julia* und *Don Quijote* fast identisch; zumindest enthalten beide Werke unbestreitbare, historisch und kulturell abhängige strukturelle Isomorphismen von Gefühlen, Ideen, Idealen, Werten oder einer Gedanke-Wert--Symmetrie. Trotzdem können wir keine Ähnlichkeiten in den Freundschaftskonzepten finden, die in diesen Werken entwickelt werden.

In *Romeo und Julia* ist Freundschaft eine Bindung zwischen Gleichen. In *Don Quijote* wird sie ungeachtet der völlig unterschiedlichen und eigentlich unvereinbaren sozialen Herkunft der beiden Freunde zu einer Seelenverwandtschaft. Hier können wir die Hypothese wagen, daß die Freundschaft zwischen Don Quijote und Sancho Pansa hervorragend das traditionelle Hierarchie-Modell widerspiegelt. Doch diese Freundschaft funktioniert nicht nach dem modernen westlichen Gesellschaftskonzept von Hierarchie als vertikaler Machtpyramide.

In seinen Untersuchungen definierte der französische Anthropologe und Kulturtheoretiker Louis Dumont Hierarchie als das traditionale Modell sozialer Existenz und zwischenmenschlicher Beziehungen. Hierarchie wird nicht durch ein Machtzentrum definiert, das keine Brüche an den sozialen Rändern aufweist. Dies wäre laut Dumont eine zu moderne westliche Hierarchiekonzeption. Klassische Hierarchiemodelle in Indien und anderen nichtwestlichen Kulturen haben eine ganz andere Form. Dieses Modell der sozialen Existenz wird am besten durch eine Gesellschaftstheorie und Ideologie charakterisiert, die in die sozialen Praktiken eingeht. Nach Dumont ist Hierarchie genau das Medium, das die Herstellung zwischenmenschlicher Bande erlaubt, denn das soziale Ganze existierte, bevor es das isolierte Individuum, eine typisch moderne Entwicklung, gab (vgl. Dumont, 1991).

Gemäß Dumont sind Hierarchie und Gleichheit die Steuerungsprinzipien der Zivilisation. Während Hierarchie den Kern traditionaler Gesellschaften darstellt, ist Gleichheit, als ein anderer Begriff für Individualismus, das Grundprinzip und Herz der Moderne. Hierarchie drückt sich zuallererst und vor allem als eine ontologische Ergänzung des Menschen aus.

Daher das Prinzip der *hierarchischen Komplementarität*, das im Grunde die *Einbeziehung des Gegenteils* beinhaltet. Hierarchie ist das Steuerungsprinzip der indischen Kultur. Hierarchie oder ein Teil davon ist in allen traditionellen Gesellschaften zu finden. An diesem Punkt entfernt sich die moderne westliche Kultur, die auf Individualismus oder Gleichheit als Steuerungsprinzip beruht, von dem, was Dumont als „normale" Bedingungen der Gesellschaft ansieht. Indem Dumont die Moderne mit vormodernen Prämissen bewertet, kommt er zu dem Schluß, daß nicht die Tradition, sondern die Moderne in der Weltgeschichte „abnorm" sei. Er stellt fest, daß

> „...die moderne Zivilisation sich radikal von den anderen Zivilisationen und Kulturen unterscheidet. Freilich ist der Nominalismus, der den Individuen und nicht den Beziehungen, den Elementen und nicht den Gesamtheiten Wirklichkeit zugesteht, bei uns sehr tief verwurzelt" (Dumont, 1991, 21).

Im Leben einer Gesellschaft existieren immer zwei Dimensionen, diejenige der sozialen Theorie oder Ideologie und diejenige der sozialen Praxis oder Macht, wobei Ideologie vorher da ist und über der Macht steht. Ideologie verhält sich zu Macht wie das Einschließende zu dem Eingeschlossenen. Dies ist die hierarchische Beziehungsform zwischen komplementären Gegensätzen; das Einschließende sind dabei „die bewußteren" und das Eingeschlossene „die weniger bewußten Aspekte des sozialen Ganzen" (vgl. Dumont, 1970, 165; Dumont, 1976). Wenn Macht die Ideologie zu unterdrücken und beherrschen beginnt, gerät die Aufteilung der Funktionen in einer gegebenen Zivilisation durcheinander.

Dumont glaubt, genau dies wäre in der modernen westlichen Zivilisation geschehen. Die Moderne stößt die traditionale Logik der sozialen Existenz um. Von einer Wertehierarchie im modernen Westen zu sprechen, in dem vor langer Zeit ein fundamentaler Bruch zwischen Wahrheit-Faktum und Wert stattfand, ist deshalb laut Dumont ein Widerspruch in sich.

Die Freundschaft zwischen Don Quijote und Sancho Pansa verkörpert das traditionelle, sprich klassische Hierarchie-Modell. Die Unterschiede zwischen zwei gesellschaftlichen Realitäten, verkörpert durch den Junker (Ritter) und den Dorfbewohner (Diener), bleiben bestehen, doch die höhere Bewußtseinskomponente beherrscht die niedrigere. Sie versinnbildlichen die Einbeziehung des Gegensatzes und die hierarchische Komplementarität entsprechend Dumonts Verständnis besser als jedes andere in der Literatur zu findende Beispiel gesellschaftlicher Beziehungen.

Das Folgende könnte eine Erklärung für Don Quijotes und Sancho Pansas Freundschaft und zugleich ein Deutungsschema für das ganze Werk sein. Freundschaft zwischen zwei Menschen derselben sozialen Schicht ist nicht länger möglich in einer Zeit, in der das Mittelalter und sein Ethos verschwindet, aber ein spiritueller Edelmut kann Freundschaft in den Rang einer symbolischen Glaubensgemeinschaft erheben, selbst wenn der Glaube sich als eher weltlich herausstellt. In diesem Zusammenhang übersteigt der Glaube die tatsächliche Macht, über die Don Quijote nicht verfügt, und weswegen er auf Adlige, die Macht haben, lächerlich wirkt.

Soziale Theorie bzw. Ideologie wird über soziale Praxis gestellt. Dumont behauptet, daß die Moderne das genaue Gegenteil dieser Logik ist. Praxis (Macht) wird wichtiger als Ideologie (oder Glaubenswerte). In *Romeo und Julia* zeigt sich das Renaissancemodell von Liebe und Freundschaft, während wir in *Don Quijote* ein Renaissancekonzept von Liebe erkennen, aber eine eher mittelalterliche, allerdings „soziologisch“ angepaßte Freundschaft als ein Konzept des Ideals geteilter Selbstaufopferung.

Die Psychogenese und Soziogenese von Liebe und Freundschaft in *Romeo und Julia* und *Don Quijote* helfen uns, das Entstehen der modernen Welt nachzuvollziehen. Diese beiden Werke sind eine Landkarte des modernen Bewußtseins und der moralischen Imagination der modernen Gesellschaft. Besonders bedeutsam sind die Hinweise zum Verhältnis von Macht und Imagination während der Übergangszeit, als in Europa das gesamte spirituelle Universum erlosch, das wir als die Welt des Mittelalters bezeichnen.

Nicht nur die Ethik des Rittertums verschwand, sondern auch der Verhaltenskodex, eine Konstellation von Werten, und eine Weltanschauung. Die beiden hier diskutierten Werke beschreiben die Geburt der Moderne. Mit Hilfe einer Analyse der Beziehung zwischen politischer Macht und Moralvorstellung auf der Grundlage zweier Werke aus der Weltliteratur können wir die Entstehung der modernen Form der Empfindung nachvollziehen und zugleich den Höhepunkt früherer Weltanschauungen und ihre mentalen Ebenen erkennen.

Eine dieser tiefgreifenden Wandlungen, die das gesamte soziopolitische, soziokulturelle und geistige Leben in Europa und der westlichen Welt von Grund auf veränderte, war das Ende des Mittelalters, das sich über tausend Jahre erstreckte. Die geistige Kartographie dieser umfassenden Änderung ist Teil des Geheimnisses, warum Shakespeare und Cervantes so erfolgreich wurden. Wir können behaupten, daß *Romeo und Julia* und *Don Quijote* das Ende des mittelalterlichen Menschen und die Psychogenese und Soziogenese des modernen Menschen bedeuten.

Diese Arbeiten sind der Höhepunkt einer Form des moralischen Weltbildes. In *Romeo und Julia* lernen wir die Urform der Freundschaft kennen, die später romantische Freundschaft genannt wurde. Harriet Bowlder, Schriftstellerin aus dem 18. Jahrhundert, nennt sie Vereinigung der Seelen (Fadermann, 1990, 70). Diese Art von Empfindung und Freundschaft entstand auf der Grundlage klassischer Vorbilder unter Aristokraten des sechzehnten Jahrhunderts.

Aber die in *Don Quijote* gelebte Freundschaft entspricht eher einem mittelalterlichen Ideal gepaart mit Merkmalen der Moderne. Sie ist eine Mischung, die deutliche Spuren des Aufeinanderprallens von Werten zeigt. Wir wissen, daß sich Cervantes eigentlich über das erloschene Mittelalter lustig machen wollte, das manche Kreise im Spanien der frühen Neuzeit nach wie vor zelebrierten. Könnte es sein, daß sich *Don Quijote* von der ursprünglichen Idee des Dichters löste, einen Roman als Parodie auf die Ritterromanze zu schreiben, und dadurch das größte Werk über Ethos und Kultur des Mittelalters entstehen konnte? Dringt so ein untergegangenes Wertesystems in das moderne Europa ein?

Wenn dem so ist, können wir *Don Quijote* als größtes Meisterwerk der konservativen literarischen Imagination in der europäischen Literatur ansehen. So läßt sich die Beliebtheit von *Romeo und Julia* und *Don Quijote* in der modernen Welt erklären. Moderne Menschen erkennen möglicherweise in diesen Werken die Formen ihrer eigenen Welt, aber auch Überreste verschwundener Lebensformen.

4 *Utopien und konservative Imagination*

„*Utopia* ist der gängige Begriff für die größte menschliche Torheit oder Hoffnung – unerfüllte Träume von Perfektion in einer fiktiven Welt oder rationale Anstrengungen, Umfeld und Institutionen des Menschen und selbst seine fehlgeleitete Natur neu zu gestalten, um die Möglichkeiten des alltäglichen Lebens zu erweitern. Thomas Morus, der Schöpfer dieses Begriffes, wußte um beide Konnotationen. Damit niemandem dieses Paradoxon entgeht, arbeitete er es in einem Vierzeiler aus, der leider manchmal in der englischen Übersetzung seines Werkes *Utopia* ausgelassen wird. Das Buch gab einer ganzen Reihe wesentlich früherer Überlegungen, wie eine ideale Gemeinschaft aussehen könnte, schließlich einen Namen. Thomas Morus liebte das Wortspiel. Dies geschah in einer Zeit, als sich die genialsten Geister an Wortspielen ergötzten und es nicht opportun war, Dinge geradeheraus zu sagen. In seinem Vierzeiler erklärt er, daß sich Utopia auf das griechische ‚eutopia', das bedeutet guter Ort, oder ‚outopia' beziehen kann, das heißt Nirgendsland" (Lewis Mumford, *The Story of Utopia.* Übers. BKU).

Propheten der Vergangenheit

Der Konservatismus ist eine der drei grundlegenden modernen politischen Ideologien. Zusammen mit Liberalismus und Sozialismus wurde er eine ideologische Säule der Weltsicht der Moderne. Was unterscheidet Konservatismus von Liberalismus und Sozialismus?

Der Konservatismus ist ein Konglomerat aus Glauben und Macht im wahrsten Sinn, verbunden mit einem Glauben an einen Kanon und spezifische kulturelle Traditionen. Keine andere Ideologie oder Philosophie verteidigt Glauben, Tradition, Geschichte und den Wert des Kanons gegenüber modernem Bewußtsein und Existenz. Während Sozialisten und die Linke im allgemeinen für rationale Planung, Koordination und Reform eintreten, haben sich klassische Konservative stets auf Tradition gestützt und die besondere Bedeutung der zugrundeliegenden sozialen und moralischen Ordnung betont.

Der Konservatismus wurde immer mit Ehrenkodex, traditionellen Tugenden, klassischer Philologie, Sinn für Geschichte, kollektivem Gedächtnis, Spontaneität und Gemeinschaftssinn in Verbindung gebracht. Sozialisten und generell die Linke stützen sich auf das Neue. Sie neigen dazu zu glauben, daß die Reform aller Institutionen, einschließlich der Kirche und des Volkes Meinung darüber, im Namen der Zukunft unerläßlich ist. Konservative halten die Vergangenheit per se für etwas Wertvolles und Bedeutendes; sie stehen für die Bewahrung und Kultivierung von Werten und des Guten.

Der französische Literaturkritiker und Historiker Émile Faguet nannte Konservative zu Recht Propheten der Vergangenheit (vgl. Nisbet, 1986). Im 19. Jahrhundert waren sich die Konservativen von Edmund Burke bis Joseph Marie de Maistre, Louis Gabriel Ambroise und Vicomte de Bonald in ihrer Ablehnung der Französischen Revolution einig. Gemeinsam schworen sie auf den Feudalismus und das Mittelalter. Konservatismus ist schwer vorstellbar ohne aristokratische Kultur und die vielen Dichter und Historiker, die sich mit der Antike beschäftigten. Wissenschaftler vereinfachen oft die Entstehungsgeschichte des britischen Konservatismus, indem sie allein auf die Tories verweisen. Dabei vergessen sie, daß Burke ein Whig war, ebenso wie andere konservative Dichter und

Denker, beispielsweise Thomas Morus oder Jonathan Swift. Swift war zeitweilig Mitglied in beiden Parteien und zog sie in *Gullivers Reisen* (1726) gehörig ins Lächerliche, obwohl die Whigs einmal einen bedeutenden Teil seines Lebens ausgemacht hatten.

Konservative unterscheiden sich von den Sozialisten durch ihre starke Bindung an Geschichte und Antike. Für Sozialisten stellen die Antike, und besonders ihr Kanon, keinen Wert dar. In ihren Augen garantieren Antike und geistige Tradition weder Fortschritt noch Hilfe bei der Neugestaltung der Welt durch rationale Prozesse. Vielmehr führt die Antike zum genauen Gegenteil. Kein Wunder, daß Naturwissenschaft und Technik die bevorzugten Bereiche für den Zugang der Linken zu den Problemfeldern in der Welt sind. Dieses auf Werten und Ideen basierende Orientierungssystem geht auf den utopischen Sozialismus des 19. Jahrhunderts zurück, insbesondere auf den christlich-wissenschaftlichen Sozialismus der Bewegung der Saint-Simonisten und ihren Ideen von der Notwendigkeit eines weltlichen Glaubens an die industrielle Produktion.

Dies ist eine der Illusionen der Linken. Religiöses und philosophisches Denken und vor allem, wie es ausgelegt wurde, prägte im Abendland den Zugang zu Naturwissenschaft und Technik. Die Schwäche der gesamten Linken besteht darin, daß sie Religion und Tradition abgewertet hat. Deshalb sind Sozialisten und linksgerichtete Liberale häufig unfähig, essentielle Aspekte der geistigen Erfahrung Europas und sogar die Moderne als solche zu verstehen. Doch folgt daraus nicht, daß wir im Diskurs zwischen Sozialisten und Konservativen immer nur heftige Dissonanzen hören. Mitunter vernehmen wir Töne harmonischer Eintracht zwischen diesen beiden Lagern, weil sie sich in ihrer Neigung zu Dirigismus ähneln. Hier finden Sozialismus und Konservatismus zueinander.

Die Idee eines starken Staates - unterfüttert durch die Organe staatlicher Kontrolle und starken Gemeinschaftsgefühls mit Betonung auf dem Vorrang der Gemeinschaft gegenüber dem Individuum, das diese Vorstellung ablehnt - bringt die beiden gegensätzlichen Parteien einander näher. Normalerweise denken sie darüber nicht weiter nach, oder sie klammern sich bewußt an diese Punkte gegenseitiger Übereinstimmung. Unter diesem Gesichtspunkt sind Sozialismus und Konservativismus gleich weit vom Liberalismus entfernt, der vor allem für das Individuum und seine Rechte eintritt. Unbestrittener Respekt vor Privatbesitz und Akzeptanz der Rolle des freien Marktes bringen Konservatismus und Liberalismus einander näher. Das ist nicht weiter verwunderlich, denn der Konservatismus verfügt über keine eigene ökonomische Ideologie oder Doktrin, sondern mußte eine Anleihe bei der liberalen Wirtschaftstheorie aufnehmen. Die U.S. amerikanischen Neokonservativen oder „Neocons“ sind vollkommen auf die neoliberale Wirtschaftsdoktrin angewiesen. Die Konservativen haben ihre Stärke immer aus der Antike bezogen, während für die Liberalen bis auf den heutigen Tag die Sozialwissenschaften Hort ihres Gedankenguts sind.

Der Konservatismus ist also ein in sich widersprüchliches, vielschichtiges Phänomen, in dem wir die andere Stimme der Moderne erkennen können. Diese Stimme hört sich nicht wie ein Rückgriff auf die Aufklärung an, wie es beim Liberalismus der Fall ist, sondern auf die Romantik, die das Mittelalter „wiederentdeckte“, die berühmten Völker der alten Geschichte, alles Archaische, Gefühle, die weit entfernte Epochen einander näher bringen, und etliche andere Formen und Themen der modernen politischen und moralischen Gefühlswelt.

Die grundlegende Stärke des Konservatismus liegt in seiner eindeutigen Ablehnung totalitärer Ideologien und darauf beruhender politischer Regime. Denn Konservatismus ist der Feind eines radikalen Modernisierungsentwurfes. Es ist nicht überraschend, daß im 20. Jahrhundert britische und amerikanische Konservative die schärfsten Gegner anti-humanistischer Theorien und Praktiken waren. Konservative Denker verteidigen „natürliche“ Gemeinwesen, Heimatgefühl und historisch verwurzelte Kulturen. In der Regel haben sie ein feineres Gespür und sind schneller als liberale Kritiker, wenn es darum geht, die Formen moderner Barbarei zu erkennen.

Konservatismus und Humanismus

In Europa entstand der Liberalismus als eine moderne soziale und politische Philosophie, die mit der Moralphilosophie, und im Fall der schottischen Aufklärung auch mit der Wirtschaftsphilosophie, untrennbar verbunden war. Werfen wir einen kurzen Blick auf den Einfluß des Konservatismus auf geisteswissenschaftliche Forschung, dann sehen wir, daß Sozialphilosophie und die Sozialwissenschaften insgesamt niemals ein starkes Anliegen der Konservativen waren.

Wir können davon ausgehen, daß der Konservatismus den Anstoß für klassische Studien gab. Konservatismus wäre undenkbar ohne den Einfluß klassischer Philologie, des gesamten Zyklus der großen Denker und der Geschichte und Literatur der Antike. Daher verdient er unsere Aufmerksamkeit und Respekt in einer Zeit der Krise des Humanismus. Die konservative englische Art des Denkens und der Imagination könnte weder analysiert noch erforscht werden, wenn wir sie nicht mit den großen englischen Essayisten und Schriftstellern der viktorianischen Zeit wie Matthew Arnold, Benjamin Disraeli, Rudyard Kipling und G.K. Chesterton in Verbindung brächten.

Mit gutem Grund nannte H.G. Wells im Vorwort der 1935 erschienenen Ausgabe von Thomas Morus *Utopia* den Autor einen typischen Whig, der im Gegensatz zu den Tories Rationalität, Wissenschaft und mathematisch präzisen Gedanken größeres Gewicht beimaß, als Gefühl und Imagination. Wer jedoch Morus Schmähschriften, Parodien und Gedichte kennt, wird dieser Aussage vehement widersprechen. Ich habe vor, in diesem Kapitel H.G. Wells Behauptung „Wie jeder Whig stellte Morus die Vernunft immer über die Imagination..." (Wells, 1935, vii; Übers. BKU) zu entkräften.

Europas Konservative haben traditionell am Studium der Antike festgehalten, das heißt, klassische Sprachen, Philosophie, Geschichte und Literatur zu bewahren, zu fördern und zu studieren. Da die Konservativen an die konsolidierenden Symbole des politischen Gemeinwesens, Volkes und Staates und an die Erinnerungskraft von Geschichte glaubten, war es nur natürlich, daß sie sich den Werten der Klassik und dabei vor allem dem geisteswissenschaftlichen Studium und generell den Geisteswissenschaften zuwandten. Es ist nicht verwunderlich, daß Englands Tories von Autoren unterstützt wurden, deren Anliegen das Schicksal des Wertekanons und seiner Traditionen in der modernen Welt war.

Im 19. Jahrhundert wurde klar, daß sich Werte aufspalteten und eine ideologische Trennlinie in der europäischen Bildungs- und Forschungspolitik existierte. Die Intellektuellen der Linken stützten sich stärker auf moderne Ideen und die zugrundeliegenden Texte, insbesondere aus der Zeit der Aufklärung. Dagegen wollten konservative Politiker und Denker weit zurückliegenden Epochen und archaischen Kulturebenen, nicht nur bezogen auf die Menschen der Antike, sondern auch auf Folklore, Kultur und Volkskunst des Mittelalters, Anerkennung verschaffen. Die Rehabilitierung des Mittelalters ist ein zutiefst konservatives Projekt.

Während sich die Anhänger der Linken stärker kritischen modernen Autoren zuwandten, die die Art und Weise, wie die Vergangenheit reflektiert wird, als Relikt, Fiktion und Aberglaube ablehnten, wollten die rechtsgerichteten Kreise die Vergangenheit wieder aufleben lassen und legten größeren Wert auf die Geschichte und deren Studium. Während die Linke in ihren Bildungsvorhaben vor allem die Natur- und Ingenieurwissenschaften unterstützte, um so der Idee der sozialen Entwicklung durch rationale Planung und wissenschaftliche Steuerung und Koordination eine breitere Basis zu verschaffen, verteidigte die Rechte die Rolle von Spontaneität, Imagination und Gefühl bei der Ausbildung.

Daher scheint es merkwürdig, daß manche konservative Denker den Geist über Imagination stellen und diese als ephemer, unzuverlässig und irrational empfinden. Quintessenz der Linken ist, daß sie der rationalen Planung und Koordination einen weit höheren Stellenwert einräumen als der Pflege von Gefühlen und Spontaneität. Dagegen ist die Rechte immer schnell dabei, wenn es darum geht, die Unberechenbarkeit zu verteidigen, die aus der Freiheit des Menschen resultiert. Wir brauchen also nicht in Dichotomien zu denken oder alle Dichter und Denker automatisch in liberale oder konservative Lager einzuordnen. Erinnert sei an alle Fälle, in denen liberale Autoren, selbst solche mit radikalen ideologischen und politischen Ansichten, eindeutig konservative Seiten hatten, die sie ihre kulturellen Traditionen verteidigen ließen. Englische Dichter wie Rex Warner und George Orwell glaubten an Sozialismus als die einzige Alternative zu Faschismus, Imperialismus und Kolonialismus, zugleich bewunderten sie das viktorianische England und waren durch und durch Patrioten und Wächter des Kanons und der kulturellen Tradition (vgl. Tabachnick, 2002; Walzer, 1988).

Konservatismus und Moralvorstellungen

In der modernen Ideen- und Wertekonstellation können wir den Liberalismus als eine Wirtschaftstheorie und Basis der Theorie des freien Marktes begreifen, doch er stützt sich auf Konservatismus in den Bereichen der politischen und kulturellen Tradition. Im übrigen können Menschen politisch links stehen, und trotzdem konservative Ansichten über ihre Art zu leben oder ihre politische Heimat haben. In meinen Augen war Schweden immer das beste Beispiel dafür. Es ist ein konservatives Land im Hinblick auf seine Institutionen und Traditionen, und es ist eine konstitutionelle Monarchie. Dennoch wurde es fast während des gesamten 20. Jahrhunderts von Sozialdemokraten regiert und galt als Modell des europäischen Sozialismus. Ich komme später noch auf die Tatsache zurück, daß reiner Konservatismus in vielen Fällen ein Mythos ist, der häufig linke Attitüden streift, z.B. den Kommunitarismus, das Konzept des Gemeinwohls und die Ablehnung von Rationalismus und Imagination.

Im allgemeinen glauben die Konservativen, daß eine politische Doktrin unabdingbar ist, um die eigene Position zu Kultur und Moral formulieren zu können. Das ist ein Fehler. Es kann keine Theorie entstehen, ohne daß Geist und Gefühl zusammentreffen und an ein intellektuelles, politisches und moralisches Empfindungsvermögen plädieren. Diese moralische Sensibilität ist ganz wichtig, um Alternativen zur sozialen Realität zu entwickeln und kritisch zu hinterfragen.

Um eine politische Theorie aufzustellen, bedarf es Moralvorstellungen. Ebenso würden politische Kategorien ihre Bedeutung verlieren ohne den soziokulturellen Kontext, in dem wir Konzepte und Erfahrungen, wie links, rechts, Reform, Macht und Gerechtigkeit interpretieren. Jedwede politische Doktrin wird nur dank der vorhandenen Ideen- und Werte-Konfiguration institutionalisiert und wird Teil des soziopolitischen Prozesses. Diese Ideen- und Wertekonfiguration wird von der einen Doktrin abgelehnt, während eine andere dem Zeitgeist entspricht. In den meisten Fällen wird das Phänomen Kulturkonservatismus stark von der sozialen und existentiellen Erfahrung bestimmt.

Dazu ein Beispiel: Wenn man als Migrant in einem fremden Land lebt, neigt man automatisch zu linksgerichteten Politikern, wie linke Liberale oder Sozialdemokraten, weil sie ein Stück moralische und soziale Sensibilität bieten und einem helfen, die eigene Lebenssituation zu verstehen. Es ist ziemlich unwahrscheinlich, daß sich ein Migrant der ersten Generation einem Konservatismus zuwendet, der die lokale Tradition repräsentiert und verteidigt. Ohne kulturelle Codes und vollkommene Assimilation in die andere Gesellschaft wäre es unmöglich, in den Club derjenigen aufgenommen zu werden, die ihre Aufgabe darin sehen, die Einmaligkeit der lokalen Tradition gegen den Rest der Welt zu bewahren. Selbst bei erfolgreicher Assimilation besteht keine Garantie, in diesen Club Zutritt zu erhalten. Auch mit der Aufnahme in eine Kultur und Teilhabe am Ritual, um Émile Durkheims Terminologie zu verwenden, lassen sich die Strukturen kollektiver Gefühle und die zentralen

Begriffe der Semantik-Felder nicht erschließen. Ohne diese Dinge ist es unmöglich, sich ganz mit einer anderen Kultur zu identifizieren.

Es gibt etliche Fälle, in denen aus linksgerichteten Bürgern der früheren Sowjetunion, die nach Israel ausgewandert waren, konservative, äußerst religiöse Juden wurden. Hier zeigt sich Konservatismus als Identifikation mit Bewußtsein, Tradition und Kultur, aus denen diese Menschen den Kern ihrer moralischen Prägung bezogen zu haben glauben.

Die Identifikation des Selbst mit Geschichte bedeutet nicht unbedingt eine Geschichte, die man selbst erfahren oder durchlebt hat. Dasselbe gilt für die Identifikation des Selbst mit einer ökologisch orientierten Gruppierung, die für den betreffenden Menschen nicht unbedingt eine Gemeinschaft seiner sozialen Realität oder seines täglichen Lebens darstellen muß. Eine solche Gemeinschaft kann auch einem historischen Vermächtnis entsprungen sein. Oder sie kann Teil einer Ideologie sein, mit deren Hilfe wir unser Gedächtnis als Individuen organisieren.

Lassen wir einmal die streng wissenschaftlichen Aussagen beiseite und fügen etwas Erfahrung hinzu, dann kommen wir zu dem Schluß: Für die Minorität in einem fremden Land ist es äußerst schwierig, den konservativen politischen Kräften uneingeschränkte Sympathie entgegenzubringen. Es gibt einige wenige Ausnahmen, um die sich Mythologien ranken. Die bekannteste ist die des Parteiführers der Tories und deren stärkste Kraft im 19. Jahrhundert, Benjamin Disraeli, ein Jude, der der Bannerträger des Konservativismus und Premier von Großbritannien wurde. Doch Disraeli ließ seine Herkunft im Dunkeln und arbeitete konsequent an der eigenen Identität – als ein Freund des Adels und Verteidiger der Tradition. Auf diese Weise formte er sich zu einem Gegner der ungezügelten Moderne mit ihrer Expansion von Wissenschaft und Technologie und ihrer industriellen Revolution. Diese Identität erkannte Isaiah Berlin als die neue, von der Moderne selbst diktierte Uniform der Seele, die so außergewöhnlichen Politikern wie Disraeli und Walter

Rathenau half, ihre Identitätsprobleme zu lösen, im Gegensatz zur großen Mehrheit emanzipierter europäischer Juden, denen dies nicht gelang (Berlin, 1981a, 368-409).

Wir sollten uns noch einmal vor Augen führen, wie abhängig der politische Konservatismus vom Liberalismus im Bereich der politischen Ideologie ist. Ohne die politische Philosophie und Ideologie des Liberalismus gäbe es auch nicht die konservativen Reaktionen darauf. Vor dem Hintergrund von Isaiah Berlins Begriff der „Gegenaufklärung", den er auf die Philosophie von Vico, Herder und anderen Denkern der Zeit nach der Aufklärung anwandte, können wir den Konservatismus als ein theoretisch-ideologisches Vorhaben „Gegen-Liberalismus" nennen. Denn wenn wir Konservatismus nicht mit Liberalismus konfrontierten, wäre er nichts weiter als ein kultureller Anhang an einen Wertekanon, an Traditionen und politische Institutionen und ein historisch getestetes Modell der Sozial- und Moralordnung.

Der „gereinigte" Konservatismus als perfekte Antithese zu Liberalismus und Sozialismus klingt wie ein ideologisches Konstrukt, losgelöst von politischer Realität. Als Blaupause für eine Sozial- und Moralordnung und als eine Form moderner Sensitivität muß Konservatismus beim Erscheinen auf der politischen Bühne garantieren können, daß moderne politische Institutionen richtig funktionieren. Mitglieder einer modernen Gesellschaft, die ein in sich schlüssiges Bündel Ansichten vertreten, würden ihre Weltanschauung höchstwahrscheinlich als eine Kombination aus den drei wichtigsten Ideologien: Liberalismus, Konservatismus und Sozialismus beschreiben.

Das Ergebnis wäre ein Cocktail, dessen Konsistenz davon abhängt, welche ‚Zutat' vorherrschend ist. Die katholische Soziallehre ist vielleicht das beste Beispiel dafür, wie Teile der modernen politischen Ideologie in einer neuen historischen Perspektive und in einer christlichen Sozial- und Moralphilosophie Eingang finden. In dieser Lehre gibt es ein Konzept der Menschenrechte, das sich aus dem Naturrecht ableitet. Diesem maß Papst Johannes Paul II. den höchsten konzeptuellen und spirituellen Rang zu. Die Menschenrechte und die Verteidigung der Würde und Autonomie des Einzelnen verbindet die katholische Soziallehre mit den Werten des Liberalismus.

Doch diese Lehre enthält Aussagen von allgemeiner Gültigkeit. Dazu gehören Moral als eine bewußte soziale Vernetzung, die überragende Bedeutung eines Sozialgefühls, das auf Menschenliebe begründet ist, und die Betonung von Gemeinschaftswerten. Auf diese Weise werden in der Soziallehre mehrere sozialistische Positionen angesprochen. Letztendlich verbinden die katholische Soziallehre und politischer Konservatismus drei Dinge: die Monumentalität der Institutionen, die Glauben und Lehre unterstützen, die Betonung des besonderen historischen Wertes der christlichen Geschichtserfahrung und der Gedanke, den Glauben gegen die Unsicherheiten der Moderne zu verteidigen.

Die Überzeugung, daß wir die Moderne ausschließlich aus der Vergangenheit heraus verteidigen können, oder in den Worten Max Webers, durch Festhalten am ewig Gestrigen, wurde von Zygmunt Bauman als eine der Illusionen der Moderne diskutiert. In Wahrheit benutzen Konservatismus und Liberalismus in der politischen Praxis häufig dieselben Argumente in Bezug auf die Beteiligung an der Reform der Welt getreu der Logik der Moderne. Keine der beiden Ideologien kann die Welt genauso belassen wie sie war. Etwas muß mit ihr geschehen. Der Konservatismus glaubt an den unbestimmbaren Wert, die Vergangenheit wieder auferstehen zu lassen, während der Liberalismus häufig im Namen einer Zukunft spricht, die völlig unbekannt und unvorhersehbar ist (vgl. Bauman, 2005). Bauman stellt fest:

> „Unter solchen Umständen sind die Konservativen, die behaupten, die Nation gegen Veränderungsdruck verteidigen und sie in ihrem gegenwärtigen, bereits vollkommenem Zustand bewahren zu wollen oder auf die verlorengegangene Tradition und „antike Werte“ rekurrieren, und die Liberalen,

> die die Gesellschaft ständig verbessern, ihre Fehler korrigieren und ihre Verfehlungen entschuldigen wollen, in einer eng verwandten Position. Beide glauben, daß etwas falsch läuft und sich noch verschlimmert, wenn nichts unternommen wird. Mit anderen Worten: beide sind mit dem *status quo* unzufrieden; beide denken, er läßt viel zu wünschen übrig, und beide sind überzeugt, daß dringende Reparaturen angesagt sind. Die Konservativen und die Liberalen müssen ständig auf der Hut sein, und keines der beiden Lager kann sich Unachtsamkeit erlauben. Der Aufbau der Nation kennt kein Ende, der richtige Zeitpunkt, abzurüsten und sich auf den Lorbeeren auszuruhen, wird niemals erreicht“ (Bauman, 2005, xi; Übers. BKU).

In unserer heutigen Zeit erinnert mich die Naivität der konservativen Ideologie und Philosophie an einen pubertären Jugendlichen: Unreif, wütend, voller Effekthascherei, sein Denken verhaftet in manichäischer Dichotomie, heftige Angriffe gegen liberale Theorien und deren Praktiken fahrend; dennoch ist er unfähig, eine unabhängige, kritische Beziehung zur eigenen Umgebung und deren theoretischer Tradition aufzubauen. Wenn wir eine derartige Haltung zum Konservatismus mit der eines Individuums verglichen, dann sähen wir, daß Konservatismus oft an einer kognitiven Dissonanz leidet. Der Kern dieser kognitiven Dissonanz besteht darin, daß ein Element nichtverarbeiteten Bewußtseins und quälender Selbsterfahrung vorhanden ist. Dieses agiert, als ob es kritisch motivierte, doch am Ende wird es nicht erklärt und läßt auch nicht das Wesen der Ideen und Werte erkennen, die es kritisiert.

In der unausgegorensten Ausprägung des Konservatismus werden elementare Konformität zusammen mit Ablehnung jeglichen unabhängigen Denkens auf die Stufe einer Tugend gehoben. Alles wurde in dem Glauben getan, daß hinter uns Institutionen und Kräfte symbolischer Autorität stehen, denen gegenüber es arrogant und unhöflich wäre, einen eigenen Standpunkt zu vertreten. Die unausgegorenste Form des Liberalismus – eigentlich eine Karikatur ihrer selbst – wird zu Recht von konservativen und selbst von liberalen Kommentatoren verrissen, weil ihre *political correctness* absurd ist, und weil sie dabei ist, eine neue säkulare Orthodoxie zu schaffen.

Konservatismus punktet am stärksten, wenn er gegen Liberalismus, aber auch andere politische Lehren und Ideologien Stellung bezieht. Wenn der politische Konservatismus hingegen anfängt, eine symbolische Realität schaffen oder eine bestimmte sozioökonomische und gesellschaftspolitische Ordnung institutionalisieren zu wollen, zeigt sich schnell sein Eklektizismus und Mangel an Unabhängigkeit. Es wäre naiv zu glauben, Konservative wollten lediglich Traditionen und Institutionen bewahren. Man denke nur an Margaret Thatchers Reformen in Großbritannien. Der Eklektizismus des politischen Konservatismus wird insbesondere dort offensichtlich, wo es um „Revolutionen der Rechten" geht, vom Thatcherismus bis zum amerikanischen Neokonservatismus.

Im Bereich der Wirtschaft lebt der Konservatismus von neoliberalen Gedanken und dem Konzept des Minimalstaates. Daher unterscheidet sich ein Konservativer von einem rechtsgerichteten Liberalen nicht in seinen ökonomischen oder politischen Vorstellungen, sondern in der unterschiedlichen Interpretation und dem Stellenwert der Bedeutung von Religion und Moral in der Gesellschaft. In den Vereinigten Staaten unterscheiden sich Neokonservative und rechtsgerichtete Liberale (traditionelle, konservative Liberale) vor allen in ihren Ansichten über Religion, Familie, Abtreibung, Homosexualität und ähnliche Themen.

Daher ist es unpassend, moderne Kritik und Moralvorstellungen auf politischen Konservatismus anzuwenden. Wenn wir dem Gedanken Anthony Giddens zustimmen, daß Kapitalismus der konzentrierteste Ausdruck der institutionellen Moderne ist (vgl. Giddens, 1997), dann müssen wir auch zugeben, daß Konservatismus in den ökonomischen und politischen Bereichen der Gegenwart genauso viel Anerkennung verdient wie Liberalismus.

Entgegen seiner Rhetorik versucht der Konservatismus keineswegs, in Wirtschaft und Politik nur seine Jahrhunderte alten Institutionen zu verteidigen und seine brüchige soziale Realität vor den rücksichtslosen Eingriffen durch den Liberalismus und allen Formen des *social engineering* zu bewahren. Konservatismus verändert permanent die Realität und verstärkt damit die Spannungen der Moderne. Da die Logik der symbolischen Autorität des Konservatismus auf der Einheit von Macht und Glauben basiert, muß sie beständig ihr Machtinstrumentarium, das auch den Machtdiskurs beinhaltet, perfektionieren, um den Glauben beziehungsweise die Konfiguration von Ideologie, Werten und Ideen zu bewahren.

Meiner Meinung nach läßt sich Konservatismus am besten definieren, indem man seine Reaktion auf die durch die Moderne hervorgerufene Veränderung von Ideen und Werten offenlegt. Reflexiver Konservatismus ist zusammen mit der Furcht vor einer „perfekten neuen Welt" und Vorbehalten gegenüber den Versprechungen entstanden, eine bessere Blaupause für eine Sozial- und Moralordnung als die auf Traditionen und langerprobter Erfahrung basierende Ordnung zu schaffen. Unter diesem Blickwinkel ist Konservatismus eines der interessantesten Phänomene der moralischen Imagination, ohne die wir der modernen Welt kritiklos gegenüberstünden. Dies gilt für die Philosophie, Literatur und die Geistes- und Sozialwissenschaften allgemein. Konservatismus ist ein kritischer Reflex auf die Moderne selbst und eine Kritik an den verschiedenen Szenarien der Rationalisierung und Modernisierung überall auf der Welt. Authentischer Konservatismus ist nicht weniger als das andere Gesicht der Moderne.

Vergleichen wir die Moderne mit Janus, dem doppelgesichtigen Gott der Tore und Durchgänge in der römischen Mythologie, können wir sagen, daß ein Gesicht für Wandel, Chaos, Verwirrung, Umsturz, Reform, Erneuerung der Welt, Wiedererschaffung steht und für das Versprechen der Identifikation mit dem politischen Willen eines Individuums. Die liberale Imagination könnte mit diesem Gesicht in Verbindung gebracht werden. Dagegen schaut das andere Gesicht unaufhörlich auf den Kanon, auf unbeugsame Regeln, höhere Mächte, eine feste Sozial- und Moralordnung, die die Welt vor Zerstörung durch Chaos und Wandel bewahren will. Und wenn dieses Gesicht nicht länger jene höhere, ursprüngliche Ordnung aufrechterhalten kann, muß es uns an den Ursprung erinnern, jene Realität beschreiben und sie dadurch retten.

Der Konservatismus lehnt nicht die Moderne in ihrer Gesamtheit ab, sondern nur die kulturelle Logik, die Entwicklungspfade des Bewußtseins und politische Trends, die er für gefährlich und zerstörerisch hält. Die konservative Einbildungskraft enthält Utopien der Renaissancezeit, Reiseliteratur, politische Fantasien und moderne Dystopien, Kulturkritik zusammen mit einem Großteil der Gesellschafts- und Kulturphilosophie, die der Politik und Kultur des 20. Jahrhunderts kritisch gegenüberstehen. So existieren zweifellos Verbindungen zwischen scheinbar völlig unterschiedlichen Vertretern einer konservativen moralischen Imagination wie Étienne Gilson, Jacques Maritain, Oswald Spengler, José Ortega y Gasset, Arnold J. Toynbee, Lewis Mumford, Leo Strauss und Eric Voegelin.

Wir können diese Denker, die die zerstörerische Logik der Moderne entdeckten, welche die Welt in den Totalitarismus führte, mit linksorientierten Autoren wie Jewgenij Samjatin, George Orwell, Arthur Koestler und Rex Warner in Verbindung bringen. Dabei handelt es sich nicht nur um eine Übereinstimmung der Persönlichkeiten oder eine unerwartete Kombination politischer Empfindungen. Vielmehr äußert sich hier in verschiedenen Ausprägungen die Kritik an der modernen Welt.

Konservatismus, insbesondere Kulturkonservatismus, ist unmöglich ohne das, was ich im folgenden tragische Imagination nenne. Die liberale Einbildungskraft wird oft als die Imagination von Frieden und Modernisierung beschrieben, oder als Imagination einer rationalen Durchdringung der Welt (vgl. Trilling, 1957; 1967). Der Begriff „Kulturkonservatismus“ klingt wie ein Pleonasmus, weil authentischer Konservatismus nichts anderes als eine radikale Trennung zwischen Politik und Kultur ist. Diese würde dem politischen Liberalismus schaden, weil sie ihn auf die einfachste Form politischer Reaktion reduzierte.

Die konservative Einbildungskraft ist tragisch. Sie neigt zu einer zyklischen Geschichtsinterpretation. Man könnte die Hypothese wagen, daß Theorien der trinitarischen Evolutionsgeschichte des 19. und 20. Jahrhunderts durch liberale Imagination verbreitet wurden (vgl. Gellner, 1993, 18f.). Im Gegensatz dazu gibt es in den zyklischen Geschichtstheorien von Oswald Spengler, Arnold J. Toynbee, Pitirim A. Sorokin, Felix Koneczny und Anton Hilckman Anzeichen für die tragische Einbildungskraft des Konservatismus.

Erinnert sei an Hermann Hesses Roman *Der Steppenwolf* von 1927, in dem der hochgebildete Eigenbrötler Harry Haller das 20. Jahrhundert zutiefst ablehnt. Er bezeichnet Jazz als die Musik des Verlustes und des Endes der Welt. Diese Art von Musik mußte am Ende des Römischen Reiches erklungen sein. Auch die anderen Personen in Hesses Bildungsromanen kommen den Helden der moralischen Imagination nahe. Sie sehnen sich nach anderen Zeiten, denen sie sich geistig verbunden fühlen. Die Romanfiguren verstehen ihr Auftreten in dieser Welt der Massengesellschaft, Massenkultur und Kitsch als einen tragischen Fehler und ein bedauernswertes Mißverständnis.

Haller, ein Anhänger von Mozarts *Zauberflöte*, Kenner der Barockmusik, und getreuer Sucher des klassischen Kanons in Kunst und Dichtung, hat eine Bezeichnung für das, was er in der klassischen europäischen Literatur am meisten liebt: die goldene göttliche Spur. Die goldene Spur steht für die Welt von Bach, Mozart, Goethe und Beethoven, die im Grunde nicht mit der Welt des Kitsches in Einklang gebracht werden kann, vergleichbar dem schicksalhaften Riß zwischen der *vita activa* und der *vita contemplativa* in Hesses anderem berühmten Roman *Das Glasperlenspiel* (1943).

Nach Hallers Überzeugung waren die Grausamkeiten und Schrecken des Mittelalters, die den Menschen in der Neuzeit so abstoßend vorkommen, in Wirklichkeit gar nicht so fürchterlich. Die wirkliche Tragödie ist seiner Meinung nach, in einer Zeit zu leben, die ihm absolut fremd ist und ihn anwidert, und sich dabei ständig nach einer früheren Epoche zu sehnen.

Hallers Sicht der Welt ist für mich das beste Beispiel einer konservativen und tragischen Moralvorstellung. Politisch Konservative sehen den Sinn ihres Lebens darin, den sozialen Wandel aufzuhalten oder abzuschwächen, so als wenn wir zu der imaginierten Vergangenheit zurückkehren könnten. Kulturkonservative können lediglich darüber trauern, daß sie nicht in der „richtigen" Zeit geboren wurden, und tun alles in ihrer Macht Stehende, um den Stil dieser Zeit zu bewahren oder nachzuahmen.

Oswald Spengler hatte starken Einfluß auf Thomas Mann und Hermann Hesse. Die Kulturphilosophie und der epochale Stil ihrer Bildungsromane und Spenglers *Der Untergang des Abendlandes* sind eng miteinander verbunden. Spenglers Kulturkritik bahnte den Weg für diese tragische Vorstellung, die in den Werken Manns und Hesses eine perfekte historische Form annahm. Er bot den Schriftstellern den theoretischen Rahmen für eine Sprache der Verzweiflung, mit der sie ihrer Zeit entfliehen und sich mit anderen Epochen und Kulturen identifizieren konnten.

Menschen, die sich selbst für Geiseln einer verabscheuungswürdigen Periode halten, die sich durch eine fremde und ihnen unverständliche kulturelle Logik auszeichnet, gibt es nicht nur in der Welt der Fantasie. Diese Art von Bewußtsein kommt bei Menschen vor, die sich außerstande sehen, sich in die moderne westliche Gesellschaft zu integrieren, und die sich als Opfer der Moderne fühlen. Dieses Bewußtsein stellt eine weit verbreitete Form der Entfremdung dar, deren Wurzeln in einem starken antimodernistischen Gefühl liegen.

Eine solche Entfremdung ist weitgehend ein romantisches Phänomen. Es existierte in der Romantik des deutschen Konservatismus und im daraus entstandenen romantischen Kult um das einsame, isolierte Genie. Entfremdung ist eine Empfindung, die sich durch die russische Kultur des 19. Jahrhunderts zieht, insbesondere in den Ideen und der moralischen Haltung, die als „die russische Idee" bekannt ist. Hegel nannte die Distanzierung der Menschen von ihrer Zeit, wie sie von entfremdeten Individuen erlebt wird, „das unglückliche Bewußtsein".

Die konservative Imagination ist nicht notwendigerweise tragisch. Die tragische Variante wurde von den Spannungen, Dramen und Dichotomien der späten Moderne beeinflußt. Dennoch war die konservative Imagination der frühen Moderne ein Hort der Ironie, des spritzigen Humors, raffinierter Wortspielereien und täuschend heiterer Sprache, die die Möglichkeit eröffnete, eine Alternative zur frühen Moderne zu schaffen. Diese Alternative zeigt mit einem Anflug von Genialität die Grausamkeit dieser frühen Moderne. Bauman nennt sie „schwere Moderne" im Gegensatz zur späteren Version, die er als „flüssige Moderne" bezeichnet.

In der frühen Moderne mit all ihren Spannungen und Dramen kommt die konservative utopische Vorstellung zum Ausdruck, und dies ist kein Versehen. Sozialkritik, beißende Satiren und Utopien der frühen Moderne entsprangen nicht der liberalen, sondern der konservativen utopischen Imagination.

Utopia und die konservative Kritik an der Moderne

Im Jahr 1535 ließ der englische König Heinrich VIII. einen der größten Humanisten, Staatsphilosophen, Schriftsteller und Politiker der Renaissance, Thomas More, (latinisiert Thomas Morus), enthaupten. Morus wurde 1886 selig und 1935 von Papst Pius XI. heilig gesprochen. Im Gegensatz zu den zwei kanonisierten klassischen Philosophen des Abendlandes, Augustinus und Thomas von Aquin, wird Thomas Morus in wissenschaftlichen Werken meist als Sir Thomas Morus und nicht mit der Spezifikation „Heiliger" bezeichnet. Dennoch: Der berühmte Autor von *Utopia* ist ein Heiliger der Römisch-Katholischen Kirche, der es ablehnte, Mitglied der Anglikanischen Kirche zu werden und damit die päpstliche Autorität zu leugnen.

Warum also wurde Thomas Morus heilig gesprochen? Er kam in London zur Welt. Sein Vater war der berühmte Richter Sir John More. In seiner Jugend diente er als Page bei Erzbischof John Morton, der in ihm einen außergewöhnlichen Menschen mit großer Zukunft sah. Thomas Morus studierte in Oxford. Er schrieb Komödien und studierte griechische und lateinische Philologie. Als eine seiner ersten Arbeiten übersetzte er die Biographie des italienischen Humanisten Giovanni Pico della Mirandola vom Lateinischen ins Englische. Später kehrte er nach London zurück und studierte Jura. Er lebte als Laie in einem Kloster und beachtete die klösterlichen Regeln. Viele Jahre schwankte er zwischen seinen Studien, einem Noviziat und dem Staatsdienst. Schließlich entschied er sich für letzteren und wurde im Jahre 1504 Parlamentsmitglied. Kurze Zeit später heiratete er. Nach dem Tod seiner ersten Frau ging er eine zweite Ehe ein.

Morus war eng mit dem niederländischen Humanisten Erasmus von Rotterdam befreundet. Sie lernten sich im Jahr 1499 kennen, als Erasmus das erste Mal England besuchte, und schlossen eine bleibende Freundschaft. Bei seinem zweiten Besuch 1506 übersetzten sie gemeinsam Lukians griechische Komödien ins Lateinische und veröffentlichten ihr Werk kurz darauf in Paris. Während seines dritten Besuches in England schrieb Erasmus sein berühmtes Buch *Encomium Moriae* (Lob der Torheit) und widmete es seinem Freund Thomas Morus. Erasmus assoziierte spaßeshalber den Nachnamen seines Freundes mit dem lateinischen Wort „moria" (Torheit, Dummheit). Dies war nur eine sprachliche Ähnlichkeit, keineswegs wollte er damit Morus und seine intellektuelle Fähigkeiten beleidigen.

Die Gelehrten der Renaissancezeit interessierten sich vor allem für die vier griechischen Philosophenschulen: Aristotelismus, Platonismus, Stoizismus und Epikureismus. Die Verbindung zwischen Christentum und Platonismus ist so alt wie die Philosophie des heiligen Augustinus, wurde jedoch in der Renaissance von Marsilio Ficino neu belebt. Christentum und Stoizismus waren seit jeher eng miteinander verbunden. Aristoteles wurde von Thomas von Aquin und der Epikureismus später von Lorenzo Valla und Erasmus „christianisiert“. Letzteres setzte Pierre Gassendi fort.

Morus und Erasmus verband ihre Begabung, ihre geistige Nähe und ihre Begeisterung für die griechisch-römische Antike. Beide lehnten Martin Luthers Gedanken ab und griffen ihn in polemischer Weise an. Erasmus tat dies offen in seinem Briefwechsel mit Luther, während Morus verdeckt polemisierte. Als erstes schrieb er für Heinrich VIII. *Die Verteidigung der Sieben Sakramente*, eine offizielle Ablehnung der Lehre Luthers. Später antwortete er unter einem Pseudonym auf Luthers Widerlegung der königlichen Schrift. Morus und Erasmus waren überzeugte Anhänger der griechischen und römischen Philosophie und Literatur. Beide waren kosmopolitische Europäer, die sich in der lateinischen Sprache heimisch fühlten. Zugleich sprachen sie fließend etliche europäische Sprachen und unterhielten freundschaftliche Beziehungen zu Humanisten aus Italien, Frankreich, Deutschland und Flandern.

Morus machte eine erstaunliche Karriere in der Politik. Er wurde zum Ritter geschlagen, zum Parlamentssprecher und später zum Lordkanzler ernannt. Doch nachdem er die Scheidung des Königs von Katharina von Aragón mißbilligt, 1533 bei der Krönungszeremonie für Heinrichs neue Frau, Anne Boleyn, durch Abwesenheit auffiel und 1534 angeblich mit Elizabeth Barton Kontakt aufgenommen hatte, der „Nonne aus Kent“, die den Bruch des Königs mit Rom strikt ablehnte, verlor Morus die Gunst Heinrich des VIII. Als er sich auch noch weigerte, den Suprematseid zu leisten und damit den König als das Oberhaupt der anglikanischen Kirche anzuerkennen, wurde er festgenommen, im Tower von London eingekerkert und am 6. Juli 1535 enthauptet. Auf dem Schafott sprach er die berühmten Worte, „er sterbe als des Königs guter Diener, aber zuerst als Diener Gottes“ (vgl. Marius, 1987, 636).

Morus im Jahr 1523 in lateinischer Sprache veröffentlichte Abhandlung *Utopia* ist eines der mysteriösesten Werke der europäischen Literatur. Das Buch besteht aus einer vermutlich wahren

Rahmengeschichte, in die eine fiktive Erzählung eingebaut ist. In diese Erzählung flicht der Autor seine Ausbeute aus der sokratischen und platonischen Philosophie ein. Morus besuchte Flandern im Rahmen einer königlichen Handelsmission, bei der es um Schaffelle ging, und er traf in Antwerpen den echten Peter Giles, den flämischen Humanisten und Freund von Morus und Erasmus.

Die weiteren Vorkommnisse in *Utopia* entspringen allerdings Morus politischer und literarischer Einbildungskraft. Giles und Morus treffen auf einen portugiesischen Seefahrer namens Raphael Hythlodée. In Morus lateinischer Originalversion heißt Raphael mit Nachnamen Hythlodaeus, das im Griechischen „glühender Fantast" bedeutet. Hythlodée erzählt den beiden Männern, daß er England besucht habe und erstaunt gewesen sei über die Grausamkeit der Gesetze und der Gerichte, denn man könne für den Diebstahl einer Handvoll Kupfermünzen an den Galgen kommen.

Zuerst, sprach Hythlodée, stürzt ihr Engländer eure Bauern ins Elend, indem ihr deren gesamtes Land aufkauft, es als Weiden für eure Schafe verwendet, und damit den Handel entwickelt. Haben die Bauern schließlich alles verloren, bleibt ihnen nichts anderes übrig, als sich nach London durchzuschlagen. Dort müssen sie ihr Leben als Diebe und Bettler fristen, denn sie können keine Arbeit finden. Schließlich schnappt ihr sie auf frischer Tat und bringt sie an den Galgen. In dieser scharfen Kritik an der englischen Justiz hören wir Morus sprechen.

Als Anwalt der Unterdrückten und der Bauern verurteilte Morus aufs Schärfste die durch die Schafwirtschaft und den Wollhandel herrührende Verarmung und Kriminalisierung der Bauern. Morus verwendet einen schriftstellerischen Trick, indem er zunächst England zu verteidigen scheint und dann Hythlodée fragt, wieso er denn in diesem Land nichts Gutes sähe. Jonathan Swift wendet später in *Gullivers Reisen* dasselbe Stilmittel an, als Lemuel Gulliver England verteidigt, nachdem sich der König von Brobdingnag, dem Land der Riesen, voller Abscheu über Englands politische Kultur und Justiz äußerte.

Hythlodée sah aber in England nicht nur schlechte Dinge, wie unfähige königliche Räte und selbstsüchtige Politiker, die ständig Krieg mit Nachbarländern führten, sondern auch Gutes. Wahrscheinlich das wichtigste Ereignis für ihn war die Begegnung mit einem Menschen von außergewöhnlicher Weisheit: dem Erzbischof John Morton. So konnte Morus mit den Worten des fiktiven portugiesischen Seefahrers seinen Freund und Gönner unsterblich machen.

Der Erzähler entwickelt allmählich ein komplexes Bild dessen, was er für einen vollkommenen Ort hält. Hythlodée beschreibt eine prächtige Insel, die er besucht hat. Sie unterscheidet sich wie Tag und Nacht von England und allen anderen Ländern, in denen er jemals war. Hythlodées Bericht wird bei Lesern, die einmal in einem totalitären Staat gelebt haben, nicht die geringste Sympathie hervorrufen: Privatleben gilt in Utopia als unehrenhaft. Die Menschen werden zu einem Leben in aller Öffentlichkeit angehalten, um sie daran zu hindern, ein Komplott gegen die Regierung zu schmieden. Die Mahlzeiten werden gemeinsam eingenommen. Auslandsreisen sind nur in Begleitung von älteren Stammesangehörigen und Bürokraten, den sogenannten Syphogranten, möglich. Dies sind Mitglieder höherer Gesellschaftsschichten und heißen auch Philarchen oder Traniboren. Jeder muß arbeiten, aber die niedrigsten Tätigkeiten werden von Sklaven verrichtet, das sind gefährliche Ausländer oder Kriegsgefangene. Utopia ist das totale Gegenteil des stark kommerzialisierten Englands. Es ist eine alte *polis,* die an das Leben einer landwirtschaftlichen Kommune in vormoderner Zeit erinnert.

Morus war ein Konservativer. Dennoch gehörte er nicht den Tories, sondern den Whigs an. Er war ein Gegner der in seiner Zeit aufkommenden Moderne mit ihrer Urbanisierung, ihrem Kommerzstreben, der Auslöschung landwirtschaftlicher Gemeinschaften und der Vernichtung des Ackerbodens, der Verarmung der Bauern und dem ungehemmten Individualismus. Unklar ist, ob Morus die möglichen neuen Formen der Tyrannei karikieren wollte, indem er ein Buch über den Schaden schrieb, den politische Fantasie anrichten kann, oder ob er aufrichtig experimentierte und sein geistiges Konstrukt mit Platons Republik verglich. Bis heute wissen wir es nicht (vgl. Donskis, 2000, 33-49).

Daher behauptet Charles Trinkaus über die implizite Platon-Interpretation in *Utopia*, obwohl

> „Morus den Begriff der *Republik* in *Utopia* eigentümlich verwendete und...sich seine Position von der Platons unterschied...lautete die zentrale Frage in beiden Werken, ob es Gerechtigkeit in unseren privaten Tätigkeiten geben könne, ohne daß zuerst Gerechtigkeit in der Struktur der Gesellschaft als Ganzes herrscht. Wenn wir uns nun mit Platons Ansichten über Gerechtigkeit befassen, so stellen wir fundamentale Unterschiede zwischen Platon und Morus fest: Für Morus (ob in eigener Person oder als ‚Hythlodée') bedeutet *Gerechtigkeit* eindeutig *Gleichheit*, während Platon sie als den jedem zukommenden Anteil definiert. Ein weiteres Thema, das Morus ein Leben lang umtrieb und das auch Platon/Sokrates sehr beschäftigte, und das grundlegend für unsere Vorstellung von Humanismus ist: die Rolle des moralisch gefestigten Menschen in den Staatsgeschäften und als Herrscher des Staates" (Trinkaus, 1985, 91f.; Übers. BKU).

Bei *Utopia* handelt es sich keineswegs um ein Werk, das auf liberaler Einbildungskraft beruht, wie die meisten konservativen Kommentatoren meinen. Wer dies behauptet, kennt nicht die Literatur der Renaissance und ihre Verbindung zur Politik. Das utopische Genre entstand, unter dem Deckmantel einer politischen Fantasie, als eine Form versteckter Gesellschaftskritik. *Utopia* widmet sich als erstes Werk in der westlichen Ideengeschichte der Kritik der Moderne und beschreibt deren gefährliche Tendenzen. Daher ergibt es mehr Sinn, *Utopia* mit Konservatismus zu assoziieren als mit der liberalen Moralvorstellung.

Das Werk ist voller Doppelsinn. Beispielsweise erfahren wir nicht, ob bei Morus das Wort utopia „nirgendwo“ (û-tópos) oder „guter Ort“ (eu-tópos) bedeutet. Morus verwendet einen lateinischen Begriff für utopia, Nusquamus (nowhereland - Nirgendsland), aber Hinweise auf das griechische Adjektiv (eu) erscheinen auch im Buch. Diese Art moderner Ambivalenz ist Morus genialer Verweis auf die Dualität modernen Lebens.

In Lewis Mumfords Arbeiten gibt es eine wohldefinierte Grenze zwischen utopia und eutopia: utopia wird mit unproduktivem und gefährlichem sozialen Experimentieren assoziiert, während eutopia mit dem Glauben an Candide, dem Helden von Voltaires philosophischem Roman *Candide ou l'Optimisme* (*Candide oder Der Optimismus*, 1759) in Verbindung gebracht wird. *Candide* zeigt uns Voltaires schonungslose Karikatur von Gottfried Wilhelm von Leibniz in der Figur des Philosophen Pangloss. Dieser hält unbeirrt am Gedanken der vorbestimmten Harmonie der Welt, an der Monadologie, Teleologie, am philosophischen Optimismus und Theodizee fest. Candide setzt dem entgegen, daß wir zunächst und vor allem unseren eigenen Garten bestellen sollten, statt die Welt erklären oder gar verändern zu wollen (vgl. Mumford, 1995, 227). Diesseitiges Tun ist stärker als jenseitige Ideen.

In einigen seiner Vorhersagen und freifließenden politischen Fantasien übertrifft Morus politische Realitäten des 20. Jahrhunderts. Er schreibt in *Utopia*, daß die todkranken Inselbewohner mit der Erlaubnis von Priestern und Ärzten in einen tödlichen Schlaf versetzt werden, um ihnen unnötiges Leiden oder einen unwürdigen Tod zu ersparen. In *Utopia* wird zum ersten Mal in der Geschichte des abendländischen Denkens Euthanasie propagiert. Auch äußerte Morus als erster den Gedanken, Frauen zu Priesterinnen zu ernennen, und er verteidigte in seinem Buch die Gleichheit der Geschlechter. Wenn ich auch die Annahme nicht ganz beiseite schieben will, Morus habe sich über die Möglichkeit einer solchen Welt lustig gemacht, ist es wahrscheinlicher, daß dieser Humanist beabsichtige, Gegensätze in Einklang zu bringen anstatt zuzulassen, daß sie sich gegenseitig zerstören.

In Utopia herrscht eine monotheistische Naturreligion ähnlich dem Christentum, doch auch Heiden werden toleriert. Sogar in diesem Punkt ist Morus dem politischen Denken und den Vorstellungen seiner Zeit um mehr als ein Jahrhundert voraus. Dazu bemerkt Charles Trinkaus:

> „...die Kirchenväter boten den Rahmen, *in dem die allermeisten Humanisten der Renaissance die Antike betrachteten*, die großen heidnischen Werke mit neuer Objektivität und Tiefe untersuchten und sie in ihren Unzulänglichkeiten kritisierten, sie jedoch ihrer historischen Aktualität wegen zugleich bewundern konnten“ (Trinkaus, 1985, 96; Übers. BKU).

Leider hat die Menschheit nach den Gesellschaftsexperimenten des 20. Jahrhunderts die Lust verloren, Utopien zu bewundern. Selbst der Gedanke einer guten und gerechten Welt wird oft lächerlich gemacht und für ein Relikt aus der Welt der utopischen Fantasie gehalten. Obwohl die Utopie aus unserer Welt verbannt wurde, kehrte sie durch die Hintertür wieder zurück. Sie wurde privatisiert. Heute träumen wir nicht von einer guten Gesellschaft oder Gemeinschaft sondern von unserem individuellen Wohlergehen und persönlichen Erfolg.

H.G. Wells lag falsch, wenn er meinte, Morus *Utopia* sei rationalistisch und gefühllos, ein Produkt reinen Denkens. Einen schlimmeren Irrtum in der Analyse und Bewertung des Utopismus könnte es nicht geben. Buchstäblich alle, die Utopismus im 20. Jahrhundert kritisierten, Liberale ebenso wie Konservative von Friedrich von Hayek und Karl R. Popper bis zu J.L. Talmon und Michael Oakeshott, machten genau denselben Fehler.

Zwei Formen der konservativen Empfindung

Mit Hilfe von Morus Denkmuster können wir die Entwicklung der konservativen Empfindung neu bewerten. Es gibt zwei Ausprägungen dieser Empfindung. Die erste ist vor allem im scholastischen Denken und in der Verteidigung des Kanons begründet, wie er im Mittelalter entstand und definiert wurde. Dieses konservative Gefühl zeichnet sich durch eine strikte Trennung der Disziplinen aus, wobei klassische Philosophie und modernes Denken getrennt sind. Allerdings wird letzteres aus der Position der Klassik heraus bewertet. Philosophie gilt als selbständige Disziplin, die von den anderen Bereichen des Humanismus unabhängig ist.

Geisteswissenschaftler, die so denken, befürworten die strikte Trennung der Disziplinen und verteidigen ihre lokalen Kompetenzbereiche. Normalerweise sind sie überragend im Rahmen ihres eigenen konzeptuellen Referenzzirkels, doch haben sie Probleme, sich aus ihrer Disziplin hinauszubewegen. Sie fühlen sich unwohl, wenn es um Imagination und Sprache geht.

Die zweite Art der konservativen Empfindung entstand mit der Humanismus-Tradition der Renaissance. Ihre Wurzeln liegen in der Idee von der *studia humanitatis*, woraus sich die modernen Geisteswissenschaften entwickelten. Die Idee der *studia humanitatis* erlaubt, die Grenzen eines Wissensbereiches zu überschreiten und sie pocht nicht auf die begrenzte Zuständigkeit innerhalb einer Disziplin. Im Gegenteil: *studia humanitatis* ermöglicht die Kultivierung der Seele, die ohne das Zusammentreffen von Sprache und Politik, von Dichtung und Philosophie und von Wissen und den politischen und moralischen Tugenden unmöglich wäre. Diese Art der konservativen Empfindung ist ein Rückgriff auf die Traditionen der alten Griechen, für die ein logisches Argument wichtige politische Implikationen hatte und deren Sprache der Philosophie sich nicht von den Tropen und Redewendungen unterschied, die in der Dichtkunst verwendet wurden.

Paradoxerweise werden heute das Wissens-Paradigma der Renaissance, politische Empfindungen und Humanismus viel eher mit liberaler Imagination und dem Entstehen des Liberalismus assoziiert. Dies ist eine ausgesprochen zweifelhafte Interpretation; sie trennt Mittelalter und Renaissancezeit auf eine Weise, die kontraproduktiv und künstlich ist. Die Renaissance-Episteme bzw. die damals vorherrschende Art, die Menschen und die Welt zu betrachten, gehört aus zwei Gründen zur konservativen Empfindung: zum einen, weil sie aus dem Humanismus, dem Konservatismus schlechthin, entstanden ist. Zum anderen, weil diese Episteme in ihren politischen und moralischen Implikationen konservativer war als die des Mittelalters. Der genaue zeitliche Übergang vom Mittelalter zur Renaissance ist schwer festzulegen. Die Renaissance-Episteme zielte auf eine Restauration der antiken Kultur ab, was sicher einen Entwicklungspfad des konservativen Bewußtseins darstellte.

Manche Definitionen der Renaissance wurden zu Klassikern, angefangen mit Jacob Burckhardts Gedanken, daß die Renaissance das Zeitalter der Entdeckung der Welt und des Menschen war, bis zur skeptischen Position von Étienne Gilson, der behauptet:

> „Der Unterschied zwischen Renaissance und Mittelalter war keine Angelegenheit von Addition oder Subtraktion. Die Renaissance, wie sie uns beschrieben wurde, war nicht das Mittelalter plus Mensch sondern Mittelalter minus Gott. Die Tragik besteht darin, daß die Renaissance durch den Verlust Gottes auch den Menschen verlor“ (zitiert in Barnet, 1969, x; Übers. BKU).

Einige Philosophen und Historiker der Moderne, wie Burckhardt und Michelet, liebten die Renaissance so sehr, daß sie sie zu einem Mythos stilisierten. Andere Theoretiker und Historiker, einschließlich John Ruskin, Gilson und Mumford, lehnten dies ab. Meiner Überzeugung nach zielte der Zeitgeist der Renaissance eher auf die

Wiederherstellung des Geistes der heidnischen Literatur ab. Dies trifft vor allem auf Machiavellis Komödien zu, die erstaunlich römisch und heidnisch waren und eine Verschmelzung von erotischen und religiösen Gefühlswelten darstellten.

Über das Phänomen der Verschmelzung schrieb Johan Huizinga mit außerordentlicher Sachkenntnis in seinem Buch *Herfsttij der Middeleeuwen* (*Herbst des Mittelalters*, 1919). Es enthält auch einen scharfsinnigen Kommentar zu dem von Jean Fouquet gemalten *Diptychon von Melun.* Die Lieblingsmätresse von Karl VII., Agnès Sorel, hatte dem Maler für die Madonna Modell gestanden. Stellen wir uns vor, in einer früheren Epoche hätte eine Kurtisane für ein Madonnenbild Modell gestanden. Nur so können wir das herausfordernd Neue der Renaissance verstehen.

Den Widerhall der konservativen Empfindung der Renaissancezeit spürt man noch in den Debatten über den Wert des antiken Erbes, die im siebzehnten Jahrhundert geführt wurden. Die Wertschätzung der Antike einerseits und eine skeptischere Haltung ihr gegenüber trennten die Gelehrten nun in zwei Lager. Die einen lobten moderne Institutionen und Naturwissenschaft, während sie klassische Literatur, Philosophie und Politik für veraltet und überbewertet hielten. (Francis Bacon war ein überzeugter Anhänger dieser Richtung.) Die anderen verteidigten die klassische Tradition als ein Modell der Schönheit und Harmonie. Die Anhänger der erstgenannten Kategorie werden in der englischen Literatur die „Modernen", die anderen die „Alten" genannt.

In seiner *La Scienza Nuova* verteidigte Vico leidenschaftlich die Idee der Untrennbarkeit von Philologie und Philosophie und klassischem Humanismus. Welcher der beiden berühmten Denker der frühen Moderne repräsentiert stärker die konservative Einbildungskraft und ihre Werte: Descartes oder Vico? Descartes, der Philosophie eng mit Mathematik verband? Oder sein Gegenspieler Vico, der die Welt neu bewertete und dabei die Idee einer speziell menschlichen, vollkommen anderen Realität gegen die Idee der natürlichen Welt verteidigte, und der diese spezifisch menschliche

Realität mit Geschichte, Philosophie und Philologie in Einklang bringen wollte?

Auf diese Frage gibt es keine eindeutige Antwort. Descartes Denken und die Form seines Gedankengebäudes beruhen viel stärker auf der scholastischen Philosophie des Mittelalters als Vicos, der ganz im Gegensatz dazu den aus der Renaissance stammenden Gedanken der Einheit von Philologie und Philosophie wiederaufleben lassen wollte. Die zwei Arten konservativer Empfindung, die mittelalterliche und die der Renaissance, stehen sich gegenüber. Die Spannungen zwischen den beiden hinterließen ihre Spuren in der abendländischen Ideengeschichte, und unsere heutige Philosophie zeigt noch immer Auswirkungen davon.

Vico hatte einige Gedanken der Moderne übernommen, denn er hielt Homer und die in dessen Werken gefeierten Helden für Urtypen des Menschen. Die Alten „die Jugend der Menschheit" zu nennen, stammt nicht von Karl Marx, sondern beruht auf einem Gedanken Francis Bacons, den Vico später zu einer anthropologischen Theorie ausbaute (vgl. Grafton, 199, xi-xxxi).

Zweifellos stand Vicos Theorie den Gedanken der Aufklärung ablehnend gegenüber und ließe sich objektiv dem konservativen Teil des modernen Bewußtseins zuordnen. Ein weiteres Merkmal, das sich durch Kultur und Stil der Renaissance zog, war die Entdeckung einer Vielzahl von Sprachen. Die Philosophie der Renaissance bildet einen wesentlichen Bestandteil ihrer Literatur und *vice versa*.

Die Literatur der Renaissance wäre ohne den Kontext philosophischer Fragen unverständlich. Es folgte nur noch eine Epoche, in der Philosophie und Literatur so eng verbunden waren, und zwar die Zeit der französischen Aufklärung mit Voltaires philosophischen Romanen wie *Candide oder Der Optimismus* und *l'Ingénu* (*L'Ingénu - Der Freimütige*, 1767), Montesquieus *Lettres persanes* (*Persische Briefe,* 1721) und Diderots Novellen. Die Renaissance entdeckte einen wahren Sprach-Karneval. Sie übernahm aus dem Mittelalter die Genres der Parodie der Grammatik, die schon im antiken Griechenland populär war, und der Parodie der Liturgie und des Lebens der Heiligen. Zugleich wurden die antiken Formen des philosophischen Dialogs und der Schmähschrift weiterentwickelt. So erläutert der Mönch Jean in Rabelais *Gargantua und Pantagruel* seine utopische Vision eines vollkommenen Klosters. Dies beweist, daß Rabelais *Utopia* von Thomas Morus gut kannte. Ein Detail weist auf die Intertextualität von Rabelais und Morus Werken hin: Pantagruels Mutter wird als Prinzessin von Amaurote eingeführt und Amaurote ist die Hauptstadt von Morus Utopia. Im klassischen Griechisch bedeutet ámaurós „unklar“. Wir könnten Erasmus *Lob der Torheit* hinzufügen, daß, ebenso wie Rabelais Werk, als diskursive Landkarte der Renaissance-Literatur und enzyklopädisches Kompendium der Spiele mit poetischer Sprache und Handlungsabläufen in der Renaissance gelten kann.

Die Meister der Renaissance-Literatur entdeckten, wie sie hinter raffinierter Tarnung Kritik an der modernen Welt üben konnten. Die Synonymie der griechischen und lateinischen Sprache, ihre Wortspiele, die nur ganz wenige hochgebildete Spezialisten der Philologie erkennen konnten, die Akrostichen und Anagramme: dies alles verflocht Kritik mit politischer Fantasie, künstlerischer Fiktion, Wortspielen für das linguistisch und politisch geschulte Ohr und symbolischen Codes für eine Handvoll Gleichgesinnter. Oder die Codes richteten sich an nachfolgende Generationen, die Textinterpreten und Gesellschaftskritiker, die die Tradition und den Kanon bewahren und zugleich kritisch beleuchten wollten. Die Gesellschaftskritiker verstärkten die Codes. Genau dies tat Morus mit Platons *Republik*, die er in *Utopia* auf den Prüfstand stellte.

Die von Morus, Rabelais und Erasmus geschaffenen symbolischen Codes, Erzähltechniken und anderen literarischen Kunstgriffe fanden Eingang in die europäische Reiseliteratur. Das beste Beispiel dafür, Swifts Buch *Gullivers Reisen,* ist voller Intertextualität und symbolischer Codes. Eine intertextuelle Analyse von *Gullivers Reisen*, *Utopia* und *Candide* würde das Spektrum der Interpretationen inhaltlich bereichern. Swift tarnt seine scharfe Kritik an England mit virtuoser Sprache voller Anspielungen, Wortspielen und Anagrammen.

Im folgenden einige Beispiele: Gulliver beschreibt verschiedene fremde Länder, in denen seltsame Sitten und politische Praktiken herrschen, die kein normaler Mensch verstehen kann. Eines dieser Länder heißt Langden, ein Anagramm für England, ein anderes Tribnia, ein Anagramm für Britain. Laputa, eine schwimmende Insel, kann in der kodierten, geheimen, esoterischen und okkulten Sprache der Renaissance-Humanisten als „die Hure“ gedeutet werden. In der französischen Sprache des 17. Jahrhunderts war *pute* eine Variante der modernen *putain*, was „Hure“ bedeutet (vgl. Ovason, 1997, 458f.).

Die kodierte esoterische Sprache, eine Mischung aus Griechisch, Latein und modernen Sprachen wurde die Grüne Sprache genannt. Der Begriff stammt von *Langue Verte*, was auf Französisch sowohl „grün“ bedeutet als auch eine geheime, verschlossene Sprache im Unterschied zu *Langue ouverte*, dem offenen Alltagsjargon. Wenn diese Interpretation stimmt, dann gibt es für die groteske Darstellung aller anderen Inseln keine Entsprechungen in der Literaturgeschichte. Dies gilt vor allem für England, bei Swift getarnt als Laputa, allerdings einschließlich Irland, das Swift an anderer Stelle so leidenschaftlich gegen Englands Imperialismus zu verteidigen suchte.

Manches kann man ganz leicht aus den simpelsten Anspielungen erkennen: Beim Königreich der Liliputaner und dessen Erbfeind Blefuscu mit seinen ebenfalls kleinwüchsigen Homunkuli handelt es sich offensichtlich um England und Frankreich. Mit den zwei politischen Hauptparteien in Liliput, den Hochhackigen und den Flachen, bei denen jede ideologische Differenz zu Streit führt, wie beispielsweise, an welchem Ende man ein gekochtes Ei zu essen anfängt, oder ob man es an der Spitze oder unten an der runden Seite aufschlägt, sind die Tories und die Whigs gemeint. Swift war Mitglied beider Parteien gewesen und von beiden in gleichem Maße desillusioniert worden. Nun macht er sich über beide lustig, indem er Stilmittel aus der Renaissance-Literatur wie Hyperbel und Groteske verwendet.

In ähnlicher Weise zieht Swift in seiner grotesken Schilderung der Lagado-Akademie die englische Akademie der Wissenschaften und die von ihr geförderten Experimente ins Lächerliche: Der Glaube an die Macht der modernen Wissenschaft und Technik, Realität umzuformen und die Welt der Menschen zu rationalisieren, erreicht in Lagado absurde Formen, angefangen mit dem Bau nutzloser Apparate bis zur Erschaffung einer Kunstsprache. Wir können wohl davon ausgehen, daß die Lagado-Akademie als ein Entwurf der Moderne auftaucht.

Die Versprechungen von Wissenschaft und Technik, die Welt zu rationalisieren, hallen als die moderne Form des gegen die Menschheit, den gesunden Menschenverstand und das Leben selbst gerichteten Wahnsinns wider. Der Entwurf erreicht seinen Höhepunkt mit dem Experiment eines Mitgliedes der Lagado-Akademie, der menschliche Exkremente untersucht, um an Hand von deren Farbe und Konsistenz Verschwörungen gegen Staat und Krone aufzudecken.

So werden Allegorie, Groteske, Übertreibung, Litotes und Anagramm zu mächtigen Instrumenten, um moderne Formen von Wahnsinn und Barbarei bloß zu stellen. Außerdem dienen sie der konservativen moralischen Imagination als Werkzeuge zur Errichtung einer symbolischen Alternativrealität.

Dystopie und die konservative Imagination

Wir wissen, daß die drei größten Autoren der Dystopien des 20. Jahrhunderts, Jewgenij Samjatin, Aldous Huxley und George Orwell, die Ankunft einer gesellschaftlichen und politischen Katastrophe prophezeiten. Sie ergibt sich aus der Logik der Moderne, wenn sie bis an ihre Grenze ausgereizt wird. Die drei Autoren beschrieben die radikale Version der Moderne, die gegen ihre letzte

Schranke anrannte. Die drei Romane *Wir*, *Schöne Neue Welt* und *1984* zeigen mit literarischen Mitteln, was Denker des 20. Jahrhunderts wie Hannah Arendt, Simone Weil, Lewis Mumford, Isaiah Berlin und Leszek Kołakowski in ihrer Sozial- und Staatsphilosophie suchten. Mit ihrer vorweggenommenen Thematisierung des Totalitarismus überholt die Literatur die Theorie. Literatur läßt uns die Gefahren der Moderne stärker erahnen.

Der Einfluß von Samjatins Roman *Wir* (1924) ist deutlich in Huxleys *Schöne Neue Welt* (1932) und Orwells *1984* zu spüren. Samjatin beschreibt Wohnblöcke aus Glas, in denen die Einwohner des „Einzigen Staates" leben müssen und in denen sie ständig überwacht werden können. Ein halbes Jahrhundert, bevor Michel Foucaults „Panoptikum" Theorie in *Überwachen und Strafen* erschien, zeigte Samjatins Roman die Moderne als Inkarnation totaler Macht- und Überwachungsbesessenheit. Der Autor stellt diese Besessenheit dar als eine ständige Observierung und einen zu höchster Perfektion entwickelten Machtdiskurs. Die Asymmetrie der Macht beruht darauf, daß der Staat uns unserer Privatsphäre berauben kann und uns handeln läßt, als wären wir unter unablässiger Beobachtung. Um es kurz zu machen: Samjatin war Vorläufer und antizipierte, was der französische Poststrukturalist, Bewußtseinshistoriker und Politiktheoretiker Michel Foucault mit seiner komplexen und multidimensionalen Theorie erklärte.

Soll man Autoren wie Samjatin und Orwell wirklich vorwerfen, sie hätten sich mit der konservativen Einbildungskraft eingelassen? Diese Schriftsteller waren in ihren politischen Ansichten offen links und attackierten die Moderne eher als eine Grundstruktur der ökonomischen, sozialen und politischen Existenz. Institutionelle Manifestation und soziologische Grundlage der Moderne ist der Kapitalismus. Wenn wir die politischen Ansichten und Biographien dieser Autoren außer Acht lassen und nur ihre Texte analysieren, ist ihre Kritik der Moderne ausgesprochen konservativ und bietet Formen der Interpretation von Wirklichkeit an, die auch von einem konservativen Autor stammen könnten.

Alle drei Autoren stellen den Untergang der Institution Familie dar. Orwell zeigt ihren Niedergang, während sie bei Samjatin und Huxley gänzlich verschwunden ist. Doch die Autoren lehnen die Auslöschung der Liebe ab. Die Liebesgeschichte von Winston Smith und Julia in *1984* ist der letzte Versuch, der alles Persönliche und Menschliche vernichtenden Maschinerie der totalen Überwachung zu entfliehen. Der Versuch mißglückt, ebenso wie die Liebe zwischen dem Erzähler D-503 und der Abtrünnigen I-330 in *Wir* scheitert. Die Liebe des Erzählers, sein Sozialverhalten und sein Assoziationsvermögen werden ihm vom Regime herausoperiert.

Wir und *Schöne Neue Welt* zeigen eine Realität, in der Liebe und Familie nicht mehr existieren. Nur vom Staat nicht kontrollierter Sex bleibt. In Orwells Roman wird auch Sexualität abgewertet, weil die Partei den Orgasmus, über den sie keine Kontrolle hat, nicht abschaffen kann. Wie wir aus den Gesprächen zwischen Winston und Julia lernen, dient Sex in Ozeanien ausschließlich der Fortpflanzung. Allerdings gilt dies nicht für die Innere Partei, mit deren Mitgliedern Julia Affären hatte. Die drei Dystopien beschreiben die Auslöschung der Privatsphäre - ein echter Triumph der staatlichen Überwachungsorgane. Diese offensichtliche Gefahr, die von der heutigen Moderne ausgeht, und die von Jürgen Habermas und Zygmunt Bauman untersucht wurde, haben die Autoren dystopischer Literatur vorausgesehen.

Die Moderne strebt danach, unser Gedächtnis und unsere Sprache vollkommen zu überwachen. Winston Smith versucht, sich an ein Lied zu erinnern, das er als Junge gern sang. O´Brien hilft ihm dabei und vollendet das Lied. Angeblich ist O´Brien sein Freund und Vertrauter im Widerstand gegen das Regime. Doch er entpuppt sich als hochrangiger Funktionär der Inneren Partei. In Ozeanien wird eine neue Sprache, genannt *Newspeak* bzw. Neusprech, geschaffen. Es soll ein Ort werden, in dem Wahrnehmung und Verständnis von Raum und Zeit total verändert sind. Mit dieser Sprache könnte niemand mehr Shakespeare verstehen. Das bedeutet, daß die Realität, wie sie in der klassischen literarischen Imagination dargestellt wird, nicht mehr zu erkennen wäre. Wenn das Bezugsfeld und das System der Konzepte der Menschen radikal verändert werden, dann ist es leicht, die Vergangenheit auszulöschen. Und indem ihr Bezugsfeld und ihr System der Konzepte übernommen werden, kann die Geschichte der Menschheit so umgeformt werden, wie es der kollektive Solipsismus des Großen Bruders und der Partei verlangen.

Der Roman *Wir* handelt ebenfalls von der Auslöschung der klassischen Kultur und der Vergangenheit. Im Erziehungssystem des „Einzigen Staates" gibt es keine klassischen Fächer mehr, die Geisteswissenschaften verschwinden gänzlich. Über das Ende des Humanismus und das Lehrverbot von Geschichte und Antike in der Erziehung der Welt der Zukunft hatte 1770 als erster der französische Autor Sébastien Mercier geschrieben. Er trieb die Ideologie des niemals endenden Fortschritts in seiner politischen Fantasie, dem Roman *L`an 2440 (Das Jahr 2440),* bis an die äußersten Grenzen (vgl. Bury, 1987, 192-201).

In Samjatins Dystopie wird die Vergangenheit mit Barbaren gleichgesetzt, deren primitive Arbeiten nicht erforscht werden können, weil dies Rationalität und Fortschritt bedroht. Die schlimmste Krankheit im Einzigen Staat ist das, was die alten Griechen Seele nannten. Im Kontext der Dystopien von Samjatin, Huxley und Orwell wäre daher die Bezeichnung „technokratischer Totalitarismus" ein Pleonasmus. Denn für die drei Autoren schien keine andere Form des Totalitarismus möglich.

In diesen Dystopien ist von weiteren verschwundenen Bereichen die Rede. Dazu gehören Privatsphäre und Privateigentum - beides wurde mit Stumpf und Stiel ausgerottet - und der Besitz von emotional besetzten Gegenständen. Winston denkt ständig an solche Objekte; sie sind Teil seiner Welt und seiner Identität. Michael Walzer weist darauf hin, daß Orwell genau wegen Winstons kleinbürgerlicher Sentimentalität und dessen Liebe zu Dingen und nicht wegen seiner Ideen heftig von Raymond Williams und anderen Intellektuellen der englischen Linken kritisiert wurde. Diese Intellektuellen konnten es Orwell nicht verzeihen, daß sein Protagonist Churchills Vornamen trug (vgl. Walzer, 1988).

Es besteht kein Zweifel an Orwells konservativen Empfindungen, die nie Eingang in seine politischen Ansichten und Bewertungen fanden. Anders als die Mehrheit der englischen Sozialisten hielt Orwell Patriotismus für einen Wert. Er hätte Simone Weils Realität der Verwurzelung zugestimmt, die sie in ihrem Werk *L'Enracinement* (*Die Einwurzelung*, 1949) entwickelte. Wie Weil war auch Orwell überzeugt, daß unsere Verwurzelung in der diesseitigen Realität von Gemeinde, Leben, Ort und Anbindung an die Vergangenheit einen wesentlichen Faktor des Lebens und ein existentielles Bedürfnis darstellt. Daß wir beim Tod eher die Vergangenheit als die Zukunft verlieren, erkannte Orwell lange bevor Milan Kundera dieses Wissen zum Handlungsstrang des *Kniba smíchu a zapomnění* (*Das Buch vom Lachen und Vergessen*, 1979) machte. Interessanterweise äußerte sich Kundera sehr abfällig über *1984*. Er nannte das Buch einen schlechten Roman, der die menschliche Existenz falsch darstellte, indem er sie verhängnisvollerweise auf Politik reduzierte (vgl. Kundera, 1994, 213).

Welche Art der Imagination konstruiert Utopien und Dystopien? Darauf eine eindeutige Antwort zu geben ist schwierig. Es handelt sich um eine Form von Einbildungskraft, in der die jeweiligen Handlungsstränge liberales, konservatives und sozialistisches Denken und Empfinden diktierten. Dennoch wären Utopien und Dystopien nie geschaffen worden, wenn die Einbildungskraft nicht in konservativen Bahnen verlaufen wäre und es in der modernen Moralvorstellung nicht die konservative Sensibilität gäbe.

Jetzt können wir erklären, warum die konservative Moralvorstellung die bestmögliche Waffe gegen das totalitäre Bewußtsein ist. Die Waffe beruht auf dem undoktrinären, unideologischen Kulturkonservatismus der Imagination. Kulturkonservatismus wäre undenkbar ohne seine Verwurzelung in persönlichen Erfahrungen und Existenzformen wie Heimat, Muttersprache, Zuhause, die Suche nach den eigenen Wurzeln und der Glauben, daß Individuen einen

Teil ihrer moralischen Substanz aus ihrer Gesellschaft und den Bindungen an die Vergangenheit beziehen. Genau diese Dinge werden im Totalitarismus ausgerottet.

Die konservative Vorstellung hat wesentlich erfolgreicher als die liberale die dunkle Seite der Moderne und deren Abstieg in die Barbarei aufgedeckt. Dies mag erklären, warum dystopische Schriftsteller mit linker politischer Gesinnung konservative Töne oder Anklänge von Kulturkonservatismus nicht vermeiden konnten, wenn sie Sprache, Tradition, historisches Gedächtnis und den klassischen Kanon verteidigten.

Wie auch immer, dies ist ein vergessener Konservatismus und muß erst wiederentdeckt werden. Er ist weit attraktiver als gegenwärtiger politischer Konservatismus, der die Konsolidierung von Institutionen der Moderne und moderner Barbarei nicht weniger, vielleicht sogar stärker unterstützt als die Anhänger anderer politischer Ideologien. Doch dieser Konservatismus schafft es, so zu sprechen, als käme er aus den Tiefen der Geschichte und wäre plötzlich mit einer Realität konfrontiert, die für ihn schockierend und fremd ist.

5 *Dystopien und liberale Imagination*

Auf dem Gebiet der modernen politischen Satiren, phantastischen Romane und Dystopien waren mittel- und osteuropäische Schriftsteller wie Stanislaw Ignacy Witkiewicz, Arthur Koestler, Jewgenij Samjatin, Andrei Platonow und Michail Bulgakow Vorreiter und beeinflußten ihre westlichen Kollegen, und nicht umgekehrt.

Samjatins Roman *Wir* beeinflußte Orwells *1984* und Huxleys *Schöne Neue Welt*. Orwell räumte dies ein, Huxley dagegen hat sich stets geweigert, diesen Zusammenhang anzuerkennen. Orwell und Huxley antizipierten die Albträume des 20. Jahrhunderts, indem sie die politische Dimension in Form der politischen Satire und Fabel, Gesellschaftskritik und strikter Ablehnung der zerstörerischen, menschenunwürdigen Tendenzen der Moderne in die Literatur einbrachten.

Wenn wir davon ausgehen, daß die mittel- und osteuropäische Literatur eine Schlüsselrolle dabei spielte, diese Tendenzen aufzuzeigen, können wir auch unterstellen, daß die Literatur nirgendwo anders das Entstehen neuer Bewußtseins- und Politikformen mit einer derartigen philosophischen Durchdringung, soziologischen Genauigkeit und einem Gefühl für Ästhetik vorwegnahm. Erinnert sei an österreichische, tschechische, ungarische und polnische Autoren wie Franz Kafka, Robert Musil, Karel Čapek, Arthur Koestler, Witold Gombrowicz, Witkiewicz und ihre russischen Kollegen.

Im 20. Jahrhundert gab es keine philosophische oder soziologische Theorie, die totalitäres Bewußtsein und totalitäre Politik in dem Ausmaß demaskieren konnte, wie es literarische Dystopien und generell anti-totalitäre Literatur vermochten. *Wir*, *1984* und *Animal Farm* (1945), Bulgakows *Hundeherz*, (1925) und *Der Meister und Margerita* oder Koestlers *Sonnenfinsternis* antizipierten die theoretischen Abhandlungen berühmter Kritiker von Zwangsherrschaft und Totalitarismus wie Hannah Arendt, Karl R. Popper, Isaiah Berlin, Leszek Kołakowski, Raymond Aron und Ernest Gellner. Diese Autoren stammten übrigens fast alle aus Mittel- und Osteuropa.

Aufbruch ins Maschinenzeitalter

Samjatin und Huxley verurteilten scharf, was sie als eine wissenschaftliche und technologische Rationalisierung der Welt auf Kosten der Humanität empfanden. Es erschien ihnen als ein trauriges Zerrbild gesellschaftlicher Harmonie, eine böse Karikatur dessen, was als Fortschritt und auch als die Befreiung und volle Entfaltung des schöpferischen Potentials versprochen worden war.

Die gesellschaftliche Realität bei Samjatin und Huxley war eine Welt, in der Menschen kein Recht hatten, krank oder unglücklich zu sein, in der das Grinsen des Dorftrottels als Ruhe, innerer Frieden, Glücklichsein und Selbstverwirklichung ausgelegt wurde. Ganz abgesehen davon, daß sich *Wir* und *Schöne Neue Welt* in ihrer pessimistischen Sicht über die Zukunft auffallend stark ähneln, übertraf Samjatins Dystopie Huxleys Roman. Er formte politische und literarische Vorstellungen und locker zusammenhängende Werke seiner Zeitgenossen zu einem Science-Fiction-Roman.

Im übrigen vermittelt *Wir* dort, wo sich die Menschen ihrer Grenzen und Unvollkommenheiten bewußt sind und das Leben wunderbar ist, solange es fragil und verwundbar ist, eine Tschechowsche Atmosphäre von Wärme und Intimität. In Samjatins Roman spüren wir, was statt des ‚Einzigen Staates' hätte sein können, wenn Dissidenten und alternative Lebensentwürfe und Denkrichtungen nicht vollkommen an den Rand gedrückt worden wären.

Huxleys Roman beruht auf dem Gedankenexperiment, Logik und Ideologie eines niemals endenden Fortschritts, Rationalisierung und Glücklichsein bis an ihre Grenzen hinauszuschieben. Während *Schöne Neue Welt* eine geistreiche Parodie auf zweifelhafte und potentiell zerstörerische Tendenzen in der Entwicklung der „wissenschaftlichen Weltsicht" darstellt, ist Samjatins Buch eine fantasievolle Beschreibung dessen, was zu einer teuflischen Verbindung von wissenschaftlicher Rationalität und politischem Terror ausarten sollte.

Samjatin, Huxley und Orwell verwendeten alle drei denselben literarischen Ansatz, den ich als die Methode der bewußten Umkehrung der Logik des modernen Lebens bezeichnen würde. Sie griffen die zweifelhaftesten und gefährlichsten Bewußtseinsentwicklungen und politischen Strömungen auf und dehnten sie bis an ihre Grenzen aus. Die Methode des ‚take-and-push-it-to-the-limit' findet sich auch in den Werken anderer großer Satiriker und dystopischer Schriftsteller, wie beispielsweise in *A Clockwork Orange* (1962, *Die Uhrwerk-Orange*) von Anthony Burgess.

Huxley macht sich über die wissenschaftlich geplante hierarchische Ordnung der Zukunftswelt lustig, in der "ein erstklassiger Wissenschaftler genauso leicht produziert werden kann wie ein Epsilon-Trottel" und wo „man mit den Überresten primitiver Instinkte, wie Muttergefühl oder dem Wunsch nach Freiheit, problemlos umgehen kann". (Orwell, 1968, 73; Übers. BKU). Samjatin wiederum zeichnet eine logisch vollkommene Gefängnis-Gesellschaft, in der die Menschen statt Namen Nummern haben. Jede noch so kleine Spur menschlicher Individualität wurde ausgelöscht. Alle tragen Spezialuniformen und leben in durchsichtigen Glashäusern. Auf diese Weise können die staatlichen Organe jede Bewegung überwachen.

Dennoch gleichen sich *Schöne Neue Welt* und *Wir* in einem entscheidenden Punkt. Auch wenn es aus unterschiedlicher Perspektive geschieht, zeichnen Huxley und Samjatin eine Welt, in der Liebe als eine unvernünftige und überflüssige Leidenschaft abgeschafft wurde. Dies lädt zu einem Vergleich mit der klassischen Utopie des Johann Valentin Andreae, *Christianopolis* (1619), ein. Hier gibt es die mathematisch, astrologisch und philosophisch vollkommene christliche Stadt, die auf der Grundlage des Calvinschen Genf errichtet wurde und in der Liebe keinen Platz hat (vgl. Todd and Wheeler, 1978). Allerdings ist in Christianopolis die Familie nicht abgeschafft. Die Menschen dürfen heiraten und Kinder haben, aber sich zu verlieben ist eine Schande. Menschliche Leidenschaften sind der hohen Berufung eines wahren Christen unwürdig. Die verweltlichte Kirche, also der Neue Glauben, erweist sich als ebenso feindlich gegenüber der Liebe wie Andreaes *Christianapolis*. Warum?

Samjatin geht so weit zu zeigen, daß Liebe in einer logisch strukturierten Welt unmöglich ist. Alles ist vorgeschrieben und alles kommt von oben. Die Institution Familie ist abgeschafft, doch Sex wird toleriert, wenn auch vom Staat überwacht. Der Erzähler dieser erschreckenden Parabel auf die Moderne heißt D-503 und ist Mathematiker und Konstrukteur eines perfekten technischen Gebildes, in dem sich der Einzige Staat einrichten soll: die gläserne, feuerspeiende, elektrische Integral.

Der Erzähler beschreibt das Leben eines einzigartig uniformen, allmächtigen Staates mit hochentwickelter Technologie. Der Wohltäter, den niemand je zu Gesicht bekommen hat, verkörpert und beherrscht den Einzigen Staat. An diesem Punkt gibt es eine auffällige Ähnlichkeit zwischen dem Wohltäter und Orwells Großem Bruder. D-503 sprengt sein vorbestimmtes Dasein, indem er sich in eine Frau namens I-330 verliebt. Dabei entdeckt er, daß sie eine Oppositionelle ist, die mit ihren Freunden so subversiven Tätigkeiten nachgeht wie Trinken und Rauchen und außerdem ein Staatskomplott plant. Als er von den Behörden erfährt, daß sie eine gefährliche Krankheit entdeckt haben, die die Alten früher Seele nannten, und die Unruhe im Lande hervorrief und die soziale und moralische Ordnung gefährdete, hat D-503 keine Skrupel, seine Geliebte I-330 zu verraten. Als D-503 von seiner Krankheit genesen und moralisch und ideologisch von jeder Schuld reingewaschen ist, beobachtet er ohne Emotionen, wie seine frühere Geliebte und deren Komplizen verhört, gefoltert und schließlich getötet werden. Das System hat ihn geheilt.

Orwell, den Koestler als Bindeglied zwischen den literarischen Welten eines Swift und eines Kafka ansah, schrieb seinen Roman *1984* unter dem unmittelbaren Einfluß von *Wir.* Im Gegensatz zu Huxley, der diesen talentierten russischen Schriftsteller niemals erwähnte, verwies Orwell auf Samjatin als eine wichtige Erscheinung in der russischen Literatur und schrieb sogar eine Rezension über *Wir*. Die Unterschiede zwischen Orwell und Samjatin zeigen sich vor allem in ihrem politischen Standort und ihren Einstellungen, nicht nur in ihren Stilmitteln und kulturellem Hintergrund. Während Orwell ein skeptischer Liberaler im paradigmatischen Sinn, ein Sozialist und ein rundum moderner, säkularer Humanist war, tendierte Samjatin offensichtlich zu einem negativen technologischen Determinismus. Diese Sichtweise erreichte ihren Höhepunkt in Mumfords Konzeption einer Megamaschine.

Auch wenn Samjatin von der Okhrana und den Bolschewiken politisch verfolgt wurde, zielte er nicht auf die Realität in der Sowjetunion ab. Er schrieb *Wir* im Jahre 1922, als die Sowjetunion unter Lenin, so düster und beängstigend sie auch sein mochte, doch noch weit entfernt von Stalins Regime der späten 1930er Jahre war. Als Führer und Lehrer der Serapionsbrüder, einer Literatenbewegung, der damals einige der vielversprechendsten und originellsten russischen Schriftsteller angehörten, galt Samjatins Hauptaugenmerk der Ankunft des Maschinenzeitalters. Samjatin beschrieb eine Welt, die keine Spur von Sensitivität oder Sympathie für das menschliche Wesen hatte. Er verwies nicht auf ein konkretes politisches Regime, das den Haß institutionalisierte und die Menschheit und jegliche Individualität verachtete. Orwells Welt besteht aus zynischer Technologie unbegrenzter Macht, Macht um der Macht willen, Macht als Selbstzweck, organisiertem Haß, Manipulationen, physischem und psychischem Terror, Gehirnwäsche und Konditionierung.

Liebe als eine Bedrohung der Neuen Weltordnung

Liebe zwischen zwei Menschen gilt in *Wir* als Bedrohung des Neuen Glaubens. Schon Andreae stellte sich eine vollkommene christliche Stadt ohne irdische Liebe vor. Denn wie läßt sich die Seele eines Menschen überwachen, der mit einer anderen bedauernswerten Kreatur verbunden ist? Wie kann man ein menschliches Wesen neu erschaffen, dessen Seele voll und ganz mit dieser allumfassenden Leidenschaft, genannt Liebe, durchdrungen ist? Daß sich die menschliche Seele zur Gänze und ungeteilt Liebe und Haß hingibt, haben schon alle möglichen Rechtgläubigen erkannt, von religiösen Teufelsaustreibern und Inquisitoren im Mittelalter bis zu modernen ideologischen Fanatikern und weltlichen „Seelenklempnern".

Da Liebe angeblich der geistigen Gesundheit schadet und unvereinbar mit Rationalität ist, wird sie in *Schöne Neue Welt* als Relikt der Vergangenheit abgeschafft. In der albtraumhaften totalitären Welt, die Samjatin und Orwell bis an den äußersten Rand der Vorstellungskraft rücken, ist Liebe ausgelöscht. Sie gilt als intensive und gefährliche Leidenschaft, die außer Kontrolle geraten und unerwünschte Nebenwirkungen haben kann. O´Brien aus *1984* kann Winstons Seele nur umformen und neu programmieren, wenn er dessen Liebe zu Julia zerstört. Liebe bewahrt Winstons Seele vor Zerstückelung und Zerstörung durch das Gefühl der völligen Bedeutungslosigkeit, genauso wie er durch das tägliche Einüben von Addition und Subtraktion seine Fähigkeit behält, konsistent zu denken.

Nicht von ungefähr spielt Liebe in fast allen Arbeiten, die sich mit dem teuflischen Wesen des Totalitarismus befassen, eine Schlüsselrolle. In *Der Meister und Margarita* von Bulgakow erscheint der Teufel selbst – er nennt sich Voland - mit seinem Gefolge in Moskau und versetzt die Stadt in Angst und Schrecken. Es bereitet ihm satanisches Vergnügen, daß er immer mehr arme Seelen mit der Zerstörung von Glauben und Tradition begeistern kann. In scharfem Gegensatz zu der tragikomischen, surrealistischen Welt in *Der Meister und Margarita* steht die Liebesgeschichte zweier nicht-manipulierter Menschen. Liebe bleibt die einzige Kraft, die die menschliche Würde bewahren und dem Leben Sinn geben kann; beides will der Neue Glaube zerstören.

Diese Erzählform sieht die irdische, körperliche Liebe als einzige, wenn auch zerbrechliche und verhängnisvolle Alternative zu den Schrecken des modernen politischen Wahnsinns, der ideologischen Torheit, des *social engineering*, Gehirnwäsche, der nahezu uneingeschränkten Manipulation und des organisierten Hasses. Sie wurde von allen großen anti-totalitären Schriftstellern des 20. Jahrhunderts gewählt. Dazu gehört auch Milan Kundera mit seinem 1984 veröffentlichten Buch *Nesnesitelná lehkost bytí* (*Die unerträgliche Leichtigkeit des Seins)*. Hierin sind körperliche Liebe und Leidenschaft die Kernzellen von Menschlichkeit, Sinngebung und Hoffnung in einer Welt totalitärer Sinnlosigkeit und Lügen.

Man könnte Liebe, die inmitten von Haß entsteht, für einen besonders aussagekräftigen und nachhaltigen Ausdruck gegensätzlicher Leidenschaften in der Weltliteratur halten, angefangen mit *Romeo und Julia* bis zur Liebesgeschichte von Winston Smith und Julia in *1984*. Auch könnte man sagen, daß die geheimnisvolle Ergänzung von Liebe und Haß eine jener Archetypen zu sein scheint, von der die literarische Einbildungskraft über Jahrhunderte gezehrt hat. Dennoch: Die Animositäten zwischen den verfeindeten Familien Montagu und Capulet entspringen eher dem persönlichen Bereich des realen Lebens. Sie sind kaum vergleichbar mit dem modernen Haß als einem Weg, wie wir uns unsere Umwelt vorstellen und klassifizieren.

Wir müssen in der Literatur zwischen zwei Paradigmen und Erzählformen von Liebe als Tragödie unterscheiden: Die Shakespearesche Liebe ist zum Scheitern verurteilt, weil die Liebenden aus verfeindeten, gegeneinander kämpfenden Lagern kommen, die Orwellsche Liebe, weil sie das einzige Zeugnis von Menschlichkeit in einer Welt des organisierten Hasses darstellt. Die Orwellsche Liebe fordert die Welt heraus, in der Haß nicht die vorherrschende sondern die einzige Art des Diskurses ist. Es handelt sich um eine Welt, in der es für Shakespeare keine Wörter gibt und Liebe nicht mehr existiert, eine Welt, in der Liebe nur noch die Bezeichnung einer Krankheit oder eines momentanen Aussetzens der Vernunft ist. In der Welt Shakespeares können die Figuren zwischen Liebe und Haß unterscheiden. In der Orwellschen Welt verlieren sie diese Fähigkeit.

Politische Fantasien und Satiren haben ihre Wurzeln in der russischen Literatur. Wladimir Fürst Odojewski veröffentlichte 1835 die erste und 1839 eine überarbeitete Fassung seines fantastischen Romans *Das Jahr 4338.* In Briefen und Reiseberichten beschrieb Odojewski unter dem Pseudonym „Der Stimmlose" Rußland im Jahre 4338 mit den Augen eines durchreisenden chinesischen Studenten der Universität Peking (vgl. Billington, 1966, 318-320).

Die Welt ist unter Rußland und China aufgeteilt. Europa ist in die Barbarei zurückgefallen. „Kaum etwas erinnert mehr an andere Länder oder die Geschichte vor der russisch-chinesischen Ära. Niemand kann die wenigen noch vorhandenen Zeilen von Goethe lesen. Die Engländer gingen vor langer Zeit bankrott. Ihre Insel wurde in einer öffentlichen Auktion von Rußland ersteigert" (Billington, 1966, 319; Übers. BKU). Als kulturelles Zentrum der Welt erlangte Rußland Ruhm und Vormachtstellung auf allen Gebieten der Wissenschaft, Technologie, Politik und Kunst.

Wir entdecken hier einige bekannte Untertöne. Odojewskis politische Fantasie ist eine russische Variante der Gelehrtenrepublik vermischt mit anderen literarischen und stilistischen Elementen der Aufklärung, als da sind Reiseberichte, harsche Kritik an Europa und die Vorstellung vom „edlen Wilden". Voltaires *Der Freimütige* und Montesquieus *Persische Briefe* waren für Odojewskis Werk wichtige Quellen der Inspiration. Odojewskis Vision von

Rußland im Jahre 4338 bedeutet, daß der oberste Souverän ein Dichter ist, der die besten Philosophen als Ratgeber um sich schart. Der Einfluß des Buches von Mercier *Das Jahr 2440* (erschienen im Jahr 1771) ist offensichtlich (vgl. Bury, 1897, 192-201).

Rex Warners Suche nach einem Wertesystem

Laut Jorge Luis Borges sind die Biographien mancher Dichter interessanter als ihre Werke. Viele zeitgenössische Schriftsteller würden eine solche Behauptung akzeptieren. Denn eine spannende Biographie ist mittlerweile zu einem wichtigen Bestandteil der Literatur, wenn nicht sogar zum Kunstwerk geworden. Der Schriftsteller und Übersetzer Rex Warner hat zwar nicht über sein eigenes Leben geschrieben, aber in seinen Romanen das 20. Jahrhundert neu beleuchtet.

Stephen E. Tabachnik kann mit *Fiercer than Tigers: The Life and Works of Rex Warner* (2002) diese Lücke füllen. Sein Buch über Warners Leben und Werk ist eine geglückte Mischung aus Nähe und Sachverstand und zeigt die Bahnen der moralischen Einbildungskraft eines verkannten, doch hervorragenden Schriftstellers. Es handelt davon, wie ein Humanist, losgelöst von Religion, angesichts des Aufstiegs moderner Barbarei nach einem Wertesystem sucht. Zugleich beschreibt es leidenschaftlich die Antwort eines klassischen Gelehrten auf die Herausforderungen moderner ideologischer Torheiten.

Tabachnicks gut dokumentierte Studie über Leben und Werk eines der bedeutendsten Schriftsteller des Kreises um W. H. Auden zeichnet das 20. Jahrhundert besser nach als andere derartige Monographien. Es zeigt dieses Jahrhundert mit seinen aufeinanderprallenden ideologischen Gegensätzen, politischen Kämpfen und Formen des organisierten Hasses. Die Untersuchung bietet einen Rahmen für die Analyse utopischer und dystopischer Imagination als einer nachhaltigen Alternative zum Kult der Macht und zu veralterten Bedeutungen. Warner prägte den Ausdruck „der Kult der Macht", der eine Abwandlung von Dantes „Exzeß an Grausamkeit" sein könnte.

Tabachnicks Monographie rechtfertigt auf plausible Art und Weise Utopismus und die utopische Moralvorstellung. Bei Warner birgt sie Untertöne liberaler und konservativer Imagination. Seine Prosa hätte ein wunderbares Beispiel dafür sein können, was Lionel Trilling als liberale Imagination bezeichnete, doch die Verteidigung der geistigen Tradition und des Kulturkanons ist ein bedeutender Aspekt von Warners Vermächtnis als Übersetzer, Philologe und Intellektueller. Tabachnicks Studie, ebenso wie Warners Leben und Werk, dürfen daher als wirksames Medikament zur rechten Zeit gelten, als Mittel gegen die Angriffe auf die Antike und die lautstarke aber intellektuell leere Verneinung der Kernwerte und Ideen der westlichen Zivilisation, wie sie heutzutage in Westeuropa und Nordamerika üblich sind.

Der viktorianische Schriftsteller Matthew Arnold war überzeugt, daß das Griechenland des Thukydides moderner als England unter Elisabeth I. war. Ebenso hätte Warner die Modernität eines Vergil, Shakespeare und Swift höher bewertet als die der zeitgenössischen Sensationsliteratur, der inhumanen Kommerzkultur, der oberflächlichen Sozialkritik und der parteiischen Geschichtsschreibung. Seine Übersetzung des Werkes *Der Peloponnesische Krieg* von Thukydides war ein Höhepunkt in seinem Leben als Schriftsteller.

In der Literatur des 20. Jahrhunderts, in der literaturwissenschaftlichen Forschung und im Bereich des politischen Essays war Warner eine wichtige Figur. Am bekanntesten sind seine Übersetzungen griechischer Klassiker, historische und andere Romane wie beispielsweise *The Wild Goose Chase* (*Die Wildgansjagd,* 1938), *The Professor* (1938) und *The Aerodrome* (*Der Flugplatz,* 1941). Außerdem übersetzte er Werke von Giorgos Seferis, griechischer Dichter, Essayist und Diplomat, ins Englische. Dies trug dazu bei, daß Seferis 1963 den Nobelpreis für Literatur erhielt.

Rex Warner war Mitglied der Gruppe um W. H. Auden, zu der Stephen Spender und Warners lebenslanger Freund Cecil Day-Lewis gehörten. Zugleich fühlte sich Warner mit Schriftstellern verbunden, die Satire und Allegorie als ihre Mittel für Gesellschaftskritik und literarischen Ausdruck verwendeten. Damit bewegte er sich in der Tradition und auf den Spuren von Swift und Dickens bis Orwell, Koestler und Burgess.

Tabachnick hat ganz recht, wenn er bei der Erörterung von Warners Essay „The Uses of Allegory" anmerkt:

> „ [Warners] Hauptaussage ist, daß ‚Allegorie, breit gefaßt, eine aufregende Alternative zu literarischem Realismus darstellt' und daß er Bunyan, Swift...Dickens und auch Melville, Dostojewski und Kafka als wichtigste Vertreter der Allegorie zitiert...[Warner] lobt bei Dickens und Dostojewski den Gebrauch der Karikatur, die er in seinen Romanen ebenfalls einsetzt. Wir sehen, welche Wurzeln er als Schriftsteller hat: Er verbindet die sachliche Sicherheit von Swifts ausgeglichenem Stil mit dem Sinn für Karikatur à la Dickens" (Tabachnick, 2002, 187; Übers. BKU).

Karikatur, Satire, Parodie und Allegorie waren nicht die einzigen literarischen Genres und Mittel in Warners Werk. Er schrieb auch Science-Fiction- und Reiseliteratur und andere Gattungen. Während *The Professor* eher als politischer Roman gilt, weist *Die Wildgansjagd* Züge einer Dystopie auf. *Der Flugplatz* vermischt Dystopie und Science Fiction. Was Wissenschaftler in Warners Werk lange übersehen haben, war die einzigartige Verbindung der angeblich unvereinbaren liberalen mit der konservativen Imagination.

So weist *Die Wildgansjagd* einen literarischen Kunstgriff auf, den wir bei nahezu allen großen utopischen Schriftstellern und Vertretern des klassischen europäischen Reisetagebuches finden: die verschwommene Erzählweise und die Ungenauigkeit des Erzählers. Man denke an einen scheinbar naiven Erzähler wie Morus in *Uto-*

pia, gleichgültig ob es Morus selbst ist, oder ob er in Gestalt des Raphael Hythlodée auftritt, oder Dr. Lemuel Gulliver in *Gullivers Reisen*, den alles in Staunen versetzt. In *Die Wildgansjagd* berichtet ein namenloser Erzähler eine unglaubliche Geschichte.

Einer der drei Brüder in diesem Roman, Georg, repräsentiert die Ideale von Marxismus, Proletariat und Revolution. Die Brüder stehen für bestimmte Bereiche der gespaltenen, zerbrochenen und verwirrten menschlichen Seele und des sozialen Bewußtseins. Warner erwähnt eine Dreiteilung der Seele, einen Gedanken, den er von Platon übernommen hat. Von Dostojewski entlieh er die Idee der Brüder als dreier unterschiedlicher Dimensionen der moralischen Existenz. Obwohl Georg letztendlich das Proletariat zum wahren Helden erklärt und dessen Kampf für eine vielversprechende Zukunft der Menschheit herausstellt, „spricht er mit der an Thukydides geschulten Klarheit, Distanz und Vernunft, ohne jede Begeisterung“ (Tabachnick, 2002, 112).

Aus gutem Grund schrieb Warner: „Übrigens haben Sie wahrscheinlich Recht mit dem Thukydides'schen Einfluß auf die ‚Wildgansjagd', obwohl ich mich damals für eine Art religiösen Marxisten hielt“ (ebda.; Übers. BKU).

Kein Wunder, daß Warner, wie viele Intellektuelle seiner Zeit, glaubte, Marxismus und Sozialismus seien die einzigen Kräfte, mit denen der Faschismus zu besiegen sei. Warner ist allerdings insofern einmalig, als er sich genauso der Antike und Tradition wie der Revolution verpflichtet fühlte.

In Tabachnicks Worten „ist *Die Wildgansjagd* einzigartig, weil sie Tradition und Revolution verbindet.“ (ebda.; Übers. BKU). Hier zeigen sich am besten die Sehnsüchte und Erwartungen eines liberal-gesonnenen, durch und durch anti-faschistischen, stets konservativen, klassischen Philologen.

Warner und Orwell haben einiges gemeinsam, obwohl Orwell niemals zum Wissenschaftsbetrieb gehörte. Beiden war Faschismus und Totalitarismus in allen ihren Facetten absolut zuwider, beide lehnten Machtpolitik ab, beide sympathisierten stark mit Sozialismus und Arbeiterklasse, aber beide fühlten sich fest gebunden an Geschichte, kollektive Empfindung, Erinnerung und Tradition. Beide waren keine Freunde der Metaphysik und mochten keine blutleeren Intellektuellen. Bei Orwell zeigt sich dies besonders gut am Beispiel des O'Brien in *1984*. Er ist die Karikatur eines Intellektuellen, der nach Macht giert.

Warner und Orwell nähern sich den Dingen mit gesundem Menschenverstand und unterstreichen Sensibilität und Mitgefühl, anstatt sich auf abstrakten Idealismus und freischwebenden Humanismus zu versteifen. *Der Flugplatz*, wohl Warners bester Roman, beruht auf Lebenserfahrung und nicht auf Ideologie. Burgess, der zu der Oxford University Press Paperback-Ausgabe von 1982 eine Einführung schrieb, meinte sogar, dieser Roman sei prophetisch und besser als Orwells *1984*:

> „Er ist acht Jahre älter als *1984,* und sein Anspruch, als moderner Klassiker betrachtet zu werden, genauso gerechtfertigt wie bei Orwells Roman. Doch man kann sehen, warum Warners Roman von Zeit zu Zeit vor dem allgemeinen Vergessen bewahrt werden muß. Ihm fehlen die ‚populären' Elemente von Orwells Buch – Sex, Grausamkeit, eine offensichtliche, erkennbare Ideologie. Er ist hintergründig, ambitioniert zurückhaltend - und optimistisch" (Zit. in ebda., 428; Übers. BKU)

Auch wenn man Burgess Meinung nicht teilt, ist in seiner Position doch ein Körnchen Wahrheit enthalten. Im großen und ganzen bleibt Warners Werk eine Möglichkeit, die moderne Welt zu beschreiben, die, um an den letzten Satz in *Der Flugplatz* zu erinnern, „rein[sein könnte]... und dabei höchst verworren, wilder als Tiger, wundervoll und unendlich versöhnend" (Warner, 1946, 288).

George Orwell: Nationalismus und Patriotismus

George Orwells Werk spielte im Kampf gegen totalitäres Bewußtsein eine entscheidende Rolle. Durch seine Satiren, Dystopien und politischen Essays wurde die Literatur einsamer Humanisten und skeptischer Liberaler zum Schlachtfeld, auf dem sich der Zynismus von Gewalt und organisiertem Haß des 20. Jahrhunderts offenbarte. Orwell entlarvte den Totalitarismus mit seinem Potential an Haß in einer Zeit, in der Menschen willkürlich zu Freunden oder Feinden ‚gemacht' werden. Doch er deckte auch die Pfade des modernen Bewußtseins und der Imagination auf, die charakteristisch für westliche Gesellschaften und symptomatisch dafür sind, wie sich politische und ideologische Gegner konstruieren lassen. Wer unbeirrt an die wertvolle Einzigartigkeit des menschlichen Lebens, der Möglichkeit, moralische Überzeugungen zu wählen, der individuellen Vernunft und des individuellen Gewissens glaubt, ist wahrscheinlich ein Anhänger Orwells.

Durch Orwells Romane und politische Essays ziehen sich die Suche nach Feinden und die Erfindung von Gegnern. Er ergründete wie kein anderer in Literatur und Philosophie die Politik des organisierten Hasses, die den Wahnvorstellungen der modernen gestörten Imagination entsprangen. Wenn die Geschichte Mittel- und Osteuropas ein Lackmustest für Intensität und Wahnsinn des modernen politischen und ideologischen Hasses geworden ist, qualifiziert sich Orwell wohl für den Titel eines Ehrenbürgers dieser Region. *1984* ist nach wie vor ein unerreichtes Beispiel für die Kraft der Gesellschaftsanalyse und der moralischen Einflüsse, die Literatur haben kann. *Animal Farm* scheint die erste Sozialsatire zu sein, die das tragikomische Mißverhältnis zwischen dem idealistischen Beginn einer Revolution und den späteren totalitären Praktiken darstellt. Hier zeigt Orwell überzeugend, daß totalitäre Praktiken unweigerlich aus der Revolution selbst und nicht aus den Verwerfungen einer an sich brauchbaren Theorie folgen.

Allerdings gibt uns Orwells Essay „Notes on Nationalism" eher als seine Dystopien Aufschluß über die Ursprünge des ideologischen und politischen Fanatismus. Da Orwell für dieses beunruhigende Phänomen des 20. Jahrhunderts keinen besseren Begriff finden konnte, verwendete er „Nationalismus". Dies bedeutet hier etwas vollkommen anderes als die Nationalismus-Kenner - in sicherer Entfernung von ihrem Gegenstand und ausgestattet mit konventionellem Wissen – formulieren würden.

> „Unter ‚Nationalismus' verstehe ich vor allem die Angewohnheit anzunehmen, daß Menschen wie Insekten klassifiziert und Millionen und Abermillionen als ‚gut' oder ‚böse' bezeichnet werden können. Zweitens meine ich jedoch – und das ist viel wichtiger – die Angewohnheit, sich mit einer einzigen Nation oder anderen Einheit zu identifizieren, sie jenseits von gut und böse zu stellen und sich einzig darauf zu verpflichten, ihren Vorteil zu mehren. Nationalismus darf man nicht mit Patriotismus verwechseln. Beide Begriffe werden normalerweise so vage verwendet, daß jede Definition der Kritik ausgesetzt ist, doch muß man eine klare Trennlinie ziehen, da es sich um zwei unterschiedliche und sogar entgegengesetzte Ideen handelt" (Orwell, 1970, 155; Übers. BKU).

Orwells niederschmetternde Kritik des Nationalismus kann ohne Mühe entkräftet werden. Zum Beispiel, was er als eine Angewohnheit bezeichnet, unser Objekt der Hingabe und Zuneigung jenseits von gut und böse zu verorten und uns nur den Interessen unserer Gruppe oder Nation zu widmen, betrifft konservativen und radikalen, nicht aber liberalen Nationalismus. Nationalismus kann sich auf vielfache Weise zeigen.

Liberaler Nationalismus, die erste Phase des Nationalismus in der ersten Hälfte des 19. Jahrhunderts, könnte auch als eine andere Bezeichnung für Liberalismus gelten. Johann Gottfried von Herders Gedanke, daß jede Kultur ein auf Anerkennung seiner Rechte bestehendes, autarkes, einzigartiges und unersetzliches kollektives Individuum ist, kann nicht anders als eine deutsche oder mitteleuropäische Version von Liberalismus verstanden werden. Liberaler Nationalismus war immer ein normativer Rahmen für das kritische Hinterfragen von Gesellschaft und Kultur, den es zu deuten gilt, und nicht die blinde Verherrlichung der eigenen Geschichte. So wird es auch in Zukunft bleiben. Als eine Sozial- und Moralphilosophie hat liberaler Nationalismus ein Muster der Kultur des Geistes errichtet, deren Kern in der Gesellschafts- und Kulturkritik liegt, die in die Moderne führt. Der liberale und demokratische Nationalismus bewahrt unsere modernen Geistes- und Moralempfindungen.

Indem Orwell den ganzen Nationalismus so einfach beiseite schiebt, läßt er dessen substantiellen Beitrag zur modernen demokratischen Welt, vor allem den Kampf gegen Totalitarismus, außer Acht. Allerdings konnte er jene Form des Nationalismus nicht vorhersehen, dessen Verdienste im Kampf gegen Totalitarismus die Politikgeschichte Mittel- und Osteuropas im 20. Jahrhundert prägen sollte (vgl. Donskis, 2002).

Bedauerlicherweise wurde der Nationalismus in Europa in der zweiten Hälfte des 19. Jahrhunderts zunehmend defensiv, an Massen ausgerichtet, ideologisch und doktrinär. Die Ursachen waren wahrscheinlich der Einfluß des Sozialdarwinismus und starke antimoderne Reaktionen, die die Idee der Verteidigung der Nation gegen Feinde von außen und gleichermaßen von innen hochhielten. In vielen Fällen wurde Nationalismus primitiv und „zoologisch“. Allerdings war dies nicht immer so. In der ersten Hälfte des 19. Jahrhunderts gab es in Europa viele liberale Nationalisten, die den Ideen von universaler Bruder- und Schwesternschaft, menschlicher Kameradschaft, Moral auf Gegenseitigkeit, Verpflichtung und sympathisierenden Verständnisses anhingen. Sie waren überzeugt, daß der Kampf um Unabhängigkeit und Freiheit für jedes Land ein allgemeines Anliegen darstellte.

Der „Frühling der Völker" und Herders hehre Kulturphilosophie paßt nicht zu einem Blut-und-Boden-Nationalismus mit ethnischer Säuberung. Wenn wir Nationalsozialismus als globale rassistische Ideologie und Blaupause für eine Weltordnung nicht in einen Topf mit Nationalismus werfen wollen, dann müssen wir deutlich machen, daß die weitverbreitete Neigung unangebracht ist, alles Böse des 20. Jahrhunderts allein dem Nationalismus anzulasten. Die Ethik des liberalen Nationalismus war eine wichtige Voraussetzung dafür, daß Totalitarismus moralisch diskreditiert und politisch demontiert wurde. Im übrigen spielte konservativer Nationalismus in kommunistischen Ländern eine entscheidende Rolle bei der Verteidigung von Menschenwürde und fundamentaler Menschenrechte wie Rede- Gewissens- und Versammlungsfreiheit sowie dem Recht auf Religionsausübung und Zugang zur Bildung.

Das heißt nicht, daß sämtliche Formen des Nationalismus vereinbar mit den Idealen von Frieden und Demokratie sind. Nationalismus konnte sich als eine Quasi-Ideologie den wichtigsten Ideologien der Moderne, nämlich Konservatismus, Liberalismus und Sozialismus anpassen. Diese Tatsache machte Nationalismus zu einem amorphen Phänomen moderner Politik und Kultur. Orwell räumte ein, jede Nationalismus-Definition sei zwangsläufig unvollständig und deswegen auch immer anfechtbar. Dies liegt zum Teil daran, daß „Nationalismus" prinzipiell nicht als ein abstrakter, polysemantischer Begriff verwendet werden kann. Geschieht dies dennoch, nehmen wir dem Begriff „Nationalismus" jeglichen Sinn. Das bedeutet, daß man Nationalismus nicht von dem ideologischen Kontext trennen sollte, innerhalb dessen er letztlich Identität, Freiheit, Tradition, Macht, Autorität, Tugend und andere Schlüsselphänomene der betreffenden Politik und Kultur definiert.

Zugleich begeht einen schweren Fehler, wer Nationalismus aus seinem konkreten politischen Zusammenhang löst. In einer liberalen Demokratie kann Nationalismus in die liberale Moralkultur integriert und auf diese Weise dem pluralistischen Umfeld angepaßt werden. Dies ist aber nicht immer der Fall. Selbst in einer liberalen

Demokratie kann Nationalismus mit einem Bündel rassistischer und fremdenfeindlicher Gefühle, antimoderner Reaktionen oder engstirniger Lehren, wie dem Determinismus, verknüpft werden. In nichtdemokratischen Regimen kann Nationalismus an jede Form der militanten Rhetorik oder Symbolik der vorherrschenden politischen Ideologie angepaßt werden. Nationalismus kann als ein Referenzrahmen des Blut-und-Boden-Mythos in das Muster von Haß und Paranoia eingebaut werden, daß politisch, ideologisch oder religiös motivierte Haßgruppierungen aller Couleur konstruieren. Mit Nationalismus umgehen zu wollen, ohne dessen ideologischen Rahmen und politisches Umfeld zu definieren, ist entweder nutzlos oder unfair. Orwell schreibt über Patriotismus:

> „Unter ‚Patriotismus' verstehe ich die Verbundenheit mit einem bestimmten Ort oder einer bestimmten Lebensweise, die man für die beste der Welt hält, ohne sie anderen Menschen oktroyieren zu wollen. Patriotismus ist von Natur aus defensiv, sowohl im militärischen wie im kulturellen Sinn. Dagegen ist Nationalismus untrennbar mit Machtgelüsten verbunden. Der Nationalist strebt nach immer mehr Macht und Ansehen, nicht für sich selbst sondern für seine Nation oder eine andere Einheit, der er seine Individualität geopfert hat" (Orwell, 1970, 155f.; Übers. BKU).

Auch bei Patriotismus sind die Dinge nicht so eindeutig. So wie die liberale Facette von Nationalismus die kritische Hinterfragung von Gesellschaft und Kultur beinhaltet, bedeutet Patriotismus in den meisten Fällen, daß man sich einem Land, seinem Raum, seiner Geschichte, Landschaft, Sprache und Machtsymbolen zugehörig fühlt und damit identifiziert. Dies geschieht zumeist, ohne sich damit kritisch auseinanderzusetzen. Das Prinzip „my country, right or wrong" galt immer als Quintessenz des Patriotismus (vgl. Shtromas, 1994, 183-225). Während Nationalisten jedes Abweichen von dem, was sie als die moralische Substanz des Objekts ihrer Verbundenheit oder Verpflichtung empfinden, auf das Schärfste kritisieren würden, bestünden Patrioten darauf, daß nichts sie von der Treue zu ihrem Land abbringen könnte.

Jede Regierung oder politisches Regime ist im Verständnis der Patrioten ein untrennbarer Teil ihres Landes und muß unterstützt werden. Loyalität gegenüber dem Staat ist so wichtig wie Widerstand gegen dessen Kritiker, unabhängig ob sie sich im Ausland oder Inland befinden. Die Grenze zwischen verhaltenem Lokalpatriotismus und dem Gefühl der Zugehörigkeit zum Britischen Empire und der Identifikation mit dem Territorium als einem Symbol der Krone oder der königlichen Geschichte, das heißt „Landespatriotismus", ist nicht so scharf, wie es sich Orwell vorstellte. Beide Arten des Patriotismus beruhen auf einem unbestimmten territorialen Gefühl und einer vagen Idee der Überlegenheit eines Landes über den Rest der Welt. Beide Sichtweisen lehnen eine kritische Betrachtung ihres Landes ab. Es wird als ein Objekt des Stolzes gesehen, das es gegen die zu verteidigen gilt, die ihm Schlechtes wünschen, anstatt es als Verkörperung der Verbindung zwischen Moralvorstellung und gesellschaftlicher Realität zu betrachten.

Ohne sich dessen bewußt zu sein, bezog Orwell die Ethik des liberalen Nationalismus auf seine Gesellschafts- und Kulturkritik. Damit gelang ihm ein sehr viel tiefgehenderer Einblick in modernes Empfinden und dessen Bezug zur gesellschaftlichen Realität, als hätte er einfach wie ein aufrechter Patriot Englands und vehementer Gegner von Hurrapatriotismus und Imperialismus geschrieben. Denn sein liberaler Nationalismus stand im Widerspruch zu dem im Kern banalen und reaktionären Hurrapatriotismus. Die Idee, daß Orwell ein liberaler Nationalist war, mag als Ketzerei anmuten, als eine typisch ostmitteleuropäische Obsession mit der jüngsten Vergangenheit dieses Teils von Europa, oder auch als würden dessen Realitäten dem Rest der Welt oktroyiert. Mir ist klar, daß ich hier gegen den Strom schwimme.

Liberaler Nationalismus als ein Moral- und Politik-Paradigma hat nur sehr wenig mit britischer intellektueller und politischer Kultur zu tun. Nur schwer können wir uns ein theoretisches Umfeld vorstellen, daß gegenüber der nationalistischen Moralkultur feindseliger und dafür unempfänglicher ist als die anglo-amerikanische Philosophie. Sie ist durchdrungen von Nominalismus und Mißtrauen gegen das, was sie als kontinentale Merkwürdigkeiten und absurde politische Theorien betrachtet. Diese Art der Epistemologie und Sozialphilosophie hält Nationalismus für ein eher verschwommenes Konzept des berühmt-berüchtigten Holismus, das heißt, man nimmt ein soziales Ganzes anstatt ein selbständiges Individuum als Grundeinheit der Gesellschaftsanalyse. Holismus stellt gesellschaftliche Fakten einschließlich kollektiver Empfindung und Gedächtnis in den Mittelpunkt. Im Nominalismus, der nur ein anderer Begriff für den methodologischen Individualismus ist, bilden Individuen eine identifizierbare und glaubwürdige soziale Realität und nicht eine soziale Ganzheit, die von den Beziehungen zwischen den Individuen geformt wird.

Die früheren Großmächte wie England, Frankreich, Schweden und Rußland, glauben sicherlich eher, daß „Landespatriotismus" und ihr „kultureller Auftrag" die Politik beherrschen, als daß sie sich der starken ethischen Dimension des echten Internationalismus verbunden fühlen, die den liberalen Nationalismus kennzeichnet. Daher ist die Politik der ehemaligen Großmächte gegenüber kleinen Ländern und ihren Kulturen moralisch ziemlich provinziell und unsensibel. Aus gutem Grund glauben wir, daß liberaler Nationalismus seinen Ursprung wohl in den spezifisch ostmitteleuropäischen politischen Realitäten und Moralempfindungen hat. Er ist keineswegs unvereinbar mit skeptischem Liberalismus.

Dennoch kann Orwells politische und moralische Haltung am besten als liberaler Nationalismus beschrieben werden. Das machte ihn so empfindsam und empfänglich für die Tragödien Mittel- und Osteuropas. Der Gedanke, daß Orwells moralische Haltung dem liberalen Nationalismus wesentlich näher kam als abstraktem, ideologischem und indoktriniertem Sozialismus wirft neues Licht auf seine Ablehnung doktrinärer Intellektuellen, ideologischer Extremisten und Fanatikern aller Art. Genau hier liegt das Geheimnis von Orwells magischer Anziehungskraft auf das geistige und moralische Empfinden Ostmitteleuropas. Es ist bemerkenswert, daß liberale Nationalisten die schärfsten Kritiker der unheilvollen Mystik, des barbarischen Vokabulars und der grausamen Politik des Blut-und-Boden-Nationalismus sind. Erinnert sei an große mittel- und osteuropäische Kritiker eines engstirnigen Nationalismus wie Miłosz, Adam Michnik, Kundera, Václav Havel oder Tomas Venclova (vgl. Donskis, 2002). Man muß sich nicht als Nationalist bezeichnen, um einer zu sein.

Nationalismus und die davon abgeleiteten Phänomene wie Kollektividentität und kollektives Gedächtnis blieben für Orwell eine unbestimmte Kategorie. Er betrachtete Nationalismus als einen anderen Begriff für moralischen Provinzialismus, und dies mit Recht, wenn es sich um konservativen oder radikalen Nationalismus handelt. In „Notes on Nationalism", die Orwell 1945 schrieb, konnte er Nationalismus nur mit dem alten Großmachtdenken, nämlich Hurra-Patriotismus, mit übertragenem ideologischem Vokabular und mit antimodernen Reaktionen in Verbindung bringen. Daher rührt Orwells scharfe Ablehnung des Nationalismus als eines Problems *sui generis,* und deshalb ist er versucht, den Begriff mit einer ausschließlich negativen Konnotation zu belegen. Fast jedes nur denkbare Anzeichen einer Stereotype, einer politischen Verwerfung, sozialer und ideologischer Brüche, sowie von Chauvinismus und Rassismus schreibt er dem Nationalismus zu. Dabei riskiert er, seinen Bezugsrahmen und das Ziel seiner Kritik aus den Augen zu verlieren.

Wie scharfsinnig Orwells provokative Analyse des „übertragenen Nationalismus" auch sein mag - darunter versteht er übertragene oder umgewandelte Formen einer exklusiven Ideologie wie Kommunismus, politischen Katholizismus, Hautfarbe als politische Determinante oder Klassenbewußtsein, ihm fehlte das Verständnis für Nationalismus als einer Sozialkritik. Problematisch an seinem Nationalismus-Konzept ist, daß Nationalismus alles bedeuten kann und damit eigentlich nichts. Auch wenn Orwell, wie von Timothy Garton Ash vorgeschlagen, zu Recht den Titel eines großen Mittel- und Osteuropäers verdient, bedarf es an dieser Stelle einer weiteren Erörterung (vgl. Ash, 1992, 155f, 159, 196).

Wenn Orwell den Totalitarismus beschreibt und die Naivität und Kurzsichtigkeit westlicher Intellektueller bedauert, mit der sie den „progressivsten" Teil der Welt betrachten, dann argumentiert er auf dem Stand mittel- und osteuropäischer geistiger und moralischer Empfindung. Doch über Nationalismus schreibt er wie ein englischer Außenseiter und Abweichler, ein *enfant terrible* des britischen Sozialismus, der den Begriff „Nationalismus" bewußt in ein Instrument der Kritik an britischer und europäischer politischer Realität der Vor- und Nachkriegszeit ummünzt. Allerdings könnten wir auch davon ausgehen, daß Orwell hier unter Nationalismus etwas anderes versteht. Hätte er über Nationalismus nach unserem heutigen Verständnis geschrieben, wäre man geneigt, seinen Essay als oberflächlich abzutun, da er nicht den Kern des Problems erfaßt.

Allerdings traf Orwell genau den Kern dessen, was wir als einen dramatischen Zusammenstoß gegensätzlicher Loyalitäten und einander widersprechender Werte bezeichnen könnten. Genial beschrieb er Konflikte, die sich zwangsläufig aus der gestörten Moralvorstellung ergeben. Für Orwell galt „Nationalismus" als Code für ein verwirrendes und komplexes Phänomen. Welchen Begriff er auch verwendete, er gab uns einen nützlichen Hinweis auf den Ursprung des modernen ideologischen und politischen Fanatismus als eine Form des Hasses. Auch wenn die Begriffe Massenbewegungen und ihre Austauschbarkeit, doktrinäre, Massen-orientierte Politik und exklusive Ideologien das Ziel der Orwellschen Kritik vielleicht zutreffender beschreiben, bietet sein Konzept eines übertragenen und umgewandelten Nationalismus wertvolle Einsichten in modernen Fanatismus.

Es wirft ein neues Licht auf die moderne moralische Imagination als Ort, an dem gegensätzliche Konzepte, Werte, Ideen, Einstellungen und Bindungen aufeinanderprallen. Seiner Meinung nach sind moderne Unsicherheiten und Mißverständnisse eine Quelle des Fanatismus. Zu übertragenem Nationalismus und transferierbaren nationalistischen Loyalitätsgefühlen schreibt Orwell:

> „Oft sind Nationalisten ganz besonders loyal und dennoch kann ihre Loyalität übertragbar sein...Die Loyalitätsgefühle können einem anderen Land gelten, was oft der Fall ist. Häufig sind große nationale Führer oder Begründer nationaler Bewegungen nicht einmal Bürger des von ihnen hochgelobten Landes. Mitunter handelt es sich um echte Ausländer, häufiger jedoch kommen sie aus Grenzregionen, wo die Nationalität fragwürdig ist. Beispiele hierfür sind Stalin, Hitler, Napoleon, de Valera, Disraeli, Poincaré, Beaverbrook. Die pangermanische Bewegung ging teilweise auf den Engländer Houston Chamberlain zurück. In den vergangenen fünfzig oder hundert Jahren war übertragener Nationalismus unter Intellektuellen ein verbreitetes Phänomen. Bei Lafcadio Hearn erfolgte die Übertragung auf Japan, bei Carlyle und vieler seiner Zeitgenossen auf Deutschland, und heute ist es oft Rußland" (Orwell, 1970, 163; Übers. BKU).

Hier wird impliziert, daß übertragener Nationalismus von der Unsicherheit über unsere Primäridentität und wichtigstes Bindungsobjekt herrührt. Wir benötigen eine Identität und ein Objekt der Loyalität oder Bindung. Werden sie uns vorenthalten oder können wir uns nicht damit abfinden, womit sich andere leidenschaftlich identifizieren, sind wir unweigerlich gezwungen, einen Ersatz zu konstruieren. Dabei riskieren wir, gefährlich zu improvisieren oder aber eine Identität zu schaffen, die keinen Bezugspunkt zur Realität hat und die uns einlädt, in den Bereich gestörter Vorstellungskraft vorzustoßen.

Sofern wir nicht in der Realität im Sinne eines autonomen Individuums mit einer soliden, widerstandsfähigen und beständigen Identität verankert sind, werden wir wohl nach einem Ersatz suchen, um die Lücke zu füllen. Sollten wir uns nicht an unser Land gebunden fühlen oder werden wir in unserer Kultur wenig geschätzt, wird sich unsere Bindung und Loyalität unweigerlich verschieben. Nationalismus als ein Gedanken- und Handlungssystem, das die modernen geistigen und wohlbegründeten moralischen Empfindungen aufrechtzuerhalten vermag, wird paradox, wenn er im Übermaß oder überhaupt nicht vorhanden ist. Denn beides kann in den Abgrund führen.

Übertriebener Nationalismus führt zu moralischem Provinzialismus und Mißachtung derjenigen, die nicht zu uns gehören. Ist Nationalismus überhaupt nicht vorhanden, fehlt es uns an allen erkennbaren, alltäglichen Ausdrucksformen menschlicher Loyalität und Bindung. Nationalismus in einem liberaldemokratischen Umfeld schützt uns vor ideologischem und politischem Fanatismus und einer Unzahl möglicher Irrwege der menschlichen Bindung, Loyalität, des Kollektivgedächtnisses und der Kollektivempfindung. Die Zugehörigkeit zu unserer Kultur, Sprache und Landschaft gehört zu den fundamentalen menschlichen Bedürfnissen. Wenn wir das primäre Objekt unserer Liebe und Bindung verlieren oder wenn es uns entzogen wird, übertragen wir unsere Loyalität. Wir finden ein neues Objekt woanders. Dies kann ein anderes Land sein, zu dem wir eine alternative Bindung aufbauen – ob real oder eingebildet -, ein revolutionäres politisches Programm, eine abweichende Religion, eine konkurrierende Zivilisation oder eine gegensätzliches Werte-Ideen-System. Dazu Orwell:

> „Angesichts des kriecherischen oder prahlerischen Unfugs, der über Stalin, die Rote Armee. etc. von durchaus intelligenten, empfindsamen Menschen geschrieben wurde, wird klar, daß dies nur auf Grund einer verzerrten Wahrnehmung geschehen konnte. In Gesellschaften wie der unseren fühlt kaum jemand, der als Intellektueller gilt, eine besonders starke Bindung zu seinem eigenen Land. Die öffentliche Meinung – das heißt der Bereich der öffentlichen Meinung, die er als Intellek-

> tueller wahrnimmt – erlaubt es ihm nicht. Die meisten Menschen seiner Umgebung sind skeptisch und unzufrieden, und er übernimmt vielleicht diese Haltung aus Nachahmungstrieb oder purer Feigheit: In diesem Fall gibt er die ihm am nächsten liegende Form von Nationalismus auf, ohne einer wirklich internationalen Einstellung näher zu kommen. Er spürt immer noch das Bedürfnis nach einem Vaterland, so daß es nur natürlich ist, wenn er sich im Ausland danach umschaut" (Orwell, 1970, 164; Übers. BKU).

Kein Wunder, daß durch die starken, instabilen Loyalitäten des Nationalisten übertragener Nationalismus ermöglich wird. Das einzige, was laut Orwell bei den Nationalisten konstant bleibt, ist ihre Denkstruktur. Das Objekt ihrer Gefühle ist austauschbar und möglicherweise imaginär. Diese Form des ideologischen Eifers, von Orwell als Nationalismus bezeichnet, kann umgewandelt oder umgekehrt werden. So können ehemalige Bewunderer der Vereinigten Staaten von America die größten Skeptiker und Kritiker dieses Landes werden. Ihre Liebe und Bewunderung gilt nun einer neu gefundenen gegnerischen oder sogar konkurrierenden Gesellschaft, nämlich Rußland.

So geschehen mit H.G. Wells, dessen Amerikaphilie sich zu Amerikaphobie und Russophilie wandelte. Daß einige Mitglieder der Nationalsozialistischen Partei von der Kommunistischen Partei Deutschlands kamen, als die Nazis die Macht ergriffen, ist ein Fakt. Die Nazis hielten übrigens die Kommunisten für das wesentlich geringere Übel als die Sozialdemokraten. Diese Zusammenhänge wurden von Eric Hoffer untersucht, der sich vor allem mit der Austauschbarkeit von Massenbewegungen beschäftigte. Dies ist dasselbe Phänomen, das Orwell als übertragenen Nationalismus bezeichnet. Hoffer zeigt in *Der Fanatiker*, wie leicht einige russische und ostmitteleuropäische Juden vom Kommunismus zum Zionismus und *vice versa* wechselten, und auch wie sehr sich Kommunismus und Nationalsozialismus ergänzten (vgl. Hoffer, 1999).

Wer seine sprachliche und kulturelle Primäridentität ablehnt, muß sich eine andere schaffen. Wer meint, sein Heimatland verloren oder noch nicht gefunden zu haben, wird nach einem solchen suchen. Wer sein irdisches Heimatland aufgibt, muß sich zwangsläufig eine Ideologie als Ersatz dafür zurechtbasteln. Bei Marx findet sich ein aufschlußreicher Hinweis dazu über die Proletarier, die dadurch definiert sind, daß sie kein Heimatland haben. Daher kommen Grundregeln und Heil der Proletarier aus der jenseitigen Realität, denn sie sind die heimatlose Klasse ohne Bindung an bürgerliche, diesseitige Werte, Rituale und Traditionen. Diese ontologische Ortlosigkeit, kulturelle Heimatlosigkeit und historische Entwurzelung führen logischerweise zu Marx Behauptung, daß die Proletarier in dieser Welt nichts zu verlieren haben. Statt dessen ist der Kommunismus ihr wahres Heimatland. Das ist ein modernes Zerrbild der frühchristlichen Idee des *populus christianus*, des Volkes in Christus bzw. einer spirituellen Gemeinschaft von Individuen, die dadurch zustande kommt, daß sie sich in Christus treffen.

Doch genau dieses geschieht auch mit Menschen, deren Geist und Seele von Identität, Bindung und Loyalität abgetrennt wurden. Eine Ideologie kann für Menschen zum geistigen Heimatland werden, denen eine sichere Anbindung an erkennbare diesseitige Formen des menschlichen Zusammenlebens verwehrt wurde. Eine exklusive politische Ideologie oder eine radikale ideologische Bewegung könnte Ersatz für das verlorengegangene Gefühl einer sicheren diesseitigen Existenz in einer Gemeinschaft mit Kollektivgedächtnis, gemeinsamen Empfindungen und symbolischer Beteiligung sein.

Allerdings dürfen Menschen nicht wie Fliegen, Bienen oder Ameisen klassifiziert oder mit einer immer und ewig geltenden Definition von Kultur und Gemeinschaft assoziiert werden. Die Moderne lehnt weder individuelle noch Kollektividentität ab. Ein wesentlicher Unterschied zwischen vormodernen und modernen Bedingungen besteht darin, daß sich Identität von purer Zuschreibung zu Eigenleistung und der Möglichkeit einer freien Wahl wandelt. Die Moderne versucht, uns von unserer ererbten Identität zu befreien. Dies ist eines der zentralen großen, doch unerfüllten Versprechungen der Neuzeit. Dazu schreibt Bauman:

> „Das Projekt der Moderne versprach dem Individuum die Befreiung von ererbter Identität. Dennoch ergriff es nicht Partei gegen die Identität als solche, gegen den Besitz einer - soliden, widerstandsfähigen und unveränderbaren - Identität. Es transformierte sie lediglich: war Identität einst eine Sache der Zuschreibung, so wurde sie nun zu etwas, das angestrebt werden mußte. Damit geriet sie zu einer individuellen Aufgabe und zur Verantwortung des Individuums" (Bauman, 1995, 8).

Das moderne Individuum kann sich multiple miteinander kommunizierende Identitäten zurechtzimmern, die zum Ende hin offen sind. Wir können an mehreren Kulturen oder Pfaden des Bewußtseins teilhaben, sie als einander ergänzend verstehen und das primäre Objekt unserer Loyalität, Bindung und Kultur kritisch hinterfragen. Dadurch können wir eher verstehen, was in unserer eigenen Kultur unterdrückt, aber vielleicht in anderen Kulturen stärker entwickelt ist. Die menschliche Unvollkommenheit und die kommunikative Natur des menschlichen Bewußtseins und Selbstverständnisses sowie das Prinzip des Nebeneinanders von Identitäten und Kulturen vorauszusetzen, ist die wertvollste Leistung der Moderne. Manche Wissenschaftler verwiesen auf die entscheidende Rolle des postmodernen Nationalismus, der

> „die menschliche Eigenschaft der *Offenheit* und die kulturellen Charakteristika der Transparenz widerspiegeln würde... – eine Verpflichtung à la Miłosz auf die eigene Nation bei gleichzeitiger Offenheit für andere, ein Gefühl für multiple kommunizierende Identitäten" (Kavolis, 1991, 136; Übers. BKU).

Orwell hat Recht. Menschen wie Insekten zu klassifizieren und ganze Nationen pauschal als von Haus aus gut oder schlecht hinzustellen, ergibt keinen Sinn. Pauschalurteile wie ‚die Spanier sind geborene Aristokraten, die Engländer sind überheblich oder die Deutschen sind heimtückisch' entsprangen für Orwell derselben Trennung von Loyalität und moralischer Urteilskraft, einem Symptom des modernen Bewußtseins, das er als Nationalismus beschrieb.

Wie sich gezeigt hat, kann der unheilvolle Hang, die vielgeschmähte Moderne ausschließlich den „Juden" oder „Amerika" anzulasten – eine der schlimmsten und gefährlichsten Torheiten der modernen gestörten Vorstellungskraft – wesentlich tragischere Folgen haben als zu pauschalieren und abgenutzte Klischees zu verbreiten. Allerdings kann man einwenden, daß in einer Zeit des gesteigerten kollektiven Hasses nichts mehr unschuldig ist, daß etwas mit politischen Karikaturen oder literarischen Konstrukten beginnt und in einem Blutbad Unschuldiger endet.

Doch Orwell übersah, daß nationale Stereotype nicht unbedingt etwas mit Haß zu tun haben. Vielmehr sind sie ein Verteidigungsmechanismus gegen die allgemeine Unsicherheit der Moderne. Diese gründet sich unter anderem auf die schockierende Entdeckung so vieler bisher unbekannter Lebens- und Denkweisen in Gesellschaften und Kulturen, die sich von unseren unterscheiden. Im Zweifel entspringen die Stereotype unserer Einbildung als sichere und bequeme, wenn auch vereinfachte und naive Kategorisierung der Welt, die uns umgibt. Unter gewissen Umständen kann die Formulierung von Stereotypen schädlich sein, aber dies ist selten der Fall. Stereotype sind eher ein spontaner Impuls zu vereinfachen und erst danach zu verstehen, was zunächst wie eine bedrohliche, unsichere, unbekannte und vielfältige Gedanken- und Handlungswelt aussieht. Wenn dem so ist, haben sie wohl nichts gemein mit der Spaltung von Identität bzw. Loyalität und moralischer Urteilskraft. Wie Leszek Kołakowski schreibt:

> „Nur selten werden wir gewahr, daß ein großer Teil unseres geistigen Raums, unserer Vorstellungen, und der Art, wie wir auf die Welt und andere Mensche reagieren, von Stereotypen geformt und geprägt ist...Dies ist eine natürliche und letztendlich vielleicht auch wohltätige Beschaffenheit unseres Verstandes; Stereotype – über Dinge, Menschen, Völker, Orte – sind oft recht unterschiedlich; einige eignen sich als Verteidigung, andere sind halbwahr oder völlig falsch, da sie aber für unsere geistige Sicherheit unerläßlich sind, können sie für gewöhnlich, entgegengesetzten Erfahrungen zum Trotz, siegreich überdauern, es sei denn, sie richten irgendeinen eindeutigen Schaden an. Sie bleiben unverändert bestehen, auch wenn sie irreführend, in der Praxis aber unschädlich sind, weil sich unser Geist sicherer fühlt, wenn er sich an Stereotypen festhalten kann, und seien sie auch falsch, anstatt in einem Zustand fortwährender Wachsamkeit zu leben, die Erfahrungswerte ständig zu korrigieren und dadurch in die Lage einer nicht enden wollenden Unsicherheit und sogar eines Chaos zu geraten“ (Kołakowski, 2002, 56).

Die Spaltung von Identität als Loyalität und gesunder moralischer Urteilskraft ist auch charakteristisch für die moderne Moralvorstellung. Die Moderne trennt zwischen den Bereichen Faktum-Wahrheit und Wert, Expertise und menschliche Intimität, Innovation und Tradition sowie Individuum und Gesellschaft. Doch die Kluft zwischen dem Bedürfnis nach einem Objekt der Loyalität und dem Unvermögen, dieses Objekt kritisch und leidenschaftlich hinterfragen zu können, ist eine dieser schmerzlichen Dichotomien, die die moralische Integrität und Reflexivität des modernen Individuums bedrohen.

Auf die Kluft zwischen Faktum und Wahrheit bezieht sich Orwell und beschreibt sie als unsere Weigerung, Tatsachen zu sehen und sie zuzugeben. Im Denken des modernen Fanatikers wird der

Glauben an einen bestimmten Kanon von Werten und Ideen dadurch gestützt, daß die Existenz anderer Werte und Ideen einfach abgelehnt wird. Leidenschaftlicher Glaube an irgendein abstraktes, entferntes Ideal ist gekoppelt mit einer gleichermaßen starken Verweigerung gegenüber der Realität. Das Bewußtsein eines politischen Fanatikers besteht im wesentlichen darin, Fakten zugunsten eines bisher ungeprüften und nicht kritisch hinterfragten Phänomens zu leugnen. Dies deutet eher auf einen Konflikt sich gegenseitig ausschließender Werte-Ideen-Orientierungen oder Gedanken-Handlungs-Muster als auf Sozialpathologie hin.

Es ist ein Hinweis auf das rätselhafte Wesen des Fanatismus, sich im Zeitalter von Massenbewegungen und dramatischem sozialen Wandel dem zu verweigern, was Sinne und Verstand vorgeben. Dazu schreibt Hoffer:

> „Sich auf das Zeugnis der Sinne und des Verstandes zu verlassen ist Häresie und Verrat. Die Einsicht, wieviel Unglauben nötig ist, um Glauben möglich zu machen, ist erschreckend. Was wir als blinden Glauben kennen, wird in zahllosen Bereichen vom Unglauben getragen. Fanatische Japaner in Brasilien wehrten sich noch jahrelang gegen den Beweis, daß Japan besiegt war. Der fanatische Kommunist lehnt es ab, einem ungünstigen Bericht oder Beweis gegen Rußland Glauben zu schenken, noch wird er desillusioniert, wenn er das grausame Elend im Gelobten Land der Sowjetunion mit eigenen Augen sieht“ (Hoffer, 1999, 99f.).

Wer es ablehnt, empirische Erkenntnisse zu akzeptieren, - dies ähnelt der Art und Weise, wie das selektive, willkürliche Gedächtnis konservativer und radikaler Nationalisten funktioniert -, der verweigert sich der Realität zugunsten einer gestörten Einbildungskraft. Eine Realität, die nicht unseren Glauben unterfüttert und unsere ideologischen Überzeugungen unterstützt, ist es nicht wert zu existieren. Sie muß vorbehaltlos aufgegeben werden zugunsten der neuen kommenden Realität. Eine solche Haltung bedarf einer mehr oder minder bewußten Unterdrückung eines Großteils unserer geistigen und moralischen Empfindungen. Sonst würden unsere inneren Unsicherheiten und Spannungen zu sehr hoch kochen, als daß wir der ‚heiligen Sache' weiterhin fest verbunden blieben. Diese geistige Blockade und Unterdrückung des Moralgefühls und gesunden Menschenverstands zugunsten der Ideologie, wozu auch intelligente Menschen fähig sind, schützt vor nicht auszuhaltenden inneren Spannungen und zerstörerischen Konflikten mit dem gesunden Menschenverstand und dem Gewissen, die aber trotzdem jederzeit aufbrechen können. Denn wenn militante und kompromißlose Ideologien oder andere Haß- und Ausschließlichkeitssymbole aufeinanderprallen, haben gesunder Menschenverstand und Moralgefühl keinen Wert mehr, sondern werden zu einer Last.

Empirische Gewißheit abzulehnen, wirft viel Licht auf das, was Orwell als eine erstaunliche Fähigkeit beschreibt, gleichzeitig zwei sich widersprechende Überzeugungen zu haben. Damit nimmt er das von ihm in *1984* als ‚doublethink' beschriebene Phänomen voraus. Blutvergießen und Gewalt werden vehement abgelehnt, aber nur sofern beides beim Feind geschieht. Gewalt hört auf, Gewalt zu sein, sobald sie auf der ‚richtigen Seite' ausgeübt wird. Dasselbe gilt für Massenmord an unschuldigen Menschen, wenn er in einem Land geschieht, das als „fortschrittlich" gilt.

Hier geht es nicht um die Bildung simpler Stereotype, in denen wir unsere Feinde als bornierte, mörderische Fanatiker beschimpfen, während die Bezeichnung Patrioten und Helden unseren eigenen Leute vorbehalten bleibt. Vielmehr handelt es sich um eine mentale und ideologische Blockade der Eigenschaften, die für menschliche Bindungen und Interaktion lebenswichtig sind, wie emphatische Offenheit, mitfühlendes Verständnis und Mitleid. Diese Eigenschaften werden unterdrückt, wenn es um ‚sie,' unsere realen oder eingebildeten ideologischen Gegner und politischen Feinde, geht, aber sofort mobilisiert, wenn wir mit Qualen und Schmerz der ‚Unseren', der Seite der Gerechten, mitleiden.

Orwell behauptet, daß sogar den pazifistischen Bewegungen eine Tendenz innewohnt, Loyalität zu übertragen und Identität zu improvisieren. Auf diese Weise wollen einige Pazifisten ihre wahre Einstellung zur sozialen Realität verbergen. Es mag überraschend klingen, aber insgeheim bewundern sie rücksichtslose Machtausübung und erfolgreiche Gewaltanwendung. So können sie umgehend verdammen, wenn durch amerikanische oder britische Eingriffe in anderen Ländern Kriegsopfer zu beklagen sind, ohne auch nur ein einziges Verbrechen gegen die Menschenrechte seitens China oder Rußlands zu erwähnen. Eine kleine Minderheit der Anhänger dieser lose zusammengehaltenen Ideologie besteht aus intellektuellen Pazifisten, deren einzige Motivation der Haß auf die westliche Demokratie und heimliche Bewunderung des Totalitarismus ist.

Ein Teil des Pazifismus scheint unter dem Deckmantel der Sorge um Frieden und Menschenrechte westliche liberale Demokratie abgrundtief zu hassen. Im Grunde verachten intellektuelle Pazifisten dieses Zuschnitts westliches legalistisches Bewußtsein, Demokratie, politische Institutionen und die Banalität des Lebens, das angeblich nicht die Fantasie befeuern kann und dem es an etwas Aufregendem, Romantischem und Abenteuerlichem fehlt. Daher rührt die Vorstellung, daß politische Stärke – sofern sie von einer liberalen Demokratie ausgeübt wird – prinzipiell nicht effizient sein kann. Wenn immer eine liberale Demokratie politische Siege erringt oder militärische Macht demonstriert, nutzt dies dem Establishment, der Bourgeoisie und dem Kapitalismus. Jedoch ist Gewaltanwendung durch eine konkurrierende Ideologie oder Kultur wie dem Kommunismus sinnvoll, weil damit eine lebensfähige Alternative zur vielgeschmähten westlichen Demokratie geschaffen wird.

Orwell war nicht allein mit seiner skeptischen Einstellung gegenüber dem Pazifismus und anderen relativ unbestimmten, gesellschaftlichen Bewegungen in einer Zeit bitterer ideologischer und gewalttätiger Auseinandersetzungen. Raymond Aron verfolgte Ursprünge und Aufstieg des Nationalsozialismus und beurteilte, was er als „die Elemente der deutschen Fünften Kolonne" bezeichnete, wie folgt:

> „Die fünfte Kolonne ist ein typisches Element des imperialen Zeitalters. Sie rekrutiert ihre Agenten im wesentlichen aus drei verschiedenen Gruppen: den Pazifisten, die den Krieg wegen der Opfer verabscheuen, die er in materieller und moralischer Hinsicht fordert, und denen im Grunde der Triumph eines Überstaates über die streitsüchtigen Nationalstaaten erwünscht erscheinen muß. Die nächste Gruppe sind die Defaitisten, die den Glauben an das eigene Vaterland verloren haben, und schließlich die politischen Fanatiker, denen ihr politisches Evangelium höher steht als ihr Patriotismus und die sich einem Cäsar unterwerfen, dessen Regime und Ideologie sie bewundern" (Aron, 1953, 73).

Jedoch funktionierten globale, allumfassende, exklusive Ideologien wie Nationalsozialismus und Kommunismus als weltliche Religionen. Weltliche Ideokratien vermochten es, sich zugleich als Militärmacht und Kirche zu manifestieren. So konnten sie ihre Anhänger aus allen Lebens- und Gesellschaftsbereichen rekrutieren, von enttäuschten Intellektuellen, die immer noch ein starkes Bedürfnis nach einem Werte-Ideen-System hatten, das ihnen Sicherheit versprach, bis zum einfachen Bürger, der begeistert an moderne apokalyptische Theorien glaubte, die den Beginn einer neuen Geschichte propagierten (vgl. Aron, 1970).

Allerdings sollten wir die modernen Friedensbewegungen nicht zu stark pauschalieren, indem wir so tun, als wären alle von Haß auf den Westen getrieben, der verbunden ist mit heimlicher Bewunderung ideologischer und politischer Gegner westlicher Demokratien oder latenter Verehrung politischer Gewalt und Grausamkeit. Vielmehr zeigt uns Orwell, wie wichtig es ist, genau hinzuschauen, wenn es um spontan improvisierte Zugehörigkeiten geht, übertragene und verwandelte Loyalitäten, zurechtgebastelte Identitäten, die alle als Teil einer versteckten Haßlogik entwickelt wurden. Orwells niederschmetternde Kritik an ideologischen Machwerken besagt, daß Haß selten direkt und offensichtlich ist, sondern sich gern hinter einer Tarnung verschanzt. Aus dieser versteckten Logik und Metaphysik des Hasses folgt, daß sich Haß hinter Liebe und Mitgefühl verbirgt, hinter Friedensliebe und Humanität, oder Mitgefühl mit den Schwachen, Unterprivilegierten, Unterdrückten und Enteigneten.

Von Orwells „Notes on Nationalism“ können wir eine äußerst wertvolle Lektion lernen: Enttäuschte, isolierte und entfremdete Intellektuelle greifen viel eher und häufiger zu diesen transferierbaren und verschobenen Identitäten als der Durchschnittsbürger. Im Zeitalter von Massenbewegungen wird unabhängiges, kritisches Denken exklusives Eigentum von unabhängigen Andersdenkenden, die Harald Bloom einmal die entscheidende Minderheit nannte.

Da Intellektuelle zumeist keine „Erdverbundenheit“ anstreben, gelingt es ihnen, ihre Bedürfnisse nach Wurzeln und Heimat in ideologische und politische Treue auf imaginäre Wertegemeinschaften zu übertragen. Irgendwann verlieren sie dann die Fähigkeit, sich mit ihrem gesunden Menschenverstand zu arrangieren. Gesunder Menschenverstand ist eine wertvolle Eigenschaft der einfachen Leute. Sie sind aufgrund ihrer natürlichen Skepsis allen Dingen gegenüber, die von irdischer Realität losgelöst sind, für Fanatismus und Haß wesentlich unempfänglicher. Daraus erklärt sich der überaus ironische Unterton in Orwells sarkastischem Kommentar über jene britischen Intellektuellen, die im Brustton der Überzeugung behaupteten, daß die amerikanischen Truppen nach Europa gebracht worden wären, nicht etwa um die Deutschen zu besiegen, sondern eine englische Revolution niederzuschlagen. Nur Angehörige der Intelligenz sind imstande, so etwas zu glauben, schließt Orwell. Seiner Meinung nach könnte kein normaler Mensch dermaßen verbohrt sein (Orwell, 1970, 178). Orwells Mißtrauen gegen Intellektuelle erreichte ihren Höhepunkt in der Charakterisierung des O´Brien in *1984* als undurchschaubarer Technokrat jenseits von Gut und Böse, als Ozeaniens oberster Experte für Hirnwäsche und Indoktrinierung, als modernes Gegenstück zum Großinquisitor.

Diese flexible Moral entsteht im Zusammenhang mit den ideologischen Gefühlsblockaden. Da unsere ideologische Bindung dadurch gefährdet werden kann, daß andere real existierende Menschen Blutvergießen, Folter oder andere Greuel erleiden, können wir uns nur davor schützen, indem wir die Tatsache leugnen, daß ihnen Leid zugefügt wird. Sich einfach zu weigern, politisch unangenehme oder anderweitig schädigende Tatsachen zu glauben, kann Hand in Hand gehen mit einer Neigung, unseren Feinden menschliche Züge abzusprechen. Dieser Mechanismus der Selbstverteidigung oder selbsterzeugten moralischen Blindheit spricht für die kompensierende, defensive Natur von Haß. Haß scheint das Resultat unserer Selbstverteidigung und unterdrückten Schuldgefühle zu sein. Dasselbe gilt für Wut, die eine natürliche Folge von unterdrücktem Schamgefühl ist (vgl. Scheff and Retzinger, 1991).

Nach diesen Ausführungen können wir verstehen, warum hochqualifizierte Wissenschaftler und Intellektuelle den Holocaust leugnen. Und warum der Antisemitismus in mittel- und osteuropäischen Ländern so ausgeprägt ist, wo es keine Juden mehr gibt und der Holocaust auf starke Unterstützung örtlicher Regierungen und auf die aktive Beteiligung der Bevölkerung stieß (vgl. Donskis, 2002).

Orwell schreibt höchst aufschlußreich, wie die liberale Zeitung *News Chronicle* im Zweiten Weltkrieg als ein Beispiel schockierender Barbarei Photographien veröffentlichte, auf denen von den Deutschen gehängte Russen zu sehen waren. Einige Jahre später druckten sie fast dieselben Photos ab und trafen damit auf große Zustimmung der Leser. Dieses Mal waren es allerdings von den Russen aufgehängte Deutsche. Ein weiteres Beispiel lieferte der *Star*. Er veröffentlichte Photos fast nackter Kollaborateurinnen, wie sie nach der Besatzungszeit vom Pariser Mob verhöhnt wurden. Orwell war zutiefst erschüttert von der erstaunlichen Ähnlichkeit dieser Fotos mit den Nazi-Photographien, auf denen Juden vom

Berliner Mob verhöhnt wurden. Was zunächst wie ein Beispiel schockierender Barbarei aussah, verwandelte sich auf wundersame Weise in eine gute Tat, nur weil sie im Namen einer gerechten Sache geschehen war.

Geschichte als eine kontinuierliche Auflistung heroischer Taten wird nach demselben Strickmuster fabriziert. Moderne Intellektuelle bedauern Ereignisse wie die Inquisition und *La Grande Terreur,* daß Sir Francis Drake spanische Gefangene ertränken ließ, daß die siegreichen Engländer nach der Niederschlagung des Indischen Aufstandes Inder als Kanonenkugeln benutzten oder daß Cromwells Soldaten die Gesichter irischer Frauen mit Rasiermessern verunstalteten, doch zugleich nehmen sie die Greueltaten in Rußland, China, Spanien, Mexico oder Ungarn kaum zur Kenntnis (vgl. Orwell, 1970, 165f).

Eine selektive Geschichts- und Politikwahrnehmung liegt auf gleicher Ebene wie die weitverbreitete Tendenz, mit zweierlei Maß zu messen, wenn es um „unsere" und „ihre" Rollen in der Geschichte geht, oder auch darum zu entscheiden, ob gewisse historische Ereignisse überhaupt stattgefunden haben. Dabei bleibt eine solche Entscheidung ausschließlich der politischen Einstellung vorbehalten. Geschichte wird zu einem unverantwortlichen Spiel mit der Imagination der jeweiligen Parteifunktionäre. Sie sehen in der Geschichte das, was sie sehen wollen. Mit Hilfe ihrer Vorstellungskraft konstruieren sie die Monumente für ihre erträumten Gemeinschaften von Wahrheit und Tugend.

Die Frage nach dem Ursprung von Fanatismus ist noch nicht beantwortet. Orwell und andere Autoren wiesen darauf hin, daß wir im allgemeinen nicht verstehen, was in der Welt wirklich passiert, und verunsichert sind. Diese Verunsicherung wirkt auf verwirrte, ängstliche und enttäuschte moderne Individuen wie ein Freibrief, an ihren Wahnvorstellungen festzuhalten.

Heute stimmen Sozialphilosophen und Soziologen darin überein, daß die Moderne die alte Sicherheit zerstört hat, ohne neue funktionierende, normative, obligatorische Entwürfe für die Selbstheit hervorzubringen. Einen solchen Entwurf für sich selbst zu finden, ohne auf die Hilfestellung aus irgendeiner verläßlichen Quelle zurückgreifen zu können, z.B. eine stabile kulturelle Tradition oder ein unerschütterlicher Glauben, fällt Menschen sehr schwer, die nicht mit der Welt der modernen „Selbstverwirklichung" und „Selbsterfahrung" vertraut sind.

Daraus erklärt sich das Bedürfnis nach Glaubenssätzen, Theorien oder Praktiken, mit denen sich Unsicherheit bekämpfen und vergessene Werte wieder aufleben lassen. Haß erscheint einer verstörten Seele wie ein Versprechen, Sicherheit zurückzuerlangen. Die Welt wird plötzlich transparent und klar, nachdem sie vorher viel zu komplex erschien, als daß man imstande gewesen wäre, seriöse Ideen von Eintagsfliegen unterscheiden zu können. Das Feindbild stellt unser Selbstvertrauen wieder her. Wir stehen nun im Dienst der richtigen, der heiligen Sache aufrecht und tugendhaft gegen das Böse, das Verderbte, und Unverständliche. Den Feind können wir außerhalb unserer Reichweite und unseres Verständnisses stellen. Indem wir dies tun, identifizieren wir das, was außerhalb unseres Zugriffes und unseres Verständnisses liegt mit dem, was in uns selbst unsicher ist. Hier resultiert Haß immer aus unserer Selbstverachtung und unserem Haß auf uns selbst. Unsere Feinde sind nichts anderes, als was wir an uns selbst am meisten hassen und in den uns vertrauten doch wenig verständlichen Begriff des Anderssein „übertragen".

> „Lassen sich die Enttäuschten leichter zu einer Lehre bekehren als die Nichtenttäuschten? Sind sie eher zu glauben bereit? Pascal war der Meinung, daß 'man besonders geeignet sei, die Heilige Schrift zu verstehen, wenn man sich selbst hasse'. Es gibt offenbar eine Beziehung zwischen der Unzufriedenheit mit sich selbst und der Leichtgläubigkeit. Die Nötigung, dem wirklichen Ich zu entfliehen, ist in gleicher Weise die Nötigung, dem Rationalen und Offensichtlichen zu entfliehen. Die Ablehnung, uns selbst zu sehen, wie wir sind, mündet in einen

> Ekel vor Tatsachen und nüchterner Logik“ (Hoffer, 1999, 104).

Hoffer definiert die „Enttäuschten“ („the frustrated“) als „Menschen..., die ihr Leben aus irgendeinem Grunde als verpfuscht und vertan betrachten“ (Hoffer, 1999, 8). Der englische Begriff wird bei Hoffer nicht im klinischen Sinne gebraucht.

Unsere Bereitschaft, unsere Identität in irgendwelchen mysteriösen Ideen oder im „Geist des Volkes“ zu versenken, mag weitgehend unseren Unzufriedenheiten, Enttäuschungen, eigenen Verfehlungen oder unserer generellen Entfremdung mit der modernen Gesellschaft und Kultur entspringen. Dennoch bleibt die Frage, wie Menschen so leicht ihre Einstellungen und Glaubensgrundsätze über Bord werfen können. Wie konnte beispielsweise ein glühender britischer Patriot plötzlich eine Anglophobie entwickeln. Warum und wie wird ein nüchterner, skeptischer Intellektueller zu einem fanatischen Anhänger anderer Länder, Gesellschaften, Kulturen, Religionen, Ideologien und politischer Institutionen? Laut Orwell waren F. A. Voigt, Malcolm Muggeridge, Evelyn Waugh, Hugh Kingsmill und in mancher Hinsicht auch T.S. Eliot und Wyndham Lewis hervorragende Beispiele für britische Schriftsteller, deren ursprüngliche Anglophobie sich zu einer vehement pro-britischen Haltung wandelte (Orwell, 1970, 169).

G. K. Chesterton war ein Intellektueller, der seine demokratischen Empfindungen für eine dazu konträre Weltanschauung aufgab. Orwell beschreibt ihn als einen durchaus talentierten Schriftsteller, der seine intellektuelle Aufrichtigkeit und seine Empfindungen in den Dienst römisch-katholischer Propaganda stellte. Dies führte dazu, daß Chesterton jede Facette des Lebens im reichlich idealisierten oder gar imaginierten Frankreich glorifizierte und Mussolinis Italien bewunderte. Diese verschiedenen Formen transferierter Loyalität bezeichnete Orwell als politischen Katholizismus. Obwohl Chesterton Hurrapatriotismus und Imperialismus strikt ablehnte und in der englischen Politik Demokratie befürwortete, wandte er sich mit keinem Wort gegen den von den Italienern und Franzosen in Afrika praktizierten Imperialismus. Auch erwähnte er mit keiner Silbe, daß Mussolini Freiheit und Demokratie in Italien zerstört hatte (Orwell, 1970, 160f).

Chestertons Fall ist instruktiv, wenn es um übertragene Loyalitäten und konstruierte Identitäten geht, einem Grundzug der modernen gestörten Imagination. Diese scheint die gegensätzlichen Werte und Ideen nicht in Einklang bringen und keine brauchbaren universalen Muster der Weltsicht schaffen zu können. Zugleich politisch liberal und in Religionsfragen konservativ zu sein, erscheint extrem schwierig, wenn nicht unmöglich. Wie kann ein treuer britischer Patriot zugleich ein überzeugter Anhänger der römisch-katholischen Kirche sein? Wie läßt es sich vereinbaren, ein ostmitteleuropäischer Nationalist und ein skeptischer liberaler Kosmopolit zu sein? Wie können Treue und Zweifel, Wert und Wahrheit, Imagination und Realität miteinander in Einklang gebracht werden? Die organisierte Religion schafft dies nicht, da Religion selbst zunehmend von modernen Barbaren politisch ausgenutzt oder mißbraucht wird. Im besten Fall verhält sie sich heute politisch neutral, wenn nicht gar marginal.

Ethischer Universalismus bzw. säkularer Humanismus ist alles andere als eine allgemein zufriedenstellende Antwort. Wie kraftvoll er als eine Form der Gesellschafts- und Kulturkritik auch sein mag, er wird in schwierigen Zeiten oder wenn Ideologien aufeinanderprallen, beiseite geschoben. Im Rahmen der modernen gestörten Vorstellungswelt ist nichts von Dauer. Ethischer Universalismus mag einem modernen schwachen und gestörten Individuum als eine viel zu große Herausforderung und Enttäuschung vorkommen, denn er enthält weder Denk- noch Handlungsrezepte noch bietet er einen Weg aus einer Welt voller unerträglicher Spannung, Mehrdeutigkeiten und Unsicherheiten.

Ethischer Universalismus hält das Individuum letztlich für die einzige Instanz, die auf Grund ihrer Vernunft und Gewissen eine moralische Entscheidung treffen kann. Allerdings ist dies offensichtlich eine zu schwache Grundlage für entschiedenes Handeln und eine funktionierende Identität, sei sie ethnisch, politisch oder kulturell. Sie ist, wie wir gesehen haben, austauschbar.

Eine Gesellschaft oder Kultur, die sich in der Krise befindet, offenbart sich zwangsläufig durch eine individuelle Bewußtseinskrise. Eine solche Realisierung der Kultur in der Krise wurde von Vytautas Kavolis als ‚der mehrdeutige Mensch' bezeichnet. Kavolis stellt fest, daß es Menschen gibt, die sich zwar ihrer psychischen Ambiguität bewußt sind, aber klar und eindeutig auftreten, wenn es darum geht, Verhalten und Einstellungen anderer Menschen zu beeinflussen.

Laut Kavolis sehnt sich der ehrgeizige Mensch nach intensiven Erlebnissen. Dieses Streben nach Intensität, das in der Psychoanalyse identifiziert und auch ausgenutzt werden kann, gefährdet seine Persönlichkeit und auch das gesamte moderne Bewußtsein und die Kultur. Nach Kavolis gilt:

> „Strebt ein Mensch vor allem nach Intensität, sind sein Denken und seine Entscheidungsprozesse oft autoritär geprägt, auch wenn der bewußte Teil seines Denkens liberal ist: erinnert sei beispielsweise an Marcuse oder das Living Theater. Wer nach Intensität strebt, neigt dazu, in Polaritäten zu denken. Der Gegensatz von ‚Wahrheit' ist ‚Fehler' und von ‚Tugend' die ‚Bösartigkeit'. Dies akzeptiert man, anstatt nach fehlenden Verbindungsstücken oder Nuancen zu suchen. Die Nuancen stehen für die psychische Mehrdeutigkeit seines Charakters, die der Betreffende für untragbar hält und deshalb mit beliebigen, aber ‚realen' Momenten der Intensität zu unterdrücken versucht. Obwohl er Wahlfreiheit fordert, erwartet er demzufolge, daß andere für ihn den Weg in die Freiheit wählen oder sogar die Vorstellung über Freiheit vorgeben" (Kavolis, 1993, 126; Übersetzung des vom Autor ins Englische übertragenen Zitats BKU).

Eine mögliche Implikation von Kavolis Gedanken wäre, daß mehrdeutige Menschen unfähig sind, sich selbst zu analysieren und kritisch zu hinterfragen und deshalb letztlich möglicherweise an den Punkt gelangen, die soziale Wirklichkeit falsch darzustellen. Denn sie projizieren in diese diejenigen schmerzlichen Elemente ihrer Persönlichkeit und Erfahrung, die sie nicht verstehen oder von denen sie sich nicht trennen können.

> „Die dogmatischen Anforderungen an die Welt entspringen der inneren Mehrdeutigkeit der Persönlichkeit. Wir können durch die strengen Bedingungen vor unserem Zerfall bewahrt werden. Psychoanalytiker haben diesen Mechanismus in den noch recht romantischen russischen Revolutionären früherer Zeiten erkannt. Dogmatismus bedeutet die mechanische Stabilisierung des mehrdeutigen Menschen und nicht die organische Stabilisierung, die der Tiefe unserer Persönlichkeit entspringt. Allerdings wird diese Art von Schutzpanzer, der tief im mehrdeutigen Menschen steckt, früher oder später zerbrechen und entweder ihn selbst oder andere zerstören“ (ebda.).

Kavolis beschreibt einen Dogmatismus, der von kognitiver Dissonanz herrührt. Wenn also „die dogmatischen Anforderungen an die Welt der inneren Mehrdeutigkeit der Persönlichkeit entspringen“, ist Dogmatismus selbst die Illusion eines klaren Standpunktes und transparenten Denkens. Unser Streben nach Intensität spricht für unsere Unfähigkeit, uns selbst und die Realität, so wie sie ist, kritisch zu analysieren. Statt dessen füllen wir die Realität mit ideologischer Magie, eigenen Regelwerken, physischen und psychischen Experimenten und ähnlichem.

Dogmatische und mehrdeutige Menschen sind unfähig zu kritischer Analyse. Sie können lediglich düstere Prophezeiungen machen oder jene symbolisch exkommunizieren, die als Bedrohung des Volkskörpers und seines nahezu mystischen Zusammenhalts gelten. Wenn die Suche nach Feinden die kritische Analyse ersetzt, findet die gestörte Vorstellung dieser Menschen problemlos ein Gruppenziel.

Daraus erklärt sich das starke Bedürfnis nach einer Verschwörungstheorie. In Verbindung mit einer sich selbst auferlegten moralischen Blindheit, einer Blockade des Moralgefühls, der Weigerung, die Realität zu akzeptieren, und der Ablehnung von Logik und Fakten eröffnen sich den Anhängern einer Weltverschwörung die Begründung und amoralische Logik für ein unbedingt notwendiges Gruppenziel. Wenn wir weder an die Unfehlbarkeit der Partei oder ihres Führers noch an die Heiligkeit unsere Sache glauben, werden wir immer unrühmliche Dinge und gewalttätige Politik, die wir ausübten, auf das vorgeschobene Gruppenziel zurückführen. Ein solches Gruppenziel ist ein negatives Abbild der imaginierten Gemeinschaft der Tugend und Wahrheit, mit der wir uns identifizieren. An der in unserer Vorstellung existierenden Gemeinschaft, die wir lieben, können wir nur festhalten, wenn wir deren verwerfliche politische Praktiken und Manipulationen auf eine andere, in unserer Vorstellung existierende und von uns gehaßte Gemeinschaft projizieren.

Daher wird die Verschwörungstheorie jedes politische Regime, jede Moralkultur und Regierungsform überdauern. Wie sie auch immer in einer Gesellschaft erscheint und woher sie kommt, sie ist eine Patentlösung für alle politisch und moralisch unbequemen Fragen. Der Fanatiker ohne Verschwörungstheorie ist ein Oxymoron. Dies gilt auch für den dogmatischen, mehrdeutigen Menschen ohne eine solche Verschwörungstheorie.

Orwells Anmerkungen zum kollektiven Haß enthalten einige wesentliche Hinweise. Die Muster des Glaubens an eine Ideologie, Vorurteile und Haß sind austauschbar. Politische und ideologische Loyalitäten sind übertragbar. Identitäten sind beweglich, veränder- und erneuerbar. All dieses wird möglich durch manipulative Politik, skrupellose Gehirnwäsche und finsterste Propaganda. Wir könnten diese Aussage genau anders herum formulieren: Manipulation, Gehirnwäsche und Propaganda werden erst in Zeiten transferierter

Loyalitäten und konstruierter Identitäten, wie wir sie heute haben, richtig effizient. Im Mittelalter oder in der Renaissance hätte dies niemals funktioniert.

Die Phänomene der übertragenen Loyalitäten, konstruierten Identitäten und Austauschbarkeit von Massenbewegungen passen zu dem von Ernest Gellner beschriebenen ‚modularen Menschen'. Diese modularen Menschen, die sich jeder Art von sozialem oder politischem Umfeld anpassen können, stellen Gellners Meinung nach ein äußerst ambivalentes Phänomen der Moderne dar. So wie die Mieter einer Wohnung nach Zahlung der Miete ihren Mietvertrag kündigen und in eine andere Wohnung ziehen können, ohne des Verrats bezichtigt zu werden, können modulare Menschen in einen Verein eintreten und auch wieder austreten, ohne daß ihnen Verrat vorgeworfen wird. Modularität ist unverzichtbar für eine Zivilgesellschaft und für Nationalismus. Alles hängt von der Richtung der Modularität ab und davon, an welche Art moderner Politik sich modulare Menschen binden.

Als Ausdruck moderner Flexibilität und Freiheit des Wandels oder Anpassung kann Modularität eine notwendige Voraussetzung ziviler Freiheiten sein. Allerdings kann sie auch ein wichtiger Baustein für die Entstehung nationaler Bewegungen sein, die große Risiken in sich bergen. Die Schaffung der menschlichen Loyalität, des Objekts der Zugehörigkeit, der Identität und Persönlichkeit - Grundpfeiler einer anonymen Massengesellschaft - erweist sich als eine der ambivalentesten und unvorhersagbaren Kräfte der Moderne (vgl. Gellner, 1995b, 32ff; 1995a).

Orwells Ausführungen enthalten neue Erkenntnisse, warum und inwieweit westliche Marxisten und ideologische oder politische Anhänger Rußlands als Brüder und Schwestern im Geiste betrachtet werden können, zumindest bezogen auf den Verlust ihrer ursprünglichen Identitäten und Objekte der Loyalität. Wenn das ursprüngliche Objekt der individuellen Liebe, Loyalität, Bindung und Erinnerung verloren geht, werden zwangsläufig neue Objekte kollektiver Liebe und des Hasses konstruiert.

Sobald wir einen interpretatorischen Rahmen für eine mobile, leicht anzupassende Wahrheit zu errichten beginnen und nach einem Modell für unser eigenes Ich trachten, das lediglich übertragbare Loyalitäten und austauschbare, konstruierte Identitäten vorsieht, werden wir früher oder später in einer Ideokratie enden. Neue religiöse oder weltliche Ideokratien werden jeden unserer Schritte überwachen und dabei keinen Winkel unserer Existenz auslassen. Auch werden uns diese diktatorischen Regime solange nicht in Ruhe lassen, bis allgegenwärtige Wächter sicherstellen, daß wir die Doktrin unterstützen und uns in ihren Dienst stellen.

Relativismus nährt die Ungewißheit, und Ungewißheit erzeugt einen Dominoeffekt, indem er das Gefühl der Unsicherheit und Ungewißheit verstärkt. Daraus ergibt sich die Suche nach klaren, simplistischen Zukunftsvisionen und starken Antworten. Eine Ideokratie ist die stärkste Antwort auf die Herausforderungen der Moderne. Wenn wir die Realität zugunsten einer stärkeren Ideologie oder einer gewalttätigeren Politik aufgeben, verlieren wir den Sinn für Geschichte und für unsere Wurzeln, unsere Fähigkeit, uns in andere Menschen hineinzuversetzen und ihnen offen entgegenzutreten, unser Mitgefühl, unsere Anteilnahme und unsere Menschlichkeit.

So lautet Orwells Warnung an die Menschen nach dem Zweiten Weltkrieg. Wir unterlägen einer Selbsttäuschung, wenn wir annähmen, diese Warnung sei veraltet.

Czesław Miłosz und die Erfahrung des Totalitarismus

Die symbolische Darstellung des liberalen Nationalismus, seiner Ethik und seiner moralischen Implikationen für Gesellschaftskritik stammt weitgehend von dem großen polnischen Dichter Czesław Miłosz. Mit seinem Buch *Zniewolony umysł (Verführtes Denken*, 1953) gelang es ihm, die Welt auf die Tragödie der Baltischen Länder und generell Ostmitteleuropas aufmerksam zu machen.

Dieses Meisterwerk des zwanzigsten Jahrhunderts ist noch immer ein Meilenstein der Gesellschaftskritik. Es enthüllt die Bösartigkeit, den Haß und das Manipulationspotential des Totalitarismus. Das Kapitel „Die baltischen Völker" verweist in mancher Hinsicht bereits auf die späteren Werke von Alexander Shtromas und Tomas Venclova. Diese beiden litauischen Denker folgten der Tradition von Orwell, Koestler und Miłosz, wenn es um einen spezifisch ostmitteleuropäischen Versuch ging, die zynische Natur einer Ideokratie bloßzulegen, gleich hinter welcher politischen oder philosophischen Maske sie sich verbarg. In *Verführtes Denken* zeigt uns Miłosz eine Form des Hasses, die politische Essayisten oder dystopische Schriftsteller bisher nicht erkannt hatten. Er lotet aus, wie tief sich Haß als Glauben tarnen kann und warum und wie er sich hinter Liebe, Mitgefühl und Loyalität verbirgt.

Das Buch zeigt die Welt des Neuen Glaubens, eine total verkehrte Welt, in der alles gefälscht und das Leben auf Schauspielerei und Rollenspiel reduziert ist, um das physische Überleben zu sichern. *Verführtes Denken* öffnete den westlichen Lesern die Augen darüber, wie der Einzelne und die Gesellschaft in der früheren Sowjetunion und den Volksdemokratien tatsächlich lebten.

Am Anfang seiner Analyse verweist Miłosz auf den sonderbaren, jedoch prophetischen Roman *Nienasycenie* (*Unersättlichkeit*, 1930) des polnischen Schriftstellers, Philosophen und Malers Witkiewicz. Er ist ein Meister der Parodie und Groteske und auch ein gründlicher Analytiker des Anti-Logischen und des Unterbewußten. Sein Roman ist eine Studie des Verfalls (vgl. Miłosz, 1974, 16-37). Die darin herrschende Spenglersche Atmosphäre offenbart das Ausmaß der Zersetzung im Okzident: Perversionen, gewalttätige Erotik, sinnentleerte Kunst, eine äußerst prätentiöse aber langweilige Philosophie ohne einen Funken Lebendigkeit und komplizierte Psychopathen bilden den geistigen Rahmen für eine untergehende Zivilisation. Kreativitätsverfall und Sinnlosigkeit gepaart mit einer tiefen Krise in Innenpolitik und internationalen Beziehungen kommen vor dem Zusammenbruch der westlichen Zivilisation.

Die Atmosphäre von Sinnlosigkeit und Absurdität des Lebens zieht sich als roter Faden durch Witkiewicz gesamten Roman. Die Akteure verlieren ihren Glauben und das Gefühl für die wichtigen Dinge im Leben. *Unersättlichkeit* beschreibt die Dekadenz der Gesellschaft und verweist auf das kommende politische Desaster. Nach dem Ersten Weltkrieg wird ein riesiges Gebiet, das sich vom Pazifik bis zum Baltikum erstreckt, von einer chinesisch-mongolischen Armee besetzt. Die Generäle verbessern die Moral ihrer Truppen, indem sie ihnen Murti-Bing-Pillen verabreichen. „Murti-Bing war ein mongolischer Philosoph, dem es gelungen war, für seine ‚Weltanschauung' ein organisches Bindemittel herzustellen und sie damit übertragbar zu machen." (Miłosz, 1974, 17) In europäischen Städten wurden die Pillen von Hausierern vertrieben. Menschen, die sie einnahmen, veränderten sich gravierend. Sie wurden heiter und fühlten sich glücklich. Alle ihre Probleme verschwanden umgehend. Was sie bisher als eine große Bürde empfunden hatten, war ihnen nun vollkommen gleichgültig. Die Menschen beschäftigten sich nicht mehr mit metaphysischen Fragen oder schwierigen politischen Problemen. Vielmehr glaubten sie, nun den Schlüssel für die Lösung von äußerst komplexen Fragestellungen gefunden zu haben, die bisher keine Theorie oder Ideologie zufriedenstellend beantworten konnte.

Wer sich der Murti-Bing-Kur unterzog, hielt die anderen, die diese Pillen nicht einnahmen, für bedauernswerte Kreaturen, die Mitleid verdienten. Nur die Murti-Bing-Anhänger hatten Zugang zur Wahrheit. Den fehlgeleiteten Verstockten, die die Pillen verweigerten, war sie nicht zugänglich. Daß Europa von der chinesisch-mongolischen Armee besetzt war, störte die glücklichen Murti-Bingisten nicht. Mit ihren Besatzern glaubten sie an den Sinn des Lebens, wie ihn die Philosophie des Murti-Bing so überzeugend vorsah. Die Besetzung und Zerstörung des intellektuellen und kulturellen Vermächtnisses Europas hielten nur die für eine Katastrophe, die die Wunderpille niemals ausprobiert hatten. Eine neue, großartige Epoche mit einem einzigartigen neuen Lebensgefühl war angebrochen – ermöglicht durch die Glückspille, die Pille des Murti-Bingismus.

So viel über Witkiewicz Roman *Unersättlichkeit*. Der Tod des Autors dieses seltsamen Romans war voller Symbolik. Was wie ein Fantasiegespinst ausgesehen hatte, erwies sich als Prophezeiung. Als Witkiewiecz vom Einmarsch der Roten Armee in Ostpolen erfuhr, beging er am 17. September 1939 Selbstmord. Auch wenn die *Unersättlichkeit* im Gegensatz zu Samjatins Roman *Wir* wenig bekannt ist, sollte der Roman als ein herausragendes philosophisch-politisches Werk im Kontext der ostmitteleuropäischen Geschichte dystopischer Ideen und der Literatur des zwanzigsten Jahrhunderts betrachtet werden. Witkiewicz verwies u.a. auf ein Phänomen, das Raymond Aron als „Opium für Intellektuelle" bezeichnete.

Aron gebrauchte „Opium für Intellektuelle" als Metapher für die Marxismus-Begeisterung der Intellektuellen, die meinten, damit eine Revolutionstheorie gefunden zu haben, die die Welt deuten und verändern konnte. Im Sinne von Orwell suchte Aron eine Erklärung für die politische Blindheit und moralische Unempfänglichkeit doktrinärer Intellektueller. Sie rechtfertigten nämlich jeden Terror und alle gesellschaftlichen Katastrophen, die von Revolutionen und Bürgerkriegen ausgingen. Nach Witkiewicz bestand die Bedrohung in einem gesellschaftlichen Konstrukt, das als Gedanken- und Handlungsmuster funktionierte und darauf abzielte, mit einer allumfassenden Gesellschaftsdoktrin die Welt vollkommen zu verändern.

Miłosz Erläuterungen zum Begriff Ketman machen uns mit einem schwer zu definierenden, komplexen Phänomen vertraut, einer Welt der verborgenen Identität und geistigen Akrobatik. Ketman ist ein altes im Islam praktiziertes Prinzip, das auf die Kultur Altpersiens zurückgeht. Der Begriff kommt aus dem Persischen. Der Ketman besagt, daß Muslime angesichts einer Bedrohung ihrer Würde und ihres Lebens ihren wahren Glauben verschweigen und zwischenzeitlich andere Glaubensgrundsätze vortäuschen dürfen.

Miłosz bietet in seiner scharfsichtigen Analyse des totalitären Systems von Gehirnwäsche und Manipulationen eine neue Interpretation des Ketman an: Er transformiert das Prinzip in eine ideologie- und kulturübergreifende Sprache, die gleichermaßen gut in religiösen und weltlichen Ideokratien funktioniert. Mit Hilfe seiner provozierenden und zugleich stimulierenden Interpretation des Ketman kann er verschiedene literarische Kunstgriffe und Deutungsformen zeigen, die die wahren politischen, moralischen, ästhetischen und religiösen Ansichten von unterdrückten Menschen verdecken. Sie stammen von mittel- und osteuropäischen Intellektuellen, die verzweifelt versuchten, in einer Welt zynischer Lügen und strenger Zensur anständig zu handeln und zu überleben.

In *Verführtes Denken* analysiert Miłosz die Spielarten des modernen ideologischen Ketman: Der Nationale Ketman, der Ketman der revolutionären Reinheit, der ästhetische Ketman, der berufliche Ketman, der philosophische Ketman, der metaphysische Ketman, und der ethische Ketman. Das Phänomen des Ketman wurde ausgerechnet vom Begründer der Rassenanthropologie, Joseph Arthur de Gobineau, entdeckt. Dieser scharf beobachtende, doch gefährliche Schriftsteller machte die Leser in seinem Buch *Réligions et Philosophie dans l'Asie Centrale* (1865) mit seinem europäischen Sozialdeterminismus und Rassismus vertraut.

Gobineau beschreibt den Fall des Hadschi Scheich Ahmed, des Begründers einer Sekte in Persien, und den von Sadra, Schüler des Avicenna. Dabei erwähnt er, daß ihm ein Perser einmal sagte, es gebe in Persien keinen einzigen echten Muselmanen. Daraus schloß Gobineau, daß der Ketman ein in Persien weit verbreitetes und annähernd überall praktiziertes Phänomen darstellte. Er wies darauf hin, welch große Freude und intellektuelle Befriedigung derjenige empfand, der intelligent, kühn und listig genug war, sich aus den Ketten der ideokratischen Gemeinschaft zu befreien, indem er das sein Denken und seine Handlungen unterdrückende System überlistete und insgeheim dem eigenen Glauben oder der Philosophie treu blieb. Gobineau beobachtete sehr genau die Fähigkeit derjenigen, die den Ketman praktizierten, sich vor der Finsternis der Illusion und Unwissenheit zu schützen.

Doch ist der Ketman ein äußerst gefährlicher geistiger und intellektueller Spagat. Eine winzige Abweichung oder ein kleiner logischer Fehler genügen, und der Betreffende ist bloßgestellt. Es gibt nichts, daß ihn vor der Todesstrafe retten könnte. Um den Gegner oder Feind zu täuschen, benötigt der Ketman viel Zeit, Energie und Wachsamkeit. Beispielsweise mußte sich Sadra gegenüber den Mullas fromm, zutiefst religiös und äußerst gehorsam geben, bis sie ihn nicht mehr überwachten, weil sie von seiner Rechtgläubigkeit überzeugt waren.

Gemäß Gobineau war Sadra erst dann imstande, durch genaue Prüfung der Mienen, der spontanen Reaktionen und der Kommentare seiner Zuhörer zu erkennen, wer für die Wahrheit aufgeschlossen war. Nachdem er seine Zuhörer sorgfältig geprüft und zu ihnen einen gewissen Kontakt aufgebaut hatte, bei dem eine unausgesprochene Übereinstimmung, Solidarität und wechselseitige Beziehung hergestellt wurde, entschied sich Sadra, sein Geheimnis zu lüften und sich als der Logiker und Metaphysiker erkennen zu geben, der er in Wirklichkeit war.

Ketman ist keineswegs nur ein Phänomen des Islam, sondern ein interkultureller Begriff oder Symbol, wenn es darum geht, sich einem fremden Dogma zu unterwerfen, doch zugleich die eigene Religion oder Kultur weiter heimlich zu praktizieren. Irgendeine Form von Ketman hat es in der Geschichte beim Aufeinanderprallen von Ideen, Doktrinen und Ideologien fast immer gegeben. Man denke nur an die Nikodemiten im Römischen Reich, die verkappte Christen waren. Seneca wurde von einigen Humanisten der Renaissance für einen Nikodemiten gehalten. Ein weiteres Beispiel sind die *Marranos* in Spanien des 15. Jahrhunderts. Sie waren zum Christentum konvertierte Juden, die heimlich ihr Judentum praktizierten.

Ketman hat es wohl immer und überall gegeben, wo Philosophie als Blasphemie, Abweichung und Verbrechen betrachtet und Heterodoxie nicht toleriert wurde. In gewisser Weise war der Ketman eine prähäretische und präheterodoxe Form des Andersdenkens, die sich im 20. Jahrhundert als verstecktes politisches Dissidententum fortsetzte. Als Frühform des Widerstands kann Ketman Eingang in jede Kultur finden und sich auch den von einer politischen Ideologie bestimmten Regimen anpassen.

Zahllose logische und metaphysische Spiele der mittelalterlichen Philosophie fallen in dieselbe Kategorie. Sie sind nur zu dem Zweck erfunden wurden, das unterdrückerische, allumfassende Denk- und Handlungssystem ruhig zu stellen und dadurch autonomes Denken möglich zu machen. In den Frühphasen des Monotheismus war für Philosophie als wahrhaft unabhängiger geistiger Betätigung kaum Platz. Vielmehr sahen die vormodernen Formen monotheistischer Religionen für die Antwort auf Logik- und Theologiefragen nur einen sehr engen Raum vor und reduzierten Philosophie auf eine untergeordnete geistige Übung.

Dies gilt für jede monotheistische Religion, sofern sie sich nicht mit modernem Leben und Denken arrangiert hat. In einem oppressiven, geschlossenen Werte-und-Ideen-System, in dem Apostasie, Heterodoxie und Abweichung nicht geduldet werden, überlebt Philosophie entweder als Ketman oder halbversteckt hinter Esoterik. Dies gilt auch für vormoderne monotheistische Kulturen. Indem Menschen ein fremdes Dogma akzeptierten, aber gleichzeitig insgeheim die eigene Religion ausübten und ihren Werten treu blieben, praktizierten sie den Ketman. Er hatte also wahrscheinlich seinen Ursprung als ein transkulturelles Phänomen und sollte nicht auf den Islam oder die Zeit des Stalinismus reduziert werden. Im großen und ganzen ist die Geschichte der Philosophie eine Geschichte des Ketman, sofern es um die vormodernen Zivilisationsformen des Monotheismus geht.

Leider sind viele Epochen, Jahrhunderte und Phasen der Zivilisation weiße Flecken in der Geschichte der Philosophie. Nur die Alten, oder um es mit David Hume auszudrücken, die toleranten Götzendiener, und die Modernen konnten ohne Gefahr für ihr Leben

Philosophie praktizieren. Weder der Islam noch das Judentum erlaubten unabhängige Philosophie. Die Philosophie konnte nur durch esoterische und mystische Tradition überleben, die selbst eine verfeinerte Form des Ketman darstellt.

Auch das frühe und das mittelalterliche Christentum war kein sicherer Ort für autonomes theoretisches Denken. Daher kann man über das Schicksal der Philosophie in westlichen und nichtwestlichen Kulturen besonders viel lernen, wenn es um Themen wie Toleranz, Ideokratie und Ketman geht. Es dauerte nämlich Jahrhunderte, bis sich in der christlichen Kultur des Abendlandes das entwickelte, was wir heute als theoretische, moralische Grundlagen von Toleranz und Pluralismus bezeichnen.

Miłosz Konzept des Ketman, der in Ostmitteleuropa als letzte Möglichkeit menschlicher Würde und Sicherheit praktiziert wurde, beruht auf seiner Annahme, daß die Menschen in der Sowjetunion und in den Volksdemokratien nur dadurch überleben und ihrem Leben irgendeinen Sinn geben konnten, daß sie sich verstellten. Mit Schauspielerei und durch Vortäuschung von Treue oder Loyalität überlebten viele Menschen das Regime, insbesondere in seinen schrecklichsten Phasen wie den Säuberungen unter Stalin. Viele Menschen erkannten schnell, daß ihre einzige Rettung darin bestand, sich eine neue Persönlichkeit zurechtzuzimmern und Gefühle und Reaktionen vorzutäuschen. Miłosz schrieb:

> „Man kann die Beziehungen der Menschen untereinander dort [in den Volksdemokratien des Ostens – Anm. d. Übers.] kaum anders bezeichnen als mit dem Worte Verstellung oder Schauspielerei; der einzige Unterschied ist, daß ihre Bühne nicht auf dem Theater, sondern auf der Straße, im Büro, in der Fabrik, im Versammlungssaal, ja sogar im eigenen Zimmer zu finden ist. Jedes ausgesprochene Wort muß im voraus schnell auf seine möglichen Folgen hin geprüft werden. Aber nicht allein ein Wort, ein Lächeln am unrechten Ort, ein Blick, der etwas anderes ausdrückt, als er sollte, können gefährliche Verdächti-

> gungen und Vorwürfe nach sich ziehen. Die ganze Art sich zu bewegen, der Tonfall der Stimme, die Wahl einer bestimmten Krawatte, alles wird als Äußerung politischer Neigungen interpretiert.“ (Miłosz, 1974, 64)

Eine Welt, die permanente Verstellung erfordert und in der überall Gefahr lauert, schafft eine Atmosphäre der Wachsamkeit. Dies schärft den Intellekt und führt zu einer gestörten Moralvorstellung. Um nur den Hauch eines Verdachts auf Anklage wegen Verrats auszuschalten, muß man sich ein neues Vokabularium für Moral, Politik und Kultur zurechtlegen. Sobald man sich den Zusammenbruch des Zentrums und die Auflösung des Neuen Glaubens vorzustellen vermag, sollte man ein überzeugendes Argument an der Hand haben, mit dem man sein früheres Engagement in dem System rechfertigen kann, um später nicht als Dummkopf oder zynischer Opportunist dazustehen.

Der Ketman liefert mehrdeutigen Menschen und Fanatikern eine einzigartige Gelegenheit, hinter der nie endenden Maskierung ihrer Loyalitäten, Bindungen und Glaubensgrundsätze immer neue gesellschaftliche Rollen anzunehmen. Wer den Ketman anwendet, riskiert, seine Person und sein Denken vollkommen mit dem Neuen Glauben, dieser allumfassenden Doktrin, zu identifizieren. Mit einer Maske kann sich ein Angehöriger des Neuen Glaubens oder eines anderen oppressiven Denk- und Handlungssystems eine neue Identität überstülpen. In einem Ideologie-getriebenen Regime erlaubt der Ketman weder einen Moralkodex noch echte Freundschaft. Es herrscht ein geheimer Krieg, in dem jeder gegen jeden kämpft. Menschen, die sich hassen, können sich definitionsgemäß nicht lieben. Sie sind miteinander verbunden, indem sie einen gemeinsamen Feind haben. Der Feind wird jeden Tag aktualisiert und den Bedürfnissen angepaßt. Dies ist ein weiterer Grund, sich immer wieder der kollektiven Hysterie anzuschließen.

Da der Ketman eine versteckte Form des Hasses auf das Regime, den Glauben daran, sein Wertesystem und seine Kultur darstellt, verlangt er dringend die Konstruktion von Feinden, damit das echte Objekt unseres Hasses nicht erkannt wird. Es läßt sich einigermaßen leben, solange man der Partei immer wieder neue Feinde liefern kann. Dazu muß man seinen Freund oder Lehrer denunzieren, sobald man ihn für schuldig hält. Man kann diese verwerfliche Handlung damit vor sich selbst rechtfertigen, daß man so das eigene Engagement und die Sorge um die Heilige Sache unter Beweis stellt.

Solange man immer neues Menschenmaterial für die öffentlichen oder geheimen täglichen Hinrichtungen heranschafft, solange man dem Großen Vorsitzenden oder der Partei zuverlässig möglichst viele Feinde liefert, wird man nicht denunziert, und man denunziert sich ja nicht selbst. Man ist sicher, solange man in Bewegung ist. Wenn man niemanden mehr zum Feind stempelt, wird man früher oder später selbst zu einem Feind. Dazu Miłosz:

> „Der Ketman des Islam und der Ketman des europäischen zwanzigsten Jahrhunderts scheinen sich insofern zu unterscheiden, als die Kühnheit, die sich Sadra erlaubte, ihm in Osteuropa sicher ein trauriges Ende bereitet hätte. Nichtsdestoweniger ist der Ketman in seiner engeren und strengeren Form in den Volksdemokratien weit verbreitet. Ähnlich wie im Islam bildet das Gefühl der Überlegenheit über diejenigen, die der Wahrheitserkenntnis unwürdig sind, eines der größten Vergnügen des dortigen Lebens, das mit Vergnügen nicht allzu reichlich gesegnet ist. Die ‚Abweichungen', die den Herren des Systems so viel zu schaffen machen, sind keine Einbildung. Es sind Fälle von demaskiertem Ketman, bei deren Aufspürung jene die besten Dienste leisten, die selbst einen Ketman ähnlicher Art üben: Sie erkennen bei den anderen mit Leichtigkeit die Kunstgriffe, die sie selbst anwenden, und nehmen gewöhnlich die erste Gelegenheit wahr, um Feind oder Freund zu stürzen. Sie sichern dadurch sich selbst, und es hängt nur von ihrer Geschicklichkeit ab, einer ähnlichen An-

> klage von seiten ihres Opfers wenigstens um einen Tag zuvorzukommen“ (Miłosz, 1974, 69f.).

Nur wer sich wohl verhält und zum richtigen Zeitpunkt und am richtigen Ort in kollektive Hysterie verfällt, gilt als ein Mensch, der zu uns gehört. Dies bedeutet nicht, daß Totalitarismus nichts weiter tut, als die Bevölkerung zu provozieren, daß sie ihren Ärger und ihre Frustration in Haß ummünzt. Wir sollten nicht vergessen, daß Totalitarismus letztendlich eine Form moderner Sklaverei ist, die naturgemäß Haß und Ablehnung hervorruft. Diesen Haß fühlen die unterdrückten Menschen, die ihre Würde und ihre Freiheit verloren haben, spontan. Dabei ist ihnen nicht bewußt, daß die von ihnen am meisten gehaßten Personen ihre Unterdrücker sind.

Der Ketman kommt zu den verarmten, erniedrigten Menschen als eine Form der verdeckten Auflehnung. Dies scheint jedenfalls bei Intellektuellen der Fall zu sein. Leo Strauss beschrieb das Verhältnis zwischen politischer Verfolgung und der Kunst des Schreibens. Er zeigt, wie in Zwangsherrschaften Autoren und Übersetzer versteckte ideologische Spiele mit ihren Zensoren spielen: Sie prüfen deren Wachsamkeit und Verständnis der äsopischen Sprache und schreiben zwischen den Zeilen (vgl. Strauss, 2009, 23-50). Dabei stimulieren sich Zwang und Stil gegenseitig, so wie sich auch politische Verfolgung und Schreiben gegenseitig befruchten.

Profitiert Literatur von politischer Verfolgung und Zensur? In gewisser Weise ja. Politische Zensur machte Voltaire in Frankreich zu einem Helden, ähnliches geschah mit Alexander Solzenitschin in der ehemaligen Sowjetunion. Wenn offener Widerstand unter dem Druck strenger Zensur nicht überleben kann, dann obsiegt die Genre-Literatur.

Allegorien, Fabeln, utopische und dystopische Literatur, Gesellschaftssatiren - sie alle profitieren von gesellschaftlich restriktiven und politisch unterdrückenden Bedingungen, auch wenn dies sehr sarkastisch klingen mag. Oft entwickelt sich die Metapher auf Kosten der Freiheit. Diese Form des versteckten Krieges zwischen Politik und Literatur zog sich im 19. und 20. Jahrhundert durch die russische Kultur. Die moderne geistige Kultur in Deutschland, insbesondere in der Philosophie und Literatur, zeigt Spuren der Feindschaft zwischen Politik und Kultur, wenn auch in anderer Art und Weise.

Wie Miłosz darlegte, ist das verführte Denken ständig mit einer Art geistigen Akrobatik beschäftigt. Unterdrückung befruchtet die Vorstellungskraft. Es befeuert rhetorische Figuren und setzt sie in Bewegung. Niemand verstand dies besser als die sowjetische Intelligentsia, die wahre Meisterschaft im ideologischen Katz-und-Maus- und im Versteckspiel entwickelte. In ihrem permanenten Kampf mit dem sowjetischen „Newspeak" und der Zensur verwendeten sie die äsopische Sprache und ausgefeilte literarische Kunstgriffe, um in einer Welt der Gehirnwäsche und der zynischen Lügen überleben und dabei möglichst anständig bleiben zu können.

Der Ketman kann sich zu einem versteckten oder übertragenen Haß entwickeln. Den Menschen wird Haß gegen konstruierte Feinde eingeimpft und sie werden so konditioniert, daß sie nicht nach Logik, Fakten oder Stichhaltigkeit hinter der ideologischen oder politischen Haßpropaganda suchen, die ihnen aufgezwungen wird. In ihrem Haß können sie nicht mehr nach der Wahrheit suchen. Es fällt ihnen unendlich schwer einzugestehen, daß sie ihren wahren Haß auf den eigenen unmenschlichen Zustand nun auf die Bilder projizieren, die ihnen von ihren Herren jeden Tag vorgegeben werden.

Dennoch kann der Ketman als eine Form des geheimen Dissidententums eine Alternative zu Haß und Fanatismus bedeuten. Es hängt davon ab, wer diese Technik sozialer und mentaler Akrobatik im Umgang mit anderen praktiziert und weshalb, wo und warum er dies tut. Dies erklärt die Doppelwertigkeit und Doppeldeutigkeit jener, die den Ketman anwenden. Wir wissen nie, ob sie sich verstellen und dann ihren Haß in eine bestimmte Richtung lenken, dabei aber verzweifelt versuchen, ihn vor dem totalitären Regime zu verbergen, oder ob sie im Besitz der verborgenen Wahrheit sind, die niemals offenbart und dadurch entweiht werden darf. Lüge und Verstellung wird zur einzigen Existenzmöglichkeit und zur einzigen Form der Wahrheit. Der Weg zur Treue ist gepflastert mit Lügen.

Miłosz Interpretation des Ketman eröffnet uns eine Welt schwer faßbarer Akteure. Der Ketman mag wohl für den vorübergehenden Sieg und Triumph des kleinen Mannes oder der kleinen Frau über ideokratische Regime und ihre Ideologien stehen. Allerdings erörtert Miłosz nicht die Frage der moralischen Implikationen dieser Überlebensstrategie. Verdecktes Dissidententum als ein Weg zu überleben auf Kosten der Freiheit, auch wenn es unter dem Deckmantel eines kulturellen Widerstandes geschieht, kann als ein Fall von nationalem Ketman definiert werden.

Der nationale Ketman ist laut Miłosz eine Form des Ketman, hinter der diejenigen, die ihn anwenden, ihre Verachtung und ihren Haß auf Rußland verbergen. Daher loben sie in den höchsten Tönen alles Russische. Immer und überall verweisen sie darauf, welche Hochachtung sie gegenüber russischer Literatur, Musik, Kultur und russischem Geist empfinden, und wie sehr sie die traditionell gepflegte Einheit des russischen Volkes bewundern, steht sie doch in krassem Gegensatz zu der Zersplitterung westlicher Gesellschaften.

Wer diese Form des Ketman praktiziert, schreibt eine Dissertation oder veröffentlicht Artikel über das Geheimnis der russischen Seele und preist in den schönsten Wendungen die Einfachheit und Klarheit des russischen Empfindens. Andere Menschen russischer oder anderer Nationalität wenden diese Form des Ketman an, indem sie sich eine politische Rhetorik zulegen, die den Stalinismus ablehnt, und dafür den Neuen Glauben wegen seines revolutionären Ethos und seiner moralischen Reinheit hochhält. All dies ist nur eine Tarnung für ihren Haß auf den russischen Imperialismus und ihre Verachtung Rußlands als eines barbarischen Landes, das niemals Demokratie und Wohlstand erfahren hat. Diese verborgene Form des Hasses steckte tief in den Anhängern des nationalen Ketman, aber auch des Ketman der revolutionären Reinheit und jeder anderen Ketman-Version in den Ländern des Neuen Glaubens.

Nach Orwell waren es ideologische Russophile, die im Westen russische Politik glorifizierten. Sie bewunderten erfolgreiche Gewaltanwendung und haßten westliche liberale Demokratie. In jedem Fall besaßen ideologische Russophile in westlichen Ländern einen großen Vorteil gegenüber jenen, die in Osteuropa gezwungen waren, den Ketman anzuwenden. Denn sie hatten das Privileg der freien Meinungsäußerung und konnten ihre Ansichten darüber, wen sie bewunderten und wen sie verabscheuten, deutlich zum Ausdruck bringen.

Miłosz hätte nie Menschen, die Ketman praktizierten, für Feiglinge, Zyniker oder Dummköpfe gehalten. Wir können die Beweggründe des verführten Denkens nicht mit den Maßstäben des freien Denkens bewerten. Es ist sinnlos, die Einwohner des Staates, der wie ein riesiges Gefängnis organisiert ist, an Hand ihrer Aussagen beurteilen zu wollen, die sie in Anwesenheit ihrer wachsamen Vorgesetzten machten. Aus der Logik des Hasses in totalitären Staaten oder anderen politischen Zwangsherrschaften ergibt sich, daß wir solange nicht wissen, wen die Menschen wirklich verabscheuen, bis sie einige Erfahrungen mit politischer Freiheit und mit moralischer Wahlmöglichkeit machen konnten.

Miłosz vermaß die Spaltung und das paranoide ideologische Bewußtsein in den Ländern des Neuen Glaubens und verfolgte die Spuren menschlicher Würde und Anstands in einer Welt des *social engineering*, des politischen und moralischen Zynismus und des nie dagewesenen Ausmaßes an Manipulationen. Hier befinden wir uns wieder in der kafkaesken Welt des schwachen, in die Ecke gedrängten, vollkommen verwirrten Menschen, in der Welt der Entfremdung und des Zorns. Doch es gibt einen Hoffnungsschimmer. Die orwellsche Welt, in der der Soldatenstiefel das menschliche Antlitz zertritt, ist eine Welt, in der das unrühmliche Ende von Winstons und Julias Liebe und O´Briens Sieg über die Suche des letzten Individuums nach Freiheit, Liebe, Erinnerung und authentischem Leben das Ende der Geschichte bedeuten.

Im Gegensatz dazu verzeichnet Miłosz Welt einen symbolischen Sieg des kleinen schwachen Individuums über das Monster der totalitären Moderne. Letztlich gibt uns Miłosz Vision der Welt Hoffnung, daß institutionalisierter Haß Menschlichkeit nicht zerstören kann. Nichts im Leben des Einzelnen und der Gesellschaft entgeht dem Bestreben der totalitären Sozialtechniker, ein neues menschliches Wesen zu schaffen und damit alle Dimensionen des Daseins, ob physischer, metaphysischer, fleischlicher oder geistiger Art, zu beeinflussen. Dennoch zeigt sich, daß es auf Dauer kein auf Haß und Fanatismus gegründetes Leben gibt. Die moralische Imagination als den Hort von Alternativen kann man nicht zerstören.

Miłosz und Orwell ergänzten sich als Schriftsteller. In seinen besten Werken drang Orwell tief in Vernunft und Gewissen von einzelnen, isolierten Individuen ein, die mit aller Kraft ihre Fähigkeit behalten wollten, logische und ethische Unterschiede zu machen: der heroische Versuch, gesunden Menschenverstand, klares Denken und menschliche Gemeinschaft zu bewahren. Auch wenn Orwell dem Theoretisieren skeptisch gegenüber stand, hätte er sich höchstwahrscheinlich Nietzsches Meinung angeschlossen: „Wahnsinn bei Individuen ist selten, aber in Gruppen, Nationen und Epochen die Regel." Was bedeutet Theoretisieren anders als der lange gewundene Pfad, der uns zu gesundem Menschenverstand zurückführt, welcher uns einst durch unser gestörtes Denken abhanden kam?

Miłosz wiederum scheint auf die schwer faßbare, doch entscheidende Kontinuität von etwas gebaut zu haben, daß bemerkenswert resistent gegenüber der Bewußtseinsindustrie war, etwas, daß irgendwann die konstruierte Realität des Totalitarismus besiegen würde. Miłosz porträtiert die Welt des politischen Handelns und der sozialen Maskerade, als ob es im Grunde keinen absoluten Totalitarismus im Sinne von totaler Kontrolle und unbeschränkter Manipulation geben kann.

Totalitarismus kann niemals die Welt der Menschen ganz durchdringen. Wir täuschen Liebe vor, wir simulieren Treue und Glauben, wir tarnen uns als Rechtgläubige und lassen das System niemals in unsere intimsten Gedanken und Gefühle eindringen. Der Ketman dient als ein Schutzpanzer, der alle auf eine Religion oder Ideologie begründeten Regime hindert, jeden einzelnen Aspekt des Lebens eines Menschen und seiner Erfahrung kontrollieren zu können.

Miłosz bietet eine zutiefst humane Botschaft, deren Kern die sichere Überzeugung ist, daß Totalitarismus zwar die bürgerliche Gesellschaft abschaffen, menschlichen Austausch bis zur Unkenntlichkeit verzerren und Gewalttätigkeit und Haß institutionalisieren kann, aber es dennoch nicht schafft, die Seele des Menschen vollkommen zu versklaven. Auch wenn der Totalitarismus einen temporären Sieg erzielen kann, vermag er nicht, die Welt in ihr Zerrbild umzuformen. Er hat nicht die Macht, kollektive Intuition und Kollektivgedächtnis zu zerstören. Noch ist er imstande, die unausrottbare und unbesiegbare Fähigkeit des Einzelnen auszulöschen, mit anderen in Kontakt zu treten und eine stillschweigende Übereinkunft darüber zu treffen, was von Wert und Bedeutung ist und was nicht.

Die wichtigste Lehre aus *Verführtes Denken* sollte sein, daß wir nicht Menschen verachten, die, nachdem sie ihrer Freiheit, Würde und Individualität beraubt waren, uns hassen und uns allein als Ursache ihrer beklagenswerten Lage sehen. Wir dürfen sie nicht einfach als Dummköpfe, Feiglinge oder zynische Opportunisten abtun, denn das hieße, unsere Mitmenschen zu verachten, und bedeutete eine gravierende Fehleinschätzung der menschlichen Situation.

Es gibt viele Gründe, Haß für etwas Unnatürliches zu halten, das der menschlichen Existenz widerspricht. Wir sind versucht, dieses Menschsein mit unserer eigenen Situation zu identifizieren. Allerdings ist das Natürliche das, was wir über einen langen Zeitraum internalisieren, was Teil unserer Erfahrung, Aktivität und unseres individuellen und kollektiven Selbst wird, auch wenn andere Gesellschaften dies für unnatürlich halten. Wenn nun der Hass auf andere Menschen oder auf unsere eigene Situation andere Aspekte unserer Erfahrung überlagert, wird er für uns naturgegeben.

Dasselbe gilt für Lügen, politisches Handeln und soziale Verstellung. Wenn unsere Situation uns zwingt, in Polaritäten zu denken oder die Welt als eine Menge kriegführender und unvereinbarer Extreme zu sehen, hat eine Alternative zum Haß wenig Aussicht auf Erfolg. Wenn wir unser ganzes Leben lang nichts als Krieg und organisierten kollektiven Haß erlebt haben, kommen uns Ideen wie friedliche Koexistenz, Dialog und gegenseitiger Respekt unnatürlich und vollkommen unrealistisch vor. Wenn wir immer nur Blutvergießen und Gewalttätigkeit gesehen haben, gewöhnen wir uns daran.

Mit anderen Worten: Nicht der einzelne Mensch ist für die Verstöße gegen die Menschlichkeit verantwortlich, sondern unmenschliche Ideen und politische Regime, die diese institutionalisieren. Wir sollten niemals vergessen, daß die gestörte Imagination als Antriebskraft hinter allen Formen des kollektiven Hasses steckt und keine Alternative bietet.

Milan Kundera und das Vergessen

Die konservative Imagination ist tragisch und pessimistisch, während die liberale sich selbst und die Welt leichter, optimistischer und mit einer Portion Ironie sieht. Die Tragödie bleibt der Kern der konservativen Imagination, die liberale Einbildungskraft wird am besten durch Lachen dargestellt.

Milan Kundera beschreibt in *Das Buch vom Lachen und Vergessen* Gustav Husak als den Präsidenten des Vergessens, der ästhetischen und politischen Kitsch und Massenkultur einsetzt, um Vergessen zu organisieren. Nach 1968 weigert sich Husak, die Massenemigration tschechischer und slowakischer Schriftsteller, Komponisten, Filmemacher, Wissenschaftler und Ärzte ernst zu nehmen. Er reagiert jedoch sofort, als er von der Emigration des Popstars Klaus erfährt. Husak schreibt ihm einen überaus freundlichen Brief, in dem er ihm den Himmel auf Erden verspricht und ihn bittet, in die Tschechoslowakei zurückzukehren. Der Exodus der Intelligenz nimmt dem Land sein intellektuelles und künstlerisches Potential, aber sei's drum. Doch die Auswanderung eines Popsängers ist eine Tragödie, denn Husak begreift, daß sie Hand in Hand arbeiten; beide berauben auf effiziente Weise die Tschechoslowakei ihrer Erinnerung und Geschichte. Sie brauchen sich gegenseitig. Der Präsident des Vergessens und der Popstar arbeiten für dieselbe Sache.

Der Parteiführer der tschechischen Kommunisten, Klement Gottwald, und sein Genosse Wladimir Klementis warten im Winter 1948 gemeinsam in einem historischen Gebäude auf Gottwalds feierliche Ansprache. Ihnen ist nicht klar, daß dies das Deutsche Gymnasium war, in dem Franz Kafka zur Schule ging. Sie wären gar nicht auf die Idee gekommen, daß Kafkas Vater im Erdgeschoß, dort, wo eine Dohle abgebildet war, einen Laden hatte. „Kavka" ist das tschechische Wort für Dohle. Fürsorglich bot Klementis Gottwald seine Pelzmütze an, um den Genossen vor der Kälte zu schützen. Vier Jahre später wird Klementis wegen angeblichen Verrats gehenkt und sein Bild von allen Photographien entfernt. Was von ihm bleibt, ist lediglich die Mütze auf Gottwalds Kopf. Dasselbe gilt für seinen Platz in dem vom Regime festgelegten politischen Gedächtnis: Er ist nur noch ein schändlicher Verräter, an dessen Gesicht sich niemand zu erinnern braucht und dessen Name in der Versenkung verschwinden muß.

Kundera lastet das verhängnisvolle Vergessen der Stadt Prag an. Prag erscheint in Franz Kafkas *Der Prozeß* (1925) als eine Stadt ohne Gedächtnis und Selbsterkenntnis. Prag befindet sich wieder in dieser geistigen Verfassung. Es ändert ständig seine Straßennamen, stellt das Leben der Stadt dar, als sei es eine niemals endende Gegenwart und verwischt jede Spur der Vergangenheit. Dadurch verwandelt sich die Stadt in einen erinnerungslosen Geist, eine Schöpfung der anonymen Massengesellschaft und ein Nichts. Die Gegenreformation tat dies, indem sie in Prag die Straßennamen änderte und die Illusion schuf, daß die wirkliche Geschichte neu beginnen würde. Im 20. Jahrhundert wurde Prag gezwungen zu glauben, daß die Geschichte bis dato ein Betrug war und jetzt die Neue Geschichtsschreibung mit neuen Namen und Inhalten beginnt.

Nun allerdings leichtfertig die Erinnerung mit authentischem Leben und Vergessen mit dem Verwischen des Selbst oder der Leugnung der Welt gleichzusetzen, wäre das Letzte, was ein ernsthafter Schriftsteller tun würde. Zu viel Erinnerung kann das eigene Leben zerstören, wie Kundera anhand der Hauptfigur seines Romans zeigt. Die schöne junge Witwe Tamina ist nicht fähig, sich ein zweites Leben in Frankreich aufzubauen. Sie kann keine dauerhaften emotionalen oder sozialen Bindungen zu ihrer Umgebung in einer französischen Kleinstadt entwickeln. Sie gehört nicht dorthin. Im Geist lebt Tamina weiterhin woanders. Sie ist auch nicht in der Lage, ihre Assoziationskräfte wieder zu mobilisieren oder die Fähigkeit des Vergessens, beides unerläßliche Bedingungen für den Lebenswillen.

Tamina ist von ihrem vertrauten Umgang und ihrer Erinnerung abgeschnitten, denn alle ihre Briefe sind in Prag geblieben. Es besteht wenig Hoffnung, daß ihre Tagebücher und Liebesbriefe unberührt geblieben sind; entweder wurden sie von ihren Verwandten gelesen oder, noch schlimmer, vom Regime überprüft. In einem verzweifelten Versuch, mit ihrer Familie Kontakt zu halten und die Briefe wiederzubekommen, geht Tamina eine oberflächliche Affäre mit einem jungen Franzosen ein. Auf diese Weise kann sie von seiner Wohnung aus teure Telephongespräche nach Prag führen. Die Trennung von Gegenwart und Vergangenheit bietet keinen Ausweg aus diesem Dilemma. Tamina muß scheitern. Zu viel Erinnerung wird zur unerträglichen Last, die ihr den Lebensmut raubt und sie in den Selbstmord treibt.

In Kunderas Roman *Die unerträgliche Leichtigkeit des Seins* wird die weibliche Hauptperson Teresa verletzbar und zerbrechlich, weil sie die traumatisierende Erfahrung mit ihrer Mutter nicht vergessen kann. Es ist kein Zufall, daß außer Kafka und Kundera ein weiterer bedeutender mitteleuropäischer Schriftsteller, Robert Musil, den Mann ohne Eigenschaften in seinem gleichnamigen Roman *Der Mann ohne Eigenschaften* (1930-1942) beschreibt.

Die Anonymität, Gesichtslosigkeit, Angst, Zorn, Einsamkeit, Isolation und Verzweiflung sind in Musils Roman die unvermeidbaren Zeichen der zerstörerischen Kräfte der Moderne mit ihrer wahnwitzigen Fixierung auf die Befreiung des Individuums von seinem Vermächtnis, der Vergangenheit und den ererbten Teilen seiner Identität.

Die zerstörerischen Kräfte der Moderne wären undenkbar, ohne daß man die Vergangenheit vergißt. Dies ist ein wesentlicher Aspekt des obsessiven Glaubens an die Zukunft. Daß Sterbende eher ihre Vergangenheit als die Gegenwart und die Zukunft verlieren, lernen wir von dem unerträglich leichten und ironischen Kundera, aber nicht von den todernsten Propheten der Moderne. Dennoch ist die Politik der Erinnerung nicht der Weg, der aus den Unsicherheiten und schmerzlichen Dilemmata der Moderne herausführt. Sie funktioniert gut als eine Medizin gegen die Krankheit des Vergessens, Verschwindens und Gefühlsmangels, so lange sie als ein Rahmen für abweichendes Denken und Haltungen dient. Sobald die Politik der Erinnerung als eine vorgeschriebene Art der Selbsterkenntnis zu wirken beginnt, kann sie zu einer gefährlichen Fixierung auf ausgewählte Ereignisse und historische Persönlichkeiten werden und dazu führen, daß Einzelpersonen oder Gruppen mit anderer Erinnerung gänzlich geleugnet werden.

Die Politik der Erinnerung ist nur dann gut und seriös, wenn wir zwei oder mehr gegensätzliche Formen der Erinnerung und Darstellungen gelten lassen. Die Legitimation zweier gegensätzlicher Interpretationen desselben Phänomens, einschließlich politischer Erfahrung, macht die Moderne mit einem menschlichen Gesicht aus. Ein gutes, zwangloses Gleichgewicht zwischen Erinnerung und Vergessen scheint der natürliche Zustand unseres Lebens zu sein.

Wird die Politik des Erinnerns alternativlos aufgezwungen, besteht die Gefahr, daß sie zu einem Instrument des beliebigen, selektiven Gedächtnisses wird. Letzteres kann dazu führen, daß andere Menschen und deren Recht, die Welt auf ihre Weise zu erfahren und zu erinnern, abgelehnt werden. Miteinander konkurrierende Gedächtnisse und gegensätzliche Darstellungen sind typisch für aufeinanderprallende Formen des Nationalismus, insbesondere wenn dies in multi-ethnischen, multi-religiösen und multi-kulturellen Orten geschieht.

Die Politik der Erinnerung zeigt die Vergangenheit als einen kritischen Aspekt unserer Erfahrung, als etwas, ohne das wir niemals an unseren politischen und moralischen Empfindungen festhalten könnten. Doch wenn sie das politische Leben bestimmt, können wir die Welt in „wir“ und „die anderen“ teilen. Damit laufen wir Gefahr, die manichäische Morallehre anzunehmen, die uns nicht erlaubt, die soziale Wirklichkeit so zu verstehen, daß sie aus Menschen aus Fleisch und Blut besteht, die ihre Meinungen, Überzeugungen und Standpunkte austauschen. Die Tyrannei der Vergangenheit würde nie zulassen, daß wir uns mit der Welt versöhnen, insbesondere wenn es um Frieden mit dem früheren politischen Todfeind und Unterdrücker geht.

Hier ist nichts einfach und offensichtlich, denn die Dialektik des Vergessens und Vergebens ist eines der komplexesten menschlichen Erfahrungen. Alle Deutschen als geheime Nazis oder zumindest verdeckte Sympathisanten des Nationalsozialismus und als Antisemiten zu betrachten, wäre genauso falsch, wie alle Russen für geborene Anhänger des Totalitarismus und für Imperialisten zu halten. Wir müssen die Einzelheiten unseres Martyriums vergessen und dürfen nicht der Versuchung erliegen, verschiedene Formen des Leidens miteinander zu vergleichen. Denn wir wollen unser jetziges Leben nicht mit Haß verseuchen.

Dies erfordert ein methodisches Vergessen. Es erfordert, alles außer Kraft zu setzen und abzulegen, was uns nicht hilft, mit der gegenwärtigen sozialen und politischen Realität fertig zu werden.

Eine solche Anstrengung bedeutet nicht die Unterdrückung unseres Gedächtnisses oder geistige Selbstzensur. Entgegen einer weitverbreiteten Meinung beinhaltet die Politik des Vergessens nicht notwendigerweise die Zerstörung des modernen Lebens durch totalitäre Regime, Entwertung des Lebens, Gefühllosigkeit und sozialen Konstruktivismus. Mitunter führt Vergessen zu Vergebung und befreit uns von der Last abgenutzter Konzepte und Argumente. Wie die Erinnerung ist Vergessen besonders wertvoll, wenn es um existentielle und moralische Wahlfreiheit geht. Vergessen darf keine aufgesetzte Handlung sein, denn unter der Oberfläche bleiben ungelöste Spannungen, Animositäten und Haß bestehen. Das heißt: Erinnern und vergessen müssen sich als zwei komplementäre Formen begreifen, das Leben zu verstehen, und als zwei miteinander korrespondierende Perspektiven, wie wir unsere Umwelt wahrnehmen.

Nach Kundera wären Menschen, die sich an alles erinnern könnten, vollkommen selbstzufrieden und autark und sie hätten deutlich geringere Assoziationskräfte. Die Moderne hat die Wahnvorstellung, entsprechend der Machtverteilung oder Machteinstellung das Gedächtnis zu steuern und die Geschichte neu schreiben zu wollen. Ich habe Kontrolle über die Gesellschaft und ihre Kultur. Daher bin ich imstande, eine legitimierende Darstellung zu bieten. Gedächtnis ist eine Frage der Macht. Was erinnert und vergessen wird und wie, hängt davon ab, wer über Geschichte und politische Taten einer Epoche schreibt.

Sich an alles zu erinnern und für die nachfolgenden Generationen festzuhalten und damit das Leben derjenigen zu verlängern, die es verdienen, oder ihnen ein zweites Leben geben? Oder zu vergessen, was irrational und nicht wert ist für das Reich des kollektiven Gedächtnisses? Dies sind zwei entgegengesetzte, wenn nicht sogar sich gegenseitig ausschließende Versprechen der Moderne.

Orwells *1984* und Samjatins *Wir* beschreiben eine Welt ohne Erinnerung, in der es keine öffentlichen historischen Archive und keinerlei Geisteswissenschaften mehr gab. Auch in Merciers *Das Jahr*

2440 hat die Welt der Zukunft keinen Platz für Geschichte. Das Geschichtsstudium und dessen Lehre wurden im Frankreich des 25. Jahrhunderts abgeschafft, da es eine Schande wäre, eine Folge menschlicher Torheiten und irrationaler Handlungen zu studieren. Wieso sollte ein rationaler Mensch die Vergangenheit mit ihrem Aberglauben und all ihrer Rückständigkeit studieren?

Kundera zeichnet Mitteleuropa als eine Region, in der auf einem kleinen Gebiet kulturelle Vielfalt existiert. Mitteleuropa steht damit im Gegensatz zu Rußland mit seiner großen territorialen Ausdehnung und Uniformität. Mitteleuropa verhält sich zu Osteuropa wie Geschichte zu Geographie. Hier ging Kundera so weit, Rußland von Europa auszuschließen. Dieser Ansatz wurde aber von Autoren wie Joseph Brodsky, Miłosz und Timothy Garton Ash nicht mitgetragen.

In Kunderas philosophischen Aussagen erscheint Geschichte als eine bedeutende und stille moralische Alternative zur Brutalität der Geo- und Machtpolitik der Großmächte. Die Erinnerung ist ein Instrument der Kleinen und Schwachen, während Vergessen den Interessen der Grossen und Mächtigen dient. Auf diese Weise wird die Erinnerung selbst zu einer alternativen, der Logik der Macht entgegengesetzten Moralvorstellung. Für die Mächtigen ist die Erinnerung nichts anderes als eine Verherrlichung der erfolgreichen Praxis, im Sinne von Machiavellis Konzept der *verità effettuale*. Erinnerung ist eine Praxis und keine schwer zu definierende menschliche Eigenschaft oder Möglichkeit.

Doch Kundera hat ein breiteres Verständnis von der Funktionsweise der Erinnerung in der modernen Welt. Er unterstellt, daß Erinnerung letztendlich eine bewußte Anstrengung ist, die Existenz dessen, was zu existieren wert ist, fortzusetzen oder zu verlängern. Daher ist der Kulturkanon eine Existenzform der organisierten Erinnerung. Im Rahmen der organisierten Erinnerung werden die Arbeiten von Shakespeare, Van Dyck, Hals, Vermeer oder Rembrandt, in denen sie ihre Zeitgenossen ganz unterschiedlich individualisieren, Teil des Prozesses einer bewußten Fortführung von deren Existenz.

Mitteleuropäische Intellektuelle haben seit langem viele Vorbehalte gegen Parteipolitik. Das zeigt sich an ihrer Abneigung gegen den Manichäismus der Linken und der Rechten, der in Kunderas Worten „so stupide wie unüberwindlich“ und dennoch in Westeuropa so fest verankert ist (Kundera, 1986, 143).

Manche Kommentatoren halten diese Trennung im politischen Spektrum demokratischer Gesellschaften für irrelevant. Doch machten wir uns etwas vor, wollten wir behaupten, daß diese ideologischen, politischen und moralischen Abgründe in unserer heutigen Welt nicht mehr vorhanden wären, sofern es sich um die Kluft zwischen den Machtzentren in Politik und Wirtschaft und entfremdeten oder doktrinären Intellektuellen handelt.

Kultur anstelle der Politik bleibt ein vereinigendes Prinzip in der kulturellen Identität Mitteleuropas. Wie Kundera schrieb:

> „Doch wenn leben heißt, in den Augen derer, die wir lieben, zu existieren, dann existiert Mitteleuropa nicht mehr. Genauer gesagt: in den Augen seines geliebten Europa ist Mitteleuropa nur ein Teil des sowjetischen Reiches und nicht mehr, nicht mehr. Und warum sollte uns das überraschen? Durch sein politisches System gehört Mitteleuropa zum Osten, durch seine kulturelle Geschichte zum Westen. Doch da Europa selbst dabei ist, seine eigene kulturelle Identität zu verlieren, erblickt es in Mitteleuropa nichts als ein politisches Regime. Anders gesagt: es sieht in Mitteleuropa nur Osteuropa. Deshalb sollte Mitteleuropa nicht nur gegen seinen großen tyrannischen Nachbarn kämpfen, sondern auch gegen den subtilen, unbarmherzigen Druck der Zeit, welche die Ära der Kultur hinter sich läßt. Deshalb liegt in den mitteleuropäischen Revolten etwas Konservatives, beinahe Anachronistisches: Sie versuchen verzweifelt, die Vergangenheit wiederherzustellen, die Vergangenheit der Kultur, die Vergangenheit der Neuzeit. Nur

> in dieser Periode, nur in einer Welt, die eine kulturelle Dimension hat, kann Mitteleuropa noch seine Identität verteidigen, noch als das gesehen werden, was es ist" (Kundera, 1986, 143).

In einer Zeit, in der sich Kultur verabschiedet und ihre Bedeutung verliert, wird Politik unfähig, universalistische Ideale und Werte zu verfolgen. Das ist Kunderas Botschaft. Kein Wunder, daß westeuropäische und nordamerikanische Intellektuelle kaum auf einen fruchtbaren Dialog mit ihren mitteleuropäischen Gesprächspartnern hoffen können, wenn es um Themen wie die Friedensbewegung oder die Idee des Sozialismus geht.

Was Westeuropäer und Nordamerikaner für ein alternatives und menschenwürdiges Projekt der Moderne halten, bedeutet für Mitteleuropäer schlicht eine historische Wunde, eine sorgfältig geprüfte und verfehlte Möglichkeit und ein falsches Versprechen einer menschlichen Moderne. Diese Kluft der historischen und gesellschaftlichen Erfahrung hat sich zwischen dem *Mainstream*-Westen und „einem anderen Europa" als sehr breit erwiesen. Sie ist der Hauptgrund, warum mitteleuropäische Intellektuelle die poppersche Idee der offenen Gesellschaft so begierig aufgegriffen haben.

Man könnte meinen, daß dystopische Literatur die Albträume des 20. Jahrhunderts aufzeigte und jene Simulationen der Wirklichkeit oder Machwerke des Bewußtseins vorwegnahm, die typisch für die Welt der modernen Massenmedien sind. Jean Baudrillard zeigte, daß unsere Sichtweise auf die Welt und unsere Aufmerksamkeit von den Massenmedien geformt sein dürfte, daß wir mit Bildern, Fälschungen und Trugbildern zu tun haben, statt mit der Realität, wie sie ist. Seine berühmte Theorie der Simulakra oder Simulation der Wirklichkeit ähnelt dem, was Kundera als die Welt bezeichnet, die von dem neuen Typus der Massenmedien-Menschen errichtet wurde. Diesen Typus nennt er Imagologen: Ingenieure und Verteiler von Bildern (vgl. Baudrillard, 1983; Kundera, 1990).

Imagologie, die Kunst, eine Abfolge von Idealen, Gegenidealen und Wertebildern zu schaffen, denen die Menschen folgen sollen, ohne nachzudenken oder kritisch zu hinterfragen, kommt aus der Medien- und Werbewelt. Wie Kundera in seinem Roman *DieUnsterblichkeit* (1990) feststellt, verschwindet dabei die Realität. In seinem Roman *Mao II* beschreibt Don DeLillo dasselbe Phänomen: die Welt wird ersetzt durch eine Folge ständig erneuer- und verstellbarer Bilder, die Geist und Seele des Menschen gefangennehmen. Gewalttätigkeit, Katastrophen und Kriege ersetzen die Literatur und werden zur einzig vorhandenen Geschichte (vgl. DeLillo, 1992).

Hier erscheint Totalitarismus als bis ins Extrem getriebene Moderne, mit all den Folgen des rationalen Planens und bewußten Umbaus der Welt. Totalitarismus mit seiner Wahnvorstellung, die Welt durch grenzenlose Manipulation neu zu erschaffen, ist nichts anderes als Wahnsinn gewordene Moderne. Allerdings liegen Welten zwischen dem Erzeugen von Situationen, Reaktionen und Leidenschaften durch Massenmedien und Informationstechnologie und dem *global social engineering* in totalitären Regimen.

Sofern diese Dinge die menschliche Würde und das Verständnis für das europäische Vermächtnis bedrohen, sei es der Kulturkanon oder unsere gemeinsame Last der Moderne, wird Kundera seine Stimme dagegen erheben. Er tut dies als Schriftsteller und Essayist, so wie dies Zygmunt Bauman als kritischer Soziologe getan hat: eine Verbindung zwischen ostmitteleuropäischen und westeuropäischen Existenz-, Gefühls- und Identitätsformen herzustellen.

Glossar

Amadis de Gaula (*Amadis von Gallien*), Held des gleichnamigen Ritterromans. Er avancierte im Verlauf des 16. Jahrhunderts zum Ideal des höfischen Ritters. (Ritterromane waren in der spanischen Renaissance sehr populär.)

Akrostichon poetische Form, bei der die Anfangsbuchstaben, Anfangssilben oder -wörter von Versen einen Namen oder Spruch ergeben, wenn sie hintereinander gelesen werden.

Ambiguität, Mehrdeutigkeit

Anagramm, die Umstellung der Buchstaben eines Wortes, u.a. zur Bildung von Wortspielen oder Pseudonymen

Annales-Schule, Name einer Strömung in der französischen Geschichtswissenschaft des 20. Jahrhunderts. Kennzeichen der neuen Methodologie (*nouvelle histoire*) sind die Einbindung in sozialwissenschaftliche Nachbardisziplinen, die Erschließung quantifizierbaren Materials und die Orientierung an langfristigen Entwicklungen.

Apostasie, Bezeichnung für die Abkehr von einer Religion, durch Austritt oder Übertritt (Konversion) in eine andere Religion

äsopische Sprache, Verwendung von Allegorien und Gleichnissen (z.B. des griechischen Fabeldichters Äsop). In der Literatur totalitärer Regime ist sie häufige Praxis, um die Zensur zu unterlaufen.

Avicenna (Ibn Sina), persischer Arzt, Philosoph und Gelehrter (980-1037). Er verschmolz aristotelische mit neuplatonischer Philosophie. Durch seine Enzyklopädie „Buch der Genesung der Seele" wirkte er stark auf das christliche Abendland ein, besonders auf Thomas von Aquin. Sein berühmtestes medizinisches Werk „Kanon der Medizin" wurde im 12. Jahrhundert ins Lateinische übersetzt und mehrere Jahrhunderte hindurch an europäischen Universitäten verwendet.

cartesische Philosophie, läßt als wahr gelten, was durch logische Reflexion nachgewiesen werden kann und was so klar und deutlich erkannt ist, daß es nicht mehr in Zweifel gezogen werden kann; „frühneuzeitlicher Rationalismus". Ausgangspunkt ist die Philosophie Descartes (1596-1650).

Determinismus, die Lehre von der kausalen Bestimmtheit des gesamten Weltgeschehens, auch des menschlichen Handelns, durch Naturgesetze (*kosmologischer D.*), durch Gott (*theologischer D.*) oder die Geschichte (*historischer D.*)

Dystopie, Entwurf eines (politischen oder sozialen) Katastrophenszenarios, negative Utopie

dystopische Gesellschaft, ist in der Regel durch eine autoritäre oder totalitäre Regierungsform bzw. eine Form repressiver sozialer Kontrolle charakterisiert

Epistemologie, Gebiet der Philosophie, das sich mit Fragen der Art befaßt, wie Wissen zustande kommt; auch als „Erkenntnistheorie" bezeichnet

Grüne Sprache, Geheimsprache der Esoterik

Häresie, von der Kirche verfolgte abweichende Lehre, Ketzerei

Heterodoxie, von der offiziellen Lehre abweichend, Irrlehre; Gegensatz: Orthodoxie

Holismus, Gesellschaftsanalyse, die von einem sozialen Ganzen, und nicht vom selbständigen Individuum, als Grundeinheit der Gesellschaftsanalyse ausgeht (vgl. *Nominalismus*)

Hyperbel, bezeichnet in der Literaturwissenschaft eine Übertreibung

Ideokratie, Herrschaft, die von einer Idee bzw. Ideologie oder Religion als zentralem Element ausgeht (und in der Alternativen meist unterdrückt werden)

idiographische Wissenschaft, im Mittelpunkt steht die Erforschung des Individuellen, des Einmaligen, der singulären Ereignisse und Sachverhalte, wie sie bevorzugt in der Praktischen Medizin, Psychopathologie, Psychotherapie, Jurisprudenz, Forensischen Psychologie und Geschichtswissenschaft von Bedeutung sind; Ziel ist die umfassende Analyse konkreter, also zeitlich und räumlich einzigartiger Gegenstände.

Immoralität, das Leugnen der Verbindlichkeit moralischer Grundsätze

Indischer Aufstand (von 1857), richtete sich gegen die britische Kolonialherrschaft über den indischen Subkontinent. Er wurde von der britischen Militärmacht niedergeschlagen; Indien wurde 1858 der Krone unterstellt.

Ketman, Denk- und Verhaltensprinzip der Verleugnung („Lippenbekenntnis"); von arabisch kitman; ursprünglich im Islam praktiziert; wurde von Czesław Miłosz auf totalitäre Systeme angewandt

La Grande Terreur, Schreckensherrschaft Robespierres im Juni/Juli 1794. Innerhalb von sechs Wochen wurden mehr als 1300 Menschen ohne Gerichtsverfahren hingerichtet. Am 27.7.1794 wurde Robespierre gestürzt und einen Tag später mit 22 Anhängern guillotiniert.

Litotes, eine Stilfigur, bei der ein Sachverhalt durch die Verneinung seines Gegenteils ausgedrückt wird, um durch Untertreibung oder Abschwächung die Betonung eines Wortes oder die Hervorhebung eines Begriffs zu erreichen

Mandragola, Komödie von Niccoló Machiavelli (1469-1527), dt.: Mandragora = Alraune

Manichäismus, von dem Perser Mani (216-274[?]) gestiftete gnostische Religion der Spätantike, deren Ausgangspunkt ein radikaler Dualismus (von Licht und Finsternis, Gut und Böse, Geist und Materie) ist.

Marranos (auch *Marranen*), iberische Juden und deren Nachkommen, die unter Zwang oder schwerem Druck zum Christentum bekehrt wurden. Oft wurde ihnen vorgeworfen, als *Kryptojuden* weiterhin jüdische Riten zu praktizieren. Der Begriff taucht erstmals im spätmittelalterlichen Spanien auf.

Nikodemiten, hier: eine Bezeichnung für „verkappte Christen" im Römischen Reich; später: Calvin (1509-1564) bezeichnete diejenigen reformierten Christen als Nikodemiten, die ihren Glauben im Verborgenen ausübten, aber sogar zur katholischen Messe gingen, so als könnte man äußerlichen Kult von innerer Überzeugung trennen.

Nominalismus, auch methodologischer Individualismus; hier bilden Individuen eine identifizierbare und glaubwürdige soziale Realität (im Gegensatz zum *Holismus*).

nomothetische Wissenschaft, sucht nach allgemeinen bzw. allgemeingültigen Gesetzen; ihre Methoden sind experimentell, meist reduktionistisch und abstrahierend, basierend auf Datenmaterial.

Oxymoron, rhetorisches Stilmittel, das sich widersprechende Begriffsbestandteile kombiniert, zum Beispiel „alter Junge" oder „kleiner Riese"

pangermanische (auch alldeutsche) Bewegung, eine ethnisch begründete politische Bewegung in Europa, die ihre Ursprünge im frühen 19. Jahrhundert hatte, mit dem Ziel, alle Gebiete mit deutschen Volksgruppen zu einem deutschen Nationalstaat zu vereinen.

polysemantisch, sprachwissenschaftlicher Begriff für mehr- oder vieldeutig

Psychogenese, (a) beschreibt die Entwicklung und Veränderung der seelischen Struktur des Menschen im Verlauf seines Lebens; (b) im medizinischen Bereich erfaßt sie die Entstehungsgeschichte psychosomatischer Erkrankungen und deren psychische Ursachen.

Solipsismus, philosophische Lehre, man unterscheidet

(a) *metaphysischer* S.: Nur das eigene Ich existiert. Es gibt nichts außerhalb des eigenen Bewußtseins, auch kein anderes Bewußtsein.

(b) *methodologischer S.*: Die Bedeutung der konzipierten Begriffe hängt einzig von Bewußtseinszuständen des denkenden Subjekts ab.

(c) *ethischer S.*: Es ist rational, sein Handeln nur nach den eigenen Präferenzen zu beurteilen und entsprechend auszurichten.

Sozialpathologie, abweichendes soziales Verhalten

Soziogenese, (a) betrachtet den geschichtlichen Ablauf, durch den sich aus gesellschaftlichen Vorformen schließlich die allgemeine Lebensform einer Gesellschaft entwickelt bzw. (b) Analyse einer Situation oder eines Gegenstands, ausgehend von gesellschaftlichen Umständen.

sub specie, unter dem Gesichtspunkt

- *temporis* der Zeit
- *saeculi* der Epoche
- *aeternitatis* der Ewigkeit

trinitarische Geschichtstheorie, eine Geschichtstheorie, die eine Dreiteilung bzw. drei Phasen unterstellt. So unterschied Auguste Comte (1789-1857) in der Entwicklung des menschlichen Geistes und der menschlichen Gesellschaft ein religiöses Stadium, ein metaphysisches Stadium und ein Stadium der positiven Wissenschaft.

Trope(n), in der Rhetorik zusammenfassende Bezeichnung für ein sprachliches Ausdrucksmittel der „uneigentlichen" Rede wie z.B. Allegorie oder Metapher. Wörter oder Wendungen werden in einem übertragenen, bildlichen Sinn gebraucht.

vanitatum vanitas, „Eitelkeit der Eitelkeiten" oder „alles ist eitel", gibt die Vorstellung von der Vergänglichkeit alles Irdischen wieder.

Literaturverzeichnis

Aron, Raymond, *Demokratie und Totalitarismus.* Hamburg: Wegner, 1970.

———, *Der Permanente Krieg*. Frankfurt am Main: S. Fischer Verlag, 1953.

Ash, Timothy Garton, *Ein Jahrhundert wird abgewählt. Aus den Zentren Mitteleuropas 1890-1990.* München: Deutscher Taschenbuch Verlag, 1992.

Bachtin, Michail M., *Rabelais und seine Welt. Volkskultur als Gegenkultur* [1941, 1965]. Hrsg. und mit einem Vorwort von Renate Lachmann. Frankfurt am Main: Suhrkamp-Taschenbuch Wissenschaft, 1995.

Barnet, Sylvan. Introduction to Christopher Marlowe, *Doctor Faustus*. New York: New American Library, 1969, S.vii–xix.

Baudrillard, Jean, *Simulations*. New York: Semiotext[e], 1983.

Bauman, Zygmunt, "Making and Unmaking of Strangers. Fremde in der postmodernen Gesellschaft", *Widersprüche des Multikulturalismus.* Hrsg. von Christiane Harzig und Nora Rätzel. Hamburg Berlin: Argument Verlag, Bd.37, 1995, S.5-25.

———, Preface for Leonidas Donskis, *Loyalty, Dissent, and Betrayal: Modern Lithuania and East-Central European Moral Imagination*. Amsterdam & New York: Rodopi, 2005, S.ix–xiii.

Berlin, Isaiah, "Benjamin Disraeli, Karl Marx und die Suche nach Identität", in Isaiah Berlin, *Wider das Geläufige: Aufsätze zur Ideengeschichte.* Frankfurt am Main: Europäische Verlagsanstalt, 1981a, S.368-409.

———, "Die Originalität Machiavellis", in Isaiah Berlin, *Wider das Geläufige: Aufsätze zur Ideengeschichte.* Frankfurt am Main: Europäische Verlagsanstalt, 1981b, S. 93-157.

Billington, James H., *The Icon and the Axe: An Interpretive History of Russian Culture*. London: Weidenfeld and Nicolson, 1966.

Bloom, Harold, *Where Shall Wisdom Be Found?* New York: Riverhead Books, 2004.

Bray, Alan, *The Friend*. Chicago & London: University of Chicago Press, 2003.

Burckhardt, Jacob, *Die Kultur der Renaissance in Italien* [1860]. Hamburg: Nikol Verlag, Sonderausgabe 2004.

Bury, J.B., *The Idea of Progress: An Inquiry in its Origin and Growth*. New York: Dover Publications, 1987.

Cassirer, Ernst, *Vom Mythus des Staates*. Hamburg: Felix Meiner Verlag, 2002 (Philosophische Bibliothek Band 541).

Cervantes, Miguel de, *Der sinnreiche Junker Don Quixote von der Mancha* (1605), übersetzt von Ludwig Braunfels. München: Artemis Winkler, 7. Auflage, 1993.

———, *El ingenioso hidalgo Don Quijote de La Mancha* (1605). Madrid: Aguilar, S. A. de ediciones, 1949.

DeLillo, Don, *Mao II*. Köln: Kiepenheuer & Witsch, 1992.

Donskis, Leonidas, *The End of Ideology and Utopia? Moral Imagination and Cultural Criticism in the Twentieth Century*. New York: Peter Lang, 2000.

———, *Forms of Hatred: The Troubled Imagination in Modern Philosophy and Literature*. Amsterdam & New York: Rodopi, 2003.

———, *Identity and Freedom: Mapping Nationalism and Social Criticism in Twentieth-Century Lithuania*. London & New York: Routledge, 2002.

———, *Loyalty, Dissent, and Betrayal: Modern Lithuania and East-Central European Moral Imagination*. Amsterdam & New York: Rodopi, 2005.

Dooyeweerd, Herman, *In the Twilight of Western Thought: Studies in the Pretended Autonomy of Philosophical Thought*. Nutley, N.J.: The Craig Press, 1975.

Dumont, Louis, *Individualismus: Zur Ideologie der Moderne*. Frankfurt/Main, New York: Campus-Verlag, 1991.

———, *From Mandeville to Marx: The Genesis and Triumph of Economic Ideology*. Chicago & London: University of Chicago Press, 1977.

———, *Gesellschaft in Indien: Die Soziologie des Kastenwesens.* Wien: Europaverlag, 1976.

———, *Religion/Politics and History in India: Collected Papers in Indian Sociology*. Paris: Mouton, 1970.

Elias, Norbert, *Über den Prozeß der Zivilisation. Soziogenetische und psychogenetische Untersuchungen.* (1939). Frankfurt am Main: Suhrkamp, Gesammelte Schriften/Norbert Elias, herausgegeben von Heike Hammer et al., Band 3.1, 3.2, 1997.

Faderman, Lillian, *Köstlicher als die Liebe der Männer: Romantische Freundschaft und Liebe zwischen Frauen von der Renaissance bis heute.* Herausgegeben von Bettina Kobold. Zürich: eco-Verlag, 1990.

Fustel de Coulanges, Numa Denis, *Der antike Staat. Kult, Recht und Institutionen Griechenlands und Roms* (1864). München: Deutscher Taschenbuchverlag, 1988.

Gardiner, Patrick L., *Theories of History.* London: Allen & Unwin, 1959.

Gellner, Ernest, *Bedingungen der Freiheit*. Stuttgart: Klett Cotta, 1995a.

———, “The Importance of Being Modular”, *Civil Society: Theory, History, Comparison*. Herausgegeben von John A. Hall. Cambridge, England: Polity Press, 1995b, S. 32–55.

———, *Der Islam als Gesellschaftsordnung*. München: Deutscher Taschenbuchverlag, 1992

———, *Pflug, Schwert und Buch: Grundlagen der Menschheitsgeschichte.* München: Klett Cotta im Deutschen Taschenbuch Verlag, 1993

Giddens, Anthony, *Modernity and Self-Identity: Self and Society in the Late Modern Age*. Cambridge, England: Polity Press, 1997.

Grafton, Anthony, *Introduction to Giambattista Vico, New Science*. London: Penguin Books, 1999, pp. xi–xxxiii.

Greenblatt, Stephen, *Renaissance Self-Fashioning: from More to Shakespeare*. Chicago & London: University of Chicago Press, 2005.

———, *Will in der Welt: Wie Shakespeare zu Shakespeare wurde.* Berlin: Berlin Verlag, 2004.

Hoffer, Eric, *Der Fanatiker und andere Schriften*. Frankfurt am Main: Eichborn Verlag, 1999 (Rowohlt Taschenbuch Verlag, 1965).

Huizinga, Johan, *Herbst des Mittelalters - Studien über Lebens- und Geistesformen des 14. und 15. Jahrhunderts in Frankreich und in den Niederlanden.* Stuttgart: Kröner Verlag, 2006.

Hume, David, *Die Naturgeschichte der Religion.* [1757]. Hamburg. Felix Meiner Verlag (Philosophische Bibliothek Band 341), 1984.

Kavolis, Vytautas, "Nationalism, Modernization, and the Polylogue of Civilizations", *Comparative Civilizations Review*, 25, 1991, S.124–143.

———, "Neaiškumo patologijos" [The Pathologies of Ambiguity], *Metmenų laisvieji svarstymai: 1959–1989* [Free Debates of *Metmenys*: 1959–1989]. Herausgegeben von Virginijus Gasiliūnas. Vilnius: Lietuvos rašytojų sąjungos leidykla [Lithuanian Writers Union Press], 1993, S.122–129.

Kołakowski, Leszek, *Neue Mini-Traktate über Maxi-Themen*, Leipzig: Reclam Verlag, 2002, S. 56-60.

Kundera, Milan, *Das Buch vom Lachen und Vergessen.* München: Deutscher Taschenbuch Verlag, 2003.

———, *Die Unsterblichkeit.* München, Wien: Carl Hanser Verlag, 1990.

———, *Verratene Vermächtnisse*. München, Wien: Carl Hanser Verlag, 1993.

———, "Die Tragödie Mitteleuropas", *Aufbruch nach Mitteleuropa: Rekonstruktion eines versunkenen Kontinents*. Erhard Busek und Gerhard Wilflinger (Hrsg.). Wien: Wiener Journal und Herold Verlag, Edition Atelier, 1986, 133-144.

———, *Die unerträgliche Leichtigkeit des Seins*. München und Wien: Carl Hanser Verlag, 1984.

Machiavelli, Niccolò, *Discorsi - Gedanken über Politik und Staatsführung* (1531). Stuttgart: Alfred Kröner Verlag, 1977.

———, *Die Alraune: La Mandragola* (1524). Norderstedt: Books on Demand, 2010.

———, *Der Fürst* (1532). Stuttgart: Philipp Reclam jun., 1961.

Mansfield, Harvey C., *Machiavelli's Virtue*. Chicago & London: University of Chicago Press, 1996.

Marius, Richard, *Thomas Morus: Eine Biographie*. Zürich: Benziger Verlag, 1987.

Marlowe, Cristopher, *Der Jude von Malta*. Berlin: Wagenbach Verlag, 1991.

Miłosz, Czesław, *Verführtes Denken*. Frankfurt: Suhrkamp Taschenbuch, 1974.

Morus, Thomas, *Utopia* (1523). Köln: Anaconda Verlag, 2007.

Mumford, Lewis, *The Lewis Mumford Reader*. Herausgeben von Donald L. Miller. Athens, Ga: University of Georgia Press, 1995.

Nisbet, Robert, *Conservatism*. Buckingham, England: Open University Press, 1986.

Ortega y Gasset, José, *Der Aufstand der Massen* [1930]. Stuttgart-München: Deutsche Verlags-Anstalt, 1989.

Orwell, George, "Review of *We* by E. I. Zamyatin", in George Orwell, *The Collected Essays, Journalism and Letters of George Orwell*. 4 Volumes, Vol. IV: *In Front of Your Nose: 1945–1950.* Herausgegeben von Sonia Orwell and Ian Angus. New York: Harcourt, Brace & World, 1968, S.72–75.

———, *1984*. Berlin: Ullstein Verlag, 2007.

———, "Notes on Nationalism", in George Orwell, *Decline of the English Murder and Other Essays*. Harmondsworth: Penguin Books, 1970, S. 155–179.

Ovason, David, *Der Nostradamus-Code*. München: Heyne Verlag, 1999.

Paster, Gail Kern, "*Romeo and Juliet*: A Modern Perspective", in William Shakespeare, *The Tragedy of Romeo and Juliet*, New York: Washington Square Press, 1992, S.253–265.

Reynolds, Mary T., "The City in Vico, Dante, and Joyce", in Donald Phillip Verene (Hrsg.). *Vico and Joyce*. Albany, N.Y.: State University of New York Press, 1987, S.110–122.

Rougemont, Denis de, *Love in the Western World*. Princeton, N.J.: Princeton University Press, 1995.

Samjatin, Jewgenij, *Wir*. Köln-Berlin: Kiepenheuer & Witsch, KIWI Taschenbücher Nr.49, 1984.

Scheff, Thomas J., und Suzanne M. Retzinger, *Emotions and Violence: Shame and Rage in Destructive Conflicts*. Lexington, Mass.: Lexington Books, 1991.

Shakespeare, William, "Romeo und Julia"(1597). *Romeo und Julia.* Übersetzt von Frank Günther. München: Deutscher Taschenbuch Verlag, 13. Auflage, 2010.

Shtromas, Alexander, "Ideological Politics and the Contemporary World: Have We Seen the Last of 'Isms'"? *The End of "Isms"? Reflections on the Fate of Ideological Politics after Communism's Collapse*. Herausgegeben von Alexander Shtromas. Oxford & Cambridge, Mass.: Blackwell, 1994, S.183–225.

Stendhal, *Italienische Chroniken*. Berlin: Buchclub 65, 1978.

Strauss, Leo, "Verfolgung und die Kunst des Schreibens", *Kunst des Schreibens*. Andres Hiepko (Hrsg.) Berlin: Merve Verlag, 2009, S.23-50.

Swift, Jonathan, *Gullivers Reisen.* Frankfurt: Insel Verlag, Insel Taschenbuch, 2. Auflage, 2004.

Tabachnick, Stephen E., *Fiercer than Tigers: The Life and Works of Rex Warner*. East Lansing, Mich.: Michigan State University Press, 2002.

Todd, Ian, und Michael Wheeler, *Utopia*. New York: Harmony Books, 1978.

Trilling, Lionel, *Beyond Culture: Essays on Literature and Learning*. Harmondsworth: Penguin Books, 1967.

———, *The Liberal Imagination: Essays on Literature and Society*. New York: Doubleday Anchor Books, 1957.

Trinkaus, Charles, "Thomas More and the Humanist Tradition: Martyrdom and Ambiguity", *Civilizations East and West: A Memorial Volume for Benjamin Nelson*. Herausgeben von E. V. Walter, Vytautas Kavolis, Edmund Leites, and Marie Coleman Nelson. Atlantic Highlands, N.J.: Humanities Press, 1985, S.89–104.

Verene, Donald Phillip, *Knowledge of Things Human and Divine: Vico's New Science and Finnegan's Wake*. London and Princeton, N.J.: Yale University Press, 2003.

Vico, Giovanni Battista, *Prinzipien einer neuen Wissenschaft über die gemeinsame Natur der Völker* (1744). Hamburg: Felix Meiner Verlag, 2 Teilbände (Philosophische Bibliothek Band 418a und 418b), 1990.

Walzer, Michael, *The Company of Critics: Social Criticism and Political Commitment in the Twentieth Century*. New York: Basic Books, 1988.

Warner, Rex, *Der Flugplatz*. Zürich: Büchergilde Gutenberg, 1946.

———, *Die Wildgansjagd*. Zürich: Büchergilde Gutenberg, 1949.

Wells, H.G., *Introduction to Thomas More's Utopia*. New York: Heritage Press, 1935, S.v–viii.

White, Michael, *Machiavelli: A Man Misunderstood*. London: Abacus, 2005.

Personen- und Sachindex

V

W

Z

Danksagung

Auszug aus der englischsprachigen Originalausgabe

Mein erster Dank gilt Dr. Robert Ginsberg, Professor Emeritus der Pennsylvania State University und Vorstand des International Center for the Arts, Humanities, and Value Inquiry. Er war mir immer ein einfühlsamer Freund, ein kluger Mentor, ein wohlmeinender Kollege und eine große Autorität auf dem Gebiet des wissenschaftlichen Schreibens.

Ebenfalls danke ich Dr. Eugenijus Gentvilas, Mitglied des Europäischen Parlaments, für seine Unterstützung und Großzügigkeit. Ohne sein Verständnis und seine Ermutigung wäre die Veröffentlichung dieses Buches nicht möglich gewesen. Dafür sei auch der *Open Society and Its Friends Foundation* gedankt, die von Dr. Gentvilas ins Leben gerufen und geleitet wird.

Mein Dank gilt auch Aidas Palubinskas, dem Repräsentanten von Dr. Gentvilas in Litauen, für die große Hilfe bei der praktischen Realisierung dieses Buches. Ebenso danke ich Lena Pasternak, Vorstand des Baltic Center for Writers and Translators in Visby, Schweden.

Ich danke auch Dr. Arūnas Gelūnas, Litauen, Darius James Ross und Edvardas Tuskenis, Erik van Broekhuizen, den Mitarbeitern des Verlags Peter Lang, mit denen ich sehr produktiv zusammenarbeiten konnte, und schließlich Dr. Egidijus Aleksandravičius, Vorstand des Lithuanien Emigration Institute und Professor für Geschichte an der Vytautas Magnus Universität in Kaunas, Litauen. Mein ganz besonderer Dank aber gilt meiner Frau Jolanta.

L.D.
Visby, Schweden
Dezember 2007

Dieses Buch wurde von *Barbara Klose-Ullmann* (BKU) aus dem Englischen übersetzt. Die staatlich geprüfte Übersetzerin und promovierte Volkswirtin übersetzte u.a. für die Reihe „List Taschenbücher der Wissenschaft". Sie ist Autorin von „Mein Körper sagt mir, er will nicht mehr tanzen: Krankheit als Signal und Chance" (Verlag Piper), „Spieltheorie für Manager, Handbuch für Strategen" (mit Manfred J. Holler im Verlag Vahlen) und „Der institutionalisierte Kapitalmarkt 1871-1914" (ACCEDO-Verlag) sowie Herausgeberin der Aufsatzsammlung „Was machen wir aus der Krankheit?" (ACCEDO-Verlag).